高等教育旅游类专业系列教材

旅游规划与开发

主编　苗雅杰　王　钊

中国财富出版社

图书在版编目（CIP）数据

旅游规划与开发/苗雅杰，王钊主编．—北京：中国财富出版社，2013.7

（高等教育旅游类专业系列教材）

ISBN 978-7-5047-4698-6

Ⅰ.①旅…　Ⅱ.①苗…②王…　Ⅲ.①旅游规划—高等学校—教材②旅游资源开发—高等学校—教材　Ⅳ.①F590

中国版本图书馆 CIP 数据核字（2013）第 103159 号

策划编辑	寇俊玲	**责任印制**	方朋远
责任编辑	曹保利　彭佳逸	**责任校对**	杨小静

出版发行	中国财富出版社（原中国物资出版社）		
社　　址	北京市丰台区南四环西路 188 号 5 区 20 楼	**邮政编码**	100070
电　　话	010-52227568（发行部）		010-52227588 转 307（总编室）
	010-68589540（读者服务部）		010-52227588 转 305（质检部）
网　　址	http://www.cfpress.com.cn		
经　　销	新华书店		
印　　刷	三河市西华印务有限公司		
书　　号	ISBN 978-7-5047-4698-6/F·1953		
开　　本	787mm×1092mm　1/16		
印　　张	16.75	**版　　次**	2013 年 7 月第 1 版
字　　数	357 千字	**印　　次**	2013 年 7 月第 1 次印刷
印　　数	0001—3000 册	**定　　价**	39.80 元

前 言

旅游业是21世纪的朝阳产业，不论是在旅游业的增加值对全球国内生产总值的贡献、旅游业创造就业机会的能力，还是在旅游消费方面看，旅游业都表现出举足轻重的作用。根据世界旅游组织预测，2020年中国将成为世界第一大旅游目的地国家和第四大客源地国家。1991年，中央把旅游业的性质明确为产业，并将其列入加快发展和重点扶持的行列。1998年，在全国旅游工作会议上，旅游产业被确立为应积极培育的国民经济新的增长点，这不仅有助于推动国民经济增长、刺激扩大内需，还能起到促进经济结构调整的作用。此后各级政府纷纷响应，提出各自的旅游发展战略目标，多个省、市、自治区把旅游业定位为区域经济发展的重点产业、支柱产业或国民经济新的增长点。这对旅游规划与开发提出更为迫切的要求。中国旅游业的发展在规模和效益上取得了一定成绩，但与此同时我们也应认识到目前存在的种种不足，如旅游地环境破坏问题、旅游产品的同质化问题、旅游设施的配套问题等，旅游规划与开发的研究对于解决这些问题，同时更好地培养旅游业所需人才也具有重要意义。

旅游规划与开发是一项综合性很强的工作，它涉及旅游资源、旅游设施、旅游管理、市场营销等诸多领域，需要借助旅游学、地理学、经济学、管理学、生态学、环境学、社会学等多学科的协同研究。本书共十章，内容涉及旅游规划与开发的各个方面。第一、二、三章为原理篇，探讨旅游规划与开发的概念体系、涉及内容，国内外旅游规划与开发的发展历程及发展趋势，旅游规划与开发的理论基础与技术方法，旅游规划与开发前期的基础工作等。第四、五、六、七章探讨不同类型的旅游地旅游规划开发的原则、方法及注意问题，具体的旅游地类型包括风景名胜区、旅游度假地、城市旅游与主题公园。第八、九、十章为旅游专项规划，研究旅游地形象策划、旅游产品设计与旅游设施规划。本书力求系统性、科学性、理论性，注重理论研究与案例分析相结合。本书可供各级各类院校旅游专业作为教材使用，也可供旅游行业作为培训教材使用。

多年来，国内外旅游区域规划、开发与管理的科研硕果累累，为本书的编写提供了充足的资料。本书参考引用了大量国内外文献，在此谨向有关作者表示深深的谢意。由于时间和水平的限制，本书中错误和不足之处在所难免，恳请读者批评指正。

编　者

2013 年 4 月

目 录

第一篇 原 理

第二篇 旅游地规划

第三篇　旅游专项规划

第一篇　原　理

第一章　旅游规划与开发的概念体系与发展历程

学习目标

通过本章的学习，在了解旅游开发的涉及领域的基础上，明确旅游开发的含义与旅游开发的内容；掌握旅游规划的含义与旅游规划的基本程序；了解国内外旅游规划与开发发展历史的几个阶段，进一步理解旅游规划与开发今后发展的新趋势。

关键词： 旅游开发　旅游规划　大众旅游　可持续旅游　体验旅游

第一节　旅游开发

“开发”一词是一个经济学的概念。近代以来，随着工业的发展，土地、山石、植被、动物、水体、煤炭、石油、矿物、空气、阳光等资源，都可以被利用，变成财富，进而形成产业。这种将资源转变为产业的社会劳动过程就是开发。

旅游开发同其他产业的开发相似，即开发旅游资源形成旅游产业。同时旅游业是以招徕、接待旅游者为主要内容，因而它比其他产业要复杂得多。旅游开发是一项综合性开发，也是有一定空间范围的区域旅游开发。区域旅游开发是发展区域旅游的基础，它是从区域自然、经济、社会、交通区位等条件出发，对旅游空间进行的综合性开发，它包括资源、市场、人才等一系列的开发和旅游设施建设。从根本上说，旅游开发的直接目的就是提高旅游地的旅游吸引力。

在旅游业发展和旅游开发的实践过程中，人们逐步发现，无论是对旅游者，还是对旅游经营者来说，与旅游活动对应的旅游开发活动都是一个综合性的、涉及社会领域广的系统工程；它不单纯是一个景点或旅游吸引物的开发、建设问题，而是与旅游地的社会、经济的许多部门和领域都有着千丝万缕的联系。开发旅游活动本身也是一项复杂的综合工程，那些与之相联系的方方面面都能够对开发活动的质量和成败产生影响，因此，要明确旅游开发的含义，就要首先认识旅游开发活动所涉及的内容。

一、旅游开发涉及的领域

（一）旅游资源状况

旅游资源的种类、数量、质量和周边旅游资源的关系，都是地方旅游产业发展和旅游开发首先要考虑的问题。人文旅游资源是旅游开发的前提之一，没有一定数量和质量的旅游资源，旅游开发也就无从谈起。当然，从现代资源观出发，旅游资源本身就是动态的，人类的旅游需求在变化，旅游资源的种类和范围也会发展并随之发生变化，为了适应这些变化，旅游资源是可以通过生产手段、建设手段来创造的。地方旅游开发还涉及周边的旅游资源，本地旅游资源是否有吸引力，很多时候取决于其在与周边地区的资源竞争中能否胜出。

（二）客源市场状况

旅游开发本身就是为了增强旅游吸引力，开拓市场，增加经济收入，所以客源市场也是旅游开发必须要考虑的问题。实际上如果没有潜在的客源市场，也就不存在旅游开发的必要性。

（三）国家、地方旅游产业发展和旅游开发政策

政策对旅游业的推动或抑制作用是不容忽视的，有的时候甚至能够起到决定的作用。它既可以对旅游产业的发展和旅游开发活动产生促进、推动作用，也可以对其产生遏制或阻碍作用。因此，旅游开发活动也包括有关旅游政策、法规的制定和完善。

（四）旅游地经济承载力

旅游景区的开发、旅游设施的建设都需要大量的资金投入，所以，旅游开发的深度、广度和力度还要依赖当地的经济发展水平，要有足够的经济后盾，即旅游开发必须首先解决投资问题。

（五）旅游地社会环境

无论是旅游活动还是旅游开发活动，都是一种社会现象，和社会人文环境有着千丝万缕的关系。旅游地居民的文化修养、开放观念、市场意识、社会秩序等，都会对旅游开发活动产生影响，也会对旅游开发的结果即旅游产品的经营绩效产生影响。

（六）和旅游活动相关的其他条件

旅游活动包括吃、住、行、游、购、娱六要素，旅游开发活动也是围绕这些要素进行的，所以，与上述六要素相关的设施、场所与环境等，都是旅游开发要考虑、研究的问题。而这些内容涉及城市建设、基础设施、商品零售、交通运输、商品零售、文化娱乐等许多行业和部门，特别是服务业领域，和旅游消费的联系是最密切的，是旅游开发需要重点关注的领域。

二、旅游开发的含义

根据以上分析，我们可以这样概括：旅游开发是为吸引和招徕旅游者而进行的旅游设施建设和旅游环境培育等综合性的社会和技术经济活动。其含义包括以下几个方面：①旅游开发的直接目的是为了吸引和招徕旅游者，并以此来增加经营者、社区和地方的收入，促进地方经济和社会的发展。②旅游吸引物和旅游设施建设是旅游开发的重要内容。要吸引和招徕游客，必须以一定的旅游吸引物和旅游服务设施建设为前提。这些设施和服务的规模和质量代表着一个国家或地区旅游业的接待能力和旅游业的发展水平。③除了进行旅游吸引物和旅游设施建设之外，旅游开发还包括培育、建设友好和谐的社会人文环境。社会人文环境虽然不像功能性景观、服务设施那样能够可游、可居、可食、可娱，但社会环境的好坏，当地居民的文化修养和风俗习惯，特别是对外来旅游者的态度和宽容程度，同样能够对旅游者产生吸引或排斥的作用，是一种无形的吸引力或排斥力。因此，旅游开发不仅是一种硬件开发的技术经济活动，同时也是培育和优化社会环境的软件建设活动。④旅游开发既包括旅游地内部的开发与建设，也包括对外市场开发与营销，是一种内外结合的综合性开发活动。

三、旅游开发的内容

（一）景区景点等旅游吸引要素的开发与建设

旅游开发的直接目的是通过旅游地吸引力的提高，吸引到更多的旅游者，而这个目标的实现就要依靠旅游景区、景点的建设。景区、景点的开发，往往成为旅游地开发的核心内容，并以此为基础进行相应的配套设施建设。

旅游吸引要素的开发与建设，从内容和形式上说，既可以是对尚未被利用的旅游资源进行初次开发，也可以是对已经利用了的景观或吸引物进行深度开发和进一步的功能发掘；具体来说，既可以是从无到有建设一个新的景点，也可以是对现存的旅游资源进行整理和加工。比如，九寨沟的旅游开发属于对现存资源的整理与加工，使原已存在的自然、人文旅游资源和物质条件更符合旅游者的需要；而迪士尼乐园等主题公园的旅游开发就是从无到有的创造，是新景物或新产品的生产，其目的是为了提高旅游地的吸引力，吸引更多的游客到访。

（二）构建系统的旅游服务体系

旅游服务体系实际上是旅游产品开发的一部分。从旅游供给的角度来说，旅游服务既包括以市场为主体的商业性旅游服务，也包括公益性的非商业服务。

以市场为主体的商业性服务主要指当地旅行社的旅游产品设计、导游、翻译等服务，交通运输部门的客运服务，饭店企业的食宿、娱乐服务，商业部门的购物服务，以及其他部门向旅游者提供的营业性接待服务等。它们是以营利为目的，是地方旅游业发展的主体。

公益性的非商业旅游服务主要指当地政府、社区、社会组织等为旅游者提供的公益性服务，如由政府投资建设的城市游客中心，向旅游者提供旅游咨询服务，当地社区、居民为旅游者提供的义务服务等。这些服务大多是免费的，少部分象征性地收取一定的费用。

在旅游开发活动中，必须注意服务体系的完善，不能为追求商业利益只进行商业性服务的建设，而忽视非商业性服务的发展。实际上，非商业性服务反映着当地政府的产业政策导向，也反映着当地居民对旅游者的态度和愿意为其服务的友好精神，对旅游者同样具有吸引力。

（三）提高旅游地的可进入性

可进入性主要指交通条件，同时还包括通信的方便程度、手续的繁简程度、当地社会的承受能力等。在旅游开发的实践中，可进入性主要指交通条件，也就是旅游六要素中的“行”。

在旅游学理论中，只有当一个人从其常住地到达另一地，发生空间位移时才属于旅游，而要实现这种空间位移则必须借助于交通条件。可以这样认为，没有一定的交通设施和条件，旅游活动就不可能实现。特别是在现代旅游业中，旅游地都把吸引远距离或境外游客作为主要目标，如果没有方便的交通设施和工具，远距离旅游就不可能实现，开拓远距离客源市场也只能是一句空话。如果某地旅游资源丰富，但交通状况恶劣，游人难以进入，即游客接近、抵达目的地的可能性小，那么它的旅游开发价值将大大降低，所以旅游开发必须包括提高旅游地可进入性的内容。

提高旅游地的可进入性，既包括加强旅游地和外界的交通联系，也包括改善旅游地内部的交通和通信条件；既包括交通线路的建设，也包括交通工具的配备与改进；既包括硬件设施的培植，也包括管理、安全保障、服务等软件的完善。

（四）建设和完善旅游设施

一定程度完善的设施是旅游活动顺利进行的必要条件，旅游设施一般可分为两大类：基础设施和旅游服务设施。基础设施的主要使用者是当地居民，但在为旅游者提供服务的时候也必须依赖基础设施。它主要包括一般的公用事业设施，如供水系统、供电系统、道路系统、机场车站等，同时也包括一些满足现代社会生活必要的设施，比如医院、银行等。旅游服务设施指的是那些虽然也可以为当地居民所利用，但它存在的主要目的是满足旅游者的需要，如宾馆饭店、旅游商店、旅游娱乐场所等。旅游设施的建设一般投资大、周期长，所以它的规模和布局一定要经过严格的论证，并且要相互配套和协调，以免造成设施不足或浪费。

（五）自然环境培育与资源保护

任何事物都有发展变化、衰败、死亡的过程，旅游资源也是这样。任何旅游资源都存在于一定的客观环境中，环境的好坏对资源本身的安全非常重要。所以，对旅游资源的保护和旅游环境的培育，也是旅游开发的重要内容。旅游资源保护的内容主要包括：①建立和完善旅游资源开发、保护的法律法规和政策体系，目前我国虽然在文物保护、野生动植物保护方面已经有了专门的法律体系，但没有专门的旅游资源保护法；②划定资源保护区的范围和等级，进行分类、分级保护；③积极培育、优化生态环境；④制定有力措施，防止旅游污染和破坏行为；⑤加强文物古迹的保护，确保其不被破坏和倒卖；⑥对已经受损的资源进行及时的维护和修整。

（六）培育优良的社会人文环境

旅游地的人文社会环境也是吸引旅游者的重要因素。一个国家或地区的旅游政策、出入境管理措施、政治动态或社会安定情况、社会治安、风俗习惯、当地居民的文化修养、思想观念等，都能直接或间接地对旅游者产生吸引或排斥的作用。所以，培育一个和谐友好的、有利于吸引旅游者的人文社会环境，也是旅游开发的重要内容。人文环境的培育包括：①制定有利于旅游业发展的政策；②制订方便旅游者往来的管理措施；③保持稳定的政治环境和社会秩序；④提高居民文化修养，培养开放意识，养成文明礼貌、热情好客的习惯。

（七）积极营销，开拓客源市场

旅游开发实际上是在两个方面进行开发活动，一是旅游地有关设施的建设和完善，二是客源市场的开拓，二者缺一不可。旅游开发是旅游产品的生产过程，而市场开发是把产品卖出去。如果仅仅进行旅游地的建设，而不进行市场开发，就会造成产品滞销，旅游开发活动有劳无功；反过来，如果只进行市场宣传，而没有真正吸引人的产品，旅游地就只能贪一时之功而失去长远利益。因此，旅游开发必须将旅游地建设和市场开拓结合起来，互动发展。

（八）构建高效、有力的支持和保障体系

任何目标的实现，都需要特定的支持和保障措施，旅游业发展涉及面广，关系复杂，更需要有力、高效的支持保障。对地方旅游业发展来说，旅游开发的支持保障体系，主要包括以下几个方面：①法律法规与规范，包括国家、地方有关促进旅游产业发展，规范旅游开发行为的各种法律法规、标准等。②旅游体制改革与旅游管理体系建设。对传统计划经济的管理体制与管理模式进行改革，建立一个科学、合理、高效的旅游管理体系，对地方旅游业的发展和旅游开发活动进行统一的管理和有力的协调，对于旅游业的持续、快速、健康发展是至关重要的。③财政支持。市场运作并不等于政府完全退出市场，政府在基础设施、项目建设等领域进行引导性投资，对于引导民间资本向旅游产业流动、树立民间投资旅游业的信心方面有很大的积极作用；而在旅游营销领域，也主要依靠政府的直接营销和组织营销。④旅游人力资源开发。旅游开发的决策者、组织者、实施者和服务者，旅游管理部门的政府公务员、投资商、旅游企业的管理和服务人员等，是旅游开发活动实施的主体，人才素质的高低既能够影响旅游开发质量的好坏，也能在一定程度上增加或减少旅游地对旅游者的吸引力。因此，旅游人力资源开发是地方旅游开发的重要环节和不可或缺的内容。⑤优惠政策。通过优惠政策来促进产业发展、吸引投资，是在特定历史时期和社会发展阶段采取的权宜性措施，这种措施的确能够起到实际性的促进、推动作用。因此，通过一定的特殊政策，给某些投资领域不同于其他领域的特殊优惠是必要的，但前提是在各领域中不能顾此失彼。

总之，旅游开发是一项综合性的系统工程，它不仅仅是对旅游资源的开发或旅游景物的建设，而且是以旅游吸引要素建设为中心进行的各种有关设施建设、产品组织、自然环境和资源的保护、人文社会环境培育等一系列的综合性社会经济活动。

四、旅游开发与旅游资源开发

旅游资源开发，是针对旅游资源进行的活动，是资源向产品转化的过程。具体来说，旅游资源开发就是将旅游资源进行加工、整理和再创造，使其成为具有旅游功能的吸引物或旅游设施的过程。而旅游开发，如前所述，是为了吸引和招徕旅游者而进行的旅游设施建设和旅游环境培育等综合性的社会和技术经济活动，它是一种全面性、综合性的社会经济活动，其内容既包括了旅游设施、旅游吸引物的建设，也包含了许多非技术经济活动的内容，如支持保障体系的构建、人文社会环境的优化、生态环境的治理、客源市场的开拓等。因此可以认为，旅游开发包含了旅游资源开发，旅游资源开发是旅游开发的组成部分。

在旅游产业发展的实践中，旅游开发和旅游资源开发两种活动都是客观存在的，由于二者的内容和涉及领域不同，其开发主体也有一定的差别。旅游开发是一种综合性活动，涉及旅游地的整体规划和各个相关部门的合作协调，往往不是一个部门或企业力所能及的，所以多由政府主持，进行的工作包括旅游景区开发、基础设施建设、物资供应、环境保护、资金筹集等，并进行统一的规划和管理。因此，较大的旅游开发活动，往往在最初规划、组织时是一种政府行为。旅游资源开发一般以形成一定的景区、景点为目标，内容比较单一，规模和涉及面相对较小，往往体现为一种企业行为，是经营者的一种投资行为和建设活动，最终形成一个旅游景区、景点或设施。如开发一处自然风景区，修建一个城市公园等，是直接的企业行为。

当然，从二者的关系上看，旅游开发的某些项目最终会落实到旅游资源开发上，由最初的政府行为向企业行为过渡。政府一般只负责宏观上的政策把握、规划管理、组织协调，而不直接进行建设活动。规划一出台，具体的各个项目将化整为零，分配到各个旅游经营者身上，由他们直接进行开发、建设。

第二节　旅游规划

旅游开发的重要目的是为了获取经济上的利益，同时还要照顾各方面利益的均衡；旅游开发要产生近期的经济效益，同时又要兼顾将来开发的需要，使旅游开发能够持续进行。旅游开发涉及很多要素，必须综合考虑这些因素才能找到最佳的旅游开发道路，这就需要在对旅游地进行开发之前，进行一个全面、认真、科学的筹划。另外，旅游开发也是一个动态的过程，在开发的过程中，各种要素会不断发生变化。最初的旅游开发可能带来一时的经济利益，但也可能隐藏着巨大的风险；最初选择的开发道路，可能不适合未来旅游开发的要求。为了保证旅游开发的有序进行，旅游开发的过程也要在旅游规划的指导和约束下进行，旅游规划可以看做是一项科学筹划和安排旅游开发的活动，使旅游开发最大限度地实现其开发目的。

一、旅游规划的含义

所谓规划是指任何组织或个人，为自身在未来一定时期内能得到更好的发展，对影响发展的各种要素进行分析整合，以确定未来发展目标和实现目标的途径。简单地说，规划就是人们对未来的谋划。旅游规划是组织或企业对影响旅游业发展的因素而进行的构想和安排，以确定未来一定时期旅游业发展的目标和实现目标的最佳途径。所以，我们可以把旅游规划理解为寻找旅游开发的最佳途径。

理解旅游规划的概念要注意以下几点：①旅游规划的主体一般是行政组织或企业组织；②旅游规划的对象一般是一定的旅游区域，如果我们从旅游经济的角度来考虑，旅游规划的对象应该和旅游开发一样，是旅游资源和旅游市场的利用问题，但旅游资源和旅游市场必须要有一定的承载区，所以旅游规划的对象可以看做是一定的旅游区域；③旅游规划的手段是对影响旅游业发展的因素进行分析和整合，这里的“影响旅游业发展的因素”范围比较广泛，除了旅游资源、旅游市场等要素以外，还包括人才、资金、区位、组织的协调性、社会对旅游的态度等；④旅游规划应该有一定的期限；⑤旅游规划的核心是制定旅游发展的目标，这个目标不仅是旅游经济发展的目标，还包括旅游业发展对当地社会和文化建设的帮助，旅游可持续发展目标等；⑥旅游规划的内容是提出围绕目标应该采取的具体的措施以及实行措施的时间安排。

总之，旅游规划的目的是在旅游开发的过程中，更有效合理地利用旅游资源、提高旅游资源吸引力、扩大经济效益和社会效益，从而使旅游地的旅游业全面、健康地向前发展。

二、旅游规划的要求

（一）科学性

旅游规划是在对当地旅游资源和旅游市场的科学分析基础上做出的，所以它应该基本符合当地旅游业发展的实际情况，这就是规划过程的科学性和规划结果的科学性。规划不应该过分地迎合规划以外的干扰因素。

（二）地域性

旅游规划一般是对一定空间范围内的旅游活动进行规划，而一定空间内的旅游资源分布具有很强的地域性，所以规划的内容，包括旅游区域划分、旅游功能定位都带有很强的地域性。旅游设施和旅游服务的提供也是围绕旅游资源进行的。

（三）预见性

旅游规划是对未来做出的安排，所以它必须能够预见到当地旅游业发展可能会发生的问题，并且对如何控制这些问题提出建议。

（四）可操作性

旅游规划的制订目的是为了指导实践，所以它必须具有可操作性。在实践中有很多规划都存在操作性不强，措施雷同的问题，比如许多规划一谈到市场，就是将其分成一、二、三级，但对每一个级别的市场究竟应该怎么开发，向每个市场提供什么产品，却根本没有说明。还有很多规划原则性的规定比较多，可操作性措施较少。

（五）政策性

旅游规划是一种决策行为，在规划通过之后，就应该产生法定效力，如果需要修改必须与规划人员进行协商，因此它具有很强的政策性。

三、旅游规划与开发的程序

（一）开发准备

旅游开发是一项以经济投入为基础的经济活动，涉及社会和经济领域的许多部门和环节，而且一些大型旅游景区的开发往往投资巨大，所以存在一定的经济风险、社会风险乃至环境风险，所以无论是区域旅游开发还是旅游区建设，都必须做好充分的准备工作，确保开发项目的可行性和投资的成功率，避免由于盲目开发而导致经济损失、环境破坏等问题。开发前准备的工作内容主要包括基础研究和可行性分析。

基础研究包括资源、市场、旅游开发条件等的调查与研究。旅游资源分析即通过调查研究，掌握区域内旅游资源的基本情况，包括资源种类、数量、体量、分布情况、存在状态等，并在此基础上进行初步的价值评价，以确定区域旅游资源开发、利用的可能性。旅游市场分析即找出当地旅游发展的市场基础，评估市场潜力的大小，决定旅游开发的市场可行性和开发规模；开发条件分析即分析旅游开发的外在条件，它反映一个旅游地总体吸引力水平的高低及能够起作用的市场范围。

可行性论证是在基础研究的基础上，根据开发项目的性质、规模、投资额、建设周期等与市场进行对位分析，在经济上分析项目建设的必要性和可行性，通过科学的分析与评价，明确开发的可能性，为开发决策提供理论依据，一般要形成关于开发项目的可行性研究报告。

（二）规划与设计

规划与设计阶段，已经进入了旅游开发的实施阶段。特别是开发一个旅游景区，可行性论证、立项审批等基础性工作完成以后，就进入项目开发的实际操作阶段。在我国，旅游规划分为两种类型或两个层次。

第一，旅游发展规划，即地方旅游产业的总体规划，一般是一个行政区（省、县等）在旅游产业发展的战略性指导文件，由当地人民政府批准实施，它的内容是综合性的，包括地方旅游业发展的总体目标、发展方向、空间布局、产品开发、市场选择与营销、支持保障体系构建等，是一个地区一定时间内旅游开发和旅游业发展的指导性或法规性文件。

第二，旅游开发规划，是指旅游项目的开发和建设规划，一般是一个具体的、可以成为独立经营管理单元的开发项目的设计方案。按照我国有关文件和技术标准的规定，这种规划又可以分为总体规划、控制性详细规划、修建性详细规划三个层次。规划经旅游部门、土地管理部门、城市规划部门审批后，进行施工设计。

（三）规划方案提出

规划方案是旅游规划的主体内容，它应该指明一个地方旅游发展的道路，提出旅游开发的具体措施。规划方案应该和分析内容有内在的逻辑联系，也就是要说明当地旅游发展的吸引力是什么，怎么把这些吸引力变成具体的旅游产品，转化成什么类型的旅游产品。旅游规划方案的主要内容包括：①旅游发展的目标体系及实施步骤；②旅游总体形象定位；③旅游区划和旅游功能定位；④旅游项目策划和旅游产品内容；⑤旅游市场营销规划；⑥旅游线路规划；⑦旅游行动方案。

【案例1.1】

文成县旅游规划

第一部分　分　析

一、文成县旅游市场分析

根据现场采访和观察到的现象，文成旅游市场的一般特点为：

(1) 旅游客源比较单一，以温州市区及周边县市等近程游客为主，吸引到的远程客人不多。

(2) 旅游形式比较单一，以观赏百丈飞瀑、刘基故里、朱阳九峰等核心景区的风景为主，这使得文成的旅游资源利用率不高。

(3) 游客在文成的旅游消费较低，使得文成旅游收入总体上不高。

(4) 远程客人以上海旅游者居多。

(5) 远程客人以旅行社组织前来的为多数，散客较少。

(6) 旅游者在文成的逗留时间不长，一般只有一天左右。

二、文成县旅游资源分析

文成县的旅游资源十分丰富，瀑、潭、峰、绿、湖、谷、山、名人样样具备，具有数量多、种类全、品位高的特点。其中尤以山水形胜最为出色，使文成体现出“山在水上，水绕林中，人在水云间”的仙境。

一般来说，由于山地的变化较大，构景因素较多。所以从观赏性的角度来说，山地是更好的旅游资源。但从文成旅游资源的特色来分析，可以发现，文成县虽然80%的地区是山地，也有一些不错的景观山景，但从景观质量上来说，山形出色的不是很多。相反文成的旅游资源都可以用“水”来概括，水使得文成的旅游资源具有与温州其他地区不同的差异性，而且文成的水景具有更强的观赏性和旅游开发价值。

首先是瀑布众多。文成的百丈漈是国内落差最大的瀑布，而且百丈漈是一个大型的瀑布群，分别有三叠瀑布，各有特色。与百丈漈相连的峡谷景廊旅游区有特色鲜明的阴阳瀑，它是两节瀑布，一节是明瀑，一节是暗瀑。朱阳九峰旅游区有三潭三瀑，如百折瀑、龙瀑等。三瀑依次跌宕而下，又形成三个深潭：百折瀑，像跳溅的珍珠，洒落深涧；龙瀑则气势宏大，如龙出水，寒气逼人。

其次是湖。文成拥有浙江省第二大湖——飞云湖，飞云湖处在峡谷之中，形成许多陡峭的半岛和峡湾。文成还有颇具特色的高山平湖——天顶湖，天顶湖处在海拔600多米的山顶上，湖水清澈，湖区气候凉爽，是消夏的绝佳去处。

再次是潭。文成县除了瀑布区形成许多深潭以外，在岩门大峡谷中从双曲湖到壶穴景观段，还有许许多多的各种形状的凼潭，其中尤以亚洲最典型的壶穴奇观最为出色。

接着是滩。龙麒源的峡谷长滩，也是文成水体旅游资源的一绝。

最后是名人的智慧文化。文成是明太祖朱元璋的军师刘基的故乡，刘基被誉为明朝的国师，为朱元璋夺取江山立下汗马功劳。刘基在民间被神化，有人将刘基与诸葛亮等同看待，说“北有诸葛，南有伯温”，可以说刘基是中国最著名的智慧大师之一。古人说“智者乐水”，这也使得名人文化与“水”文化联系在一起。

概括地说，文成的旅游资源特色为：百丈飞瀑、天顶平湖、飞云峡湾、铜铃壶穴、龙麒长滩、刘基智圣。

当然，文成的其他山地旅游资源也很出色如朱阳九峰的奇峰、铜铃山峡的鸡冠岩和甲鱼头、百丈漈的鳄鱼石等，但这些景观比较分散，大都只能成为水景的陪衬。

三、文成县旅游业发展总体思路

1. 从温州市旅游圈中对文成的旅游定位

温州的旅游资源十分丰富，在自然旅游资源方面，温州的主要特色是：北有雁荡山、楠溪江；南有百丈漈、乌岩岭、南雁荡山；东有海岛洞头、南麂。可以说，温州的自然旅游资源是集山、海、湖、川、瀑、绿、泉于一体。在人文旅游资源方面，温州为瓯越故地，自古名人辈出，号称“东南邹鲁”，文化底蕴十分深厚。近年其又以“温州模式”享誉全国，为温州市旅游业发展准备了良好的区域内客源市场。

在温州市旅游发展总体规划中，根据“地区便利性”和“资源相似性”的原则，提出在文成构建“山水乐园”的战略思路，并将文成的飞云湖与南雁荡山、南麂列岛一起组成一个旅游金三角“雁南飞”，同时提出构建文成“山水乐园”来对应以省级旅游风景区百丈漈为核心的设想。“山水乐园”的战略构想，已经成为文成的旅游发展总体思路，文成并为此提出发展“山水经济”的战略决策。发展山水经济，当然就是发展旅游经济。

从温州市的县域之间旅游资源的联系性来分析，温州西部地区主要的旅游资源特色就是山水，比较著名的是泰顺的乌岩岭和文成的百丈漈。因此，从温州市的整体布局方面来给文成县的旅游发展定位，才能切合文成的旅游资源特色，也较为适合文成的旅游发展之路，所以文成应该积极发展山水旅游经济。

2. 文成旅游主题的提炼

站在温州市的角度来看，应该从温州市旅游资源的相似性来给文成县旅游开发定位。但具体到文成县旅游发展的实际状况，还应该充分地考虑到温州市内各县之间的旅游业实际上存在一种客源竞争关系，因此在旅游主题的规划上应该体现出文成旅游资源与其他温州各县旅游资源的差异。

根据对文成旅游资源的分析，可以发现，文成县的旅游资源完全可以用“水”来概括。虽然温州市内的水体旅游资源很多，比如国家级旅游区楠溪江、海中的南麂列鸟、泰顺的温泉、寨潦溪的漂流等都以水闻名，但是文成的“水”与温州市内其他地方的“水”却有不同。比如楠溪江旅游本身并不是依靠水，它是依靠楠溪江两岸的风光以及楠溪江两岸浓厚的浙南民俗风情；南麂列岛是被海水包围，其旅游是倚靠大海的浩渺和广阔而发展起来的海岛风光和海滨度假；泰顺氡泉则只在于其水的保健作用。最重要的是，温州市内的其他地区的水体旅游资源的开发，大都无法提炼出一个鲜明的水体旅游开发的主题思想，只能笼统地称为发展“水文化”。

而文成县的“水”可以以中国传统的“仁者乐山，智者乐水”的名言来提炼。借助刘基的智慧文化，着重提出文成旅游要打的旗号是刘基的“智慧”之“水”，即以刘基的智慧文化为龙头，来树立文成县“智者乐水”的旅游形象。另外，水是没有形状的，水也不具观赏性，但文成的水是有形状且可以观赏的，如文成的瀑布和潭水都千姿百态，这就突出了文成的“水形”。因此将“智慧”与“水形”结合起来，文成的旅游主题就是“智者乐水”。

3. 文成县旅游业发展思路的提炼

以往，文成的旅游业发展主要依靠省级旅游风景名胜区——百丈漈，百丈漈是属于观光性的旅游资源，而文成的旅游客源市场局限性较强，主要集中在浙江省内，以及附近的上海，但经过近10年的旅游开发，狭窄的客源市场，对于文成县的百丈漈来说，该来的观光旅游者应该是都来过了。同时，由于是仅以百丈漈一个风景区为旅游号召，这样就必然导致文成县的其他旅游资源鲜有人知，旅游者到文成县旅游也主要以百丈漈为唯一目的地。虽然文成县的瀑布有许多，但是旅游者往往认为，看过了最好的瀑布，就不需要看其他一般的瀑布了，这就使文成其他旅游资源的开发难度加大。

因此，文成县旅游业的发展面临着如何深化的问题，而这种深化需要解决两大难题：一是如何扩大文成县的旅游客源市场；二是如何充分发挥文成县其他旅游资源的作用。

扩大客源市场，有两重意义：一是在传统客源市场中，扩大目标市场群；二是开拓新的客源市场。前者要求旅游产品有针对性，并且更加丰富，后者要求大力加强文成的旅游吸引力，以吸引除上海以外的其他中远程地区的旅游者。无论是扩大市场群，还是开拓新的客源市场，都必须充分发挥文成旅游资源的整体优势。

要扩大文成的旅游客源市场，单纯地依靠百丈漈，其吸引力十分有限，很难吸引远方的旅游者。来文成的旅游者中其实有不少是以温州为旅游最终目的地，而只是将文成作为温州的旅游延伸线，因此他们在文成逗留的时间就很有限，也很少去游览百丈漈以外的其他景区。文成县的旅游资源主要是水体，要想充分发挥文成其他旅游资源的作用，就必须体现出文成县内水体旅游资源的差异性，并将这些水体旅游资源统一在一个旅游主题下。

首先在提炼文成县旅游主题上要突出中国人传统的“水的智慧哲学”，即以刘基为代表的智慧文化而形成的文成旅游开发的核心要素；同时，水无常形，文成的水是变化的，体现出文成旅游资源变化的水的特点也象征着人的智慧是变化的，是随着时世的变化而变化的。但是，文成的水又有相对固定的形状，这又是水有常形，可供观赏，代表着智慧虽然变化无常，但是有一定的法则。因此文成县的旅游开发思路是：一个核心，即刘基智慧文化；五大要素，即文成县五大水体旅游特色，瀑布，穴潭、长滩、高山平湖和峡谷幽湖；一个总结，即文成的侨乡文化，文成的华侨漂洋过海既是将文成的智慧文化发扬光大，也是表明文成的智慧文化源远流长。

其次在旅游开发操作上，由于文成县旅游开发已经有近10年的历史，而以往的旅游开发都比较平淡，因此新的开发思路必须先轰动，再联动。所谓先轰动，是以举办

“智者乐水”文化旅游节来扩大文成县旅游主题的影响。中国人比较崇拜智慧大师，而目前以智慧为主题的旅游节还没有，因此文成率先推出“智者乐水”的智慧旅游文化活动，必将在国内造成较大的轰动效应。所谓再联动，是将文成县的旅游开发统一在“智者乐水”的主题下，而不是统一在百丈漈的主题下。这使得文成县的旅游活动不会单调，而是丰满起来，从而提高了文成的可游性，同时也能够促进文成旅游资源的整体开发。文成“智者乐水”旅游节，以后将逐步发展成中国最有影响力的智慧节。

四、文成县旅游区划

文成县的旅游主题统一在“水”的招牌之下，使得文成的旅游活动特色更加鲜明，但在具体的旅游区开发与建设上也应该有各自的特色，以避免县域内的客源竞争，并使旅游者在文成县的逗留时间延长。虽然原来的旅游区较多，但每个旅游区的主题、功能不明确，无法体现出各自的差异性。再加上文成的旅游资源分布比较散，特别是受地形条件的限制，一些旅游区之间的交通不太方便，因此旅游者很可能会游览完几个主要景区就离开文成。为避免这种现象的发生，一些游客数量还不太多的景区一方面要加强旅游景点的开发和建设，增加景区的可游览性，另一方面要在“智者乐水”的主题下，树立起全县“玩水”的旅游完整性，并确立每个旅游区的功能和主题，以突出其差异性。即使都是瀑布类景观，也要找寻其不同的特点，或者在线路安排上，本着先普通后精彩的原则，把百丈漈放在最后观赏，这就意味着旅游分区对文成县旅游发展是十分重要的。

根据文成县旅游资源分布状况和旅游资源的组合特点，可在文成县内划分出几大旅游区。

(1) 百丈群瀑。百丈群瀑包括百丈漈、峡谷景廊、朱阳九峰。该景区突出瀑布奇观，有中国落差最大的百丈漈，有峡谷景廊中的阴阳瀑，有朱阳九峰的三潭三瀑、龙瀑、百折瀑等。特别可贵的是，百丈群瀑的各个瀑布都有自己的特点和来历，观赏性很强，而且也是文成水形的重要表现。人们常说，水无常形，而文成的瀑布却既体现出水有常形，又能真实地体现出因季节变化、水量变化、时间变化，而形成的瀑布的水无常形。

(2) 天顶平湖。天顶湖所处的海拔较高，夏季气候凉爽，湖岸较平坦，是一处典型的高山平湖景观，也是文成一处良好的休闲度假场所。同时，天顶湖的地理位置优越，处在几大旅游区的中心，是县域内重要的旅游中转站，所以在旅游开发方面，可以以建设休闲娱乐场所为主。如今每年夏季，已经有许多温州人自发地到天顶湖垂钓，所以今后可以考虑重点开发天顶湖露天篝火晚会的旅游项目，并作为“智者乐水”旅游节的一个分会场来进行建设。

(3) 飞云峡水。飞云湖是浙江省境内的第二大湖，但比起浙江省最大的湖泊——千岛湖来说，飞云湖没有众多的岛屿。它基本上是一座峡谷湖泊，湖中有不少峡湾和半岛，这些峡湾与半岛适合进行水上运动和娱乐活动的开发。因此飞云湖要重点建设峡湾内和半岛上的旅游设施，特别是考虑到水源保护的问题，要尽量少在水城上修建设施。

(4) 铜铃穴潭。铜铃山峡从双曲湖到壶穴一段，景观以“潭”取胜，“潭”的数量既多，观赏性也很高，特别是壶穴群潭，更是世界地理学上的奇观。目前，铜铃山峡仅开发出壶穴景观，游览的内容较单一，今后的开发可以整个突出铜铃山峡“潭”的特点，观赏的价值会大大提高。

(5) 龙麒源。此旅游区突出了水上长滩的特点，并且这里是一处天然的水上滑梯，只需要在安全方面进行一些改造。

(6) 刘基故里。挖掘刘基的故事与事迹，突出刘基的智慧文化和风水文化。也可以以中国智慧旅游文化节为契机，建设一个中国智术主题公园。

(7) 华侨故土园。突出华侨漂洋过海，在海外用自己的智慧和勤劳创业，虽然身在异国他乡但是根留在祖国的事迹。最后为“水文化”作一次总结，表明文成的智慧文化源远流长，并由华侨在海外发扬光大。

第二部分　行动的规划

一、县城内水游线路规划（略）

二、主要旅游建设项目策划

(1) 铜铃山峡森林小火车。建于飞云湖至双曲湖段，该项目可将飞云湖和铜铃山峡两大旅游景区连在一起，小火车既可作为交通运输工具，也可作为特色旅游项目，在一些风景点可设置一些观景小站台。

(2) 铜铃山峡观光栈道。双曲湖至壶穴段，根据观赏要求在沿途建设观赏平台。

(3) 南田刘基智慧主题公园（或中国智术主题公园）。考虑将南田的刘基庙和刘基故居建在一处，并将刘基的生平事迹和各种成就以分区的形式配合国内外各种智慧方面的案例进行展示，如预测学、风水学、对句、猜谜、经典辩论、军事谋略等，一个区域一个主题，突出其趣味性和参与性。

(4) 天顶湖建设项目。如篝火晚会营地、人造沙滩、帆板俱乐部、水上歌舞厅、农业生态观光园。

三、文成县旅游产品开发与市场营销策划

1. 天顶湖休闲游

客源市场：温州市及附近地区的度假与休闲旅游者，亦可专门针对上海市离退休的老年旅游者等家庭游客。

旅游内容：选择地势较平坦的湖岸，修建一些休闲娱乐设施，作为天顶湖主要的活动场所。湖中有电动游艇，帆板运动；湖区附近有农业生态果园，可开展农业观光和瓜果采摘活动。

2. 天顶夜游

客源市场：以娱乐、度假旅游者为主，兼顾所有到文成观光旅游的游客。

旅游内容：①在夜色较好的晚上，以无动力或电动船，载游客于天顶湖游玩，突出夜色、幽静、凉意。②在天顶湖湖岸附近或在百丈漈对面地势低平的半岛上修建篝火营地，晚间可以举办篝火晚会；也可以考虑将畲族婚礼上的长夜欢歌与篝火晚会相配合（长夜欢歌是畲族人的一种婚俗）。

3. 飞云湖水上运动娱乐游

客源市场：温州市娱乐旅游者为主。

旅游内容：在飞云湖的一些半岛、峡湾内修建一些水上运动设施，如水滑梯等；也可以考虑在一些峡湾内修建生态旅游园区或野生动物园，还可以在峡湾上修建一条观光索拉桥。

4. 铜铃山峡壶穴奇观科普考察游

客源市场：以省内外大中小学生为主。

旅游内容：从双曲湖开始，沿铜铃山峡修好的栈道，观赏铜铃山峡良好的森林植被、峡谷景观、幽潭奇瀑，最后在壶穴景观处重点向学生介绍有关壶穴的成因、地理特点。

5. “落叶归根”侨乡文化游

客源市场：海外的文成籍华侨。

旅游内容：“以华侨故土园”为号召，向归国观光的华侨及其后人介绍有关文成的文化和历史及建设成就。

6. 畲民民俗文化游

客源市场：普通大众旅游者。

旅游内容：挖掘畲族民俗风情特色，开发旅游者参与性较强的民俗活动，如畲族有在婚礼时举行长夜对歌的活动，并以此作为主要的活动环节，在天顶湖或其他畲族聚集区举办类似篝火晚会的节目。

（四）建设施工

完成规划方案后，旅游开发就进入了施工建设阶段，这个阶段工作的重点不再是专家的论证和设计，而是一些基本的建设操作。旅游开发进入这个阶段之后，主要是企业行为。这个阶段主要包括两个环节。

1. 施工准备

施工准备是一项事务繁多，要求细致的工作，一般包括三个方面的内容：①组织准备。为保证旅游开发工作顺利、有序地进行，成立专门的机构来负责整个项目的领导、指挥、协调和监督工作是非常必要的，从广义上说，组织准备还包括项目建成后的管理机构和服务人员的准备，以便使整个开发项目能够有序衔接。②工程技术准备。旅游开发在很多情况下就是一项工程建设，工程技术条件在整个开发项目中具有举足轻重的地位。工程技术条件主要由开发公司和建筑公司提供，因此，一般工程技术准备是由项目的承建者——开发公司或建筑公司进行考察、选择和监督。考察的内容主要是该公司技术人员的数量和水平、技术设施和工具的数量及质量、已有的开发和施工经验以及信誉等。③资金和物资准备。旅游开发项目，一般都具有资金和劳动密集型投资的性质，自然或文化旅游区的开发，相关设施的建设如主题公园、娱乐设施以及其他设施建设都耗资巨大，必须有足够的资金作为保障。

2. 建设施工

各方面的准备工作就绪后，承建单位就进入施工建设阶段。建设施工必须按照事先制订的规划方案进行，不能随意改动。目前，工程项目的施工建设一般都是通过工程招标进行的，开发方主要负责工程质量的监督。

（五）经营管理

旅游区的经营管理，实际上也是开发活动的延续。广义的旅游开发实际包括两个层次：一个是直接的开发和建设活动，这一阶段所进行的主要是旅游景观和服务设施的综合建设，使旅游设施形成规模和体系，具有相应的旅游产品生产能力和接待能力；另一个是在此基础上进行的旅游产品生产，维持各种设施的整体运转和生产能力的整体发挥，并产生经济效益，是直接开发活动的发展和深化。这个阶段的主要任务就是对开发后所形成的景区和旅游项目进行经营管理。

旅游区经营管理是指对经旅游开发建设后形成具有旅游产品生产能力的旅游区进行的日常经营管理活动。在现实中，虽然有一些旅游区是公益性质的，如城市的开放式公园、绿地，其主要作用是满足当地居民的休闲生活，但总的来说，绝大多数旅游区是以企业形式存在的，需要通过良好的经营管理获得利润，对于这些旅游区来说，日常经营活动便成为其主要的管理内容之一。旅游区经营管理一般包括以下六个方面的内容。

1. 旅游产品的设计与生产

旅游开发建设过程形成的是各种景物、设施和设备，从旅游产品生产角度看，旅游产品的生产与消费是同步进行的，因此旅游开发建设过程只是使旅游区具备生产产品的能力，真正旅游产品的生产是要等到游客进入景区之后才开始的。于是这就需要旅游区的经营者在开发建设所形成的硬件设施的基础上，组织线路、设计旅程、提供导游服务、安排动态的节目、出售旅游商品等，即旅游产品的设计与生产应既包括旅游区设施、设备的运行管理，也包含游客管理的内容。

2. 旅游市场营销

旅游开发建设之后具备了旅游产品的生产能力，市场营销的最主要目的是将旅游

区推向市场，争取更多的游客到访，以获得投资回报。旅游区的市场营销工作一般包括媒体广告宣传、推介说明会、形象宣传与品牌管理等。

3. 旅游区环境管理

环境是社会发展的基础，是旅游区的命脉。对旅游区进行开发、经营而产生经济效益固然重要，但环境的状况与经济、社会的发展保持着千丝万缕的联系，特别是旅游区作为人们旅游、休憩的场所，更要求环境美化和优化。因此，旅游区的经营活动必须与环境的维护和培育管理相结合，不能只讲经济效益而不讲环境效益。在日常经营过程中，当经济利益与环境效益发生矛盾时，要首先考虑环境效益，即实行环境效益优先原则。

4. 景物、设施、设备的保护与维修

无论是自然景物还是人造景观，都存在生命周期，而一些自然或人为的因素又可以加快或延缓它们的损坏过程。景观资源是旅游区的主体，为了使旅游区能长期存在下去，使景观能够在更长的时间内为人们服务，必须在利用的过程中加强维修和保护管理，对已受损的景观、景物及时维修，对那些具有文物价值的景物进行必要的保护。对旅游的其他设施与设备，按照相关的使用方法、维护的法律法规和技术要求，进行必要的管理和维护。

5. 旅游安全管理

安全涉及人的生命、财产，是任何活动都不可忽视的问题。旅游区的安全管理是旅游经营活动开展的基础，是旅游观光、游览活动整体运行的前提。旅游安全管理的内容一般应包括：旅游区内的景物、设备、设施的安全，旅游区环境与生态安全，游客的人身财产安全，安全可靠的游览设施和应急设备，安全规章管理制度等。

6. 服务质量管理

就旅游区而言，质量管理一般包括以下内容：景物的质量，环境容量，旅游设施的配套、布局，服务人员的态度和技巧，服务项目和服务内容，收费的合理性。

总之，旅游区的管理就是按照一定的目标和标准，对以上六个方面进行有效的组织、指挥和协调，使这些方面能够和谐统一，旅游区能够高效运转，达到最佳效果。

综上所述，旅游规划与开发是一项复杂的系统工程，应按照其内在要求有序进行，如图 1－1。

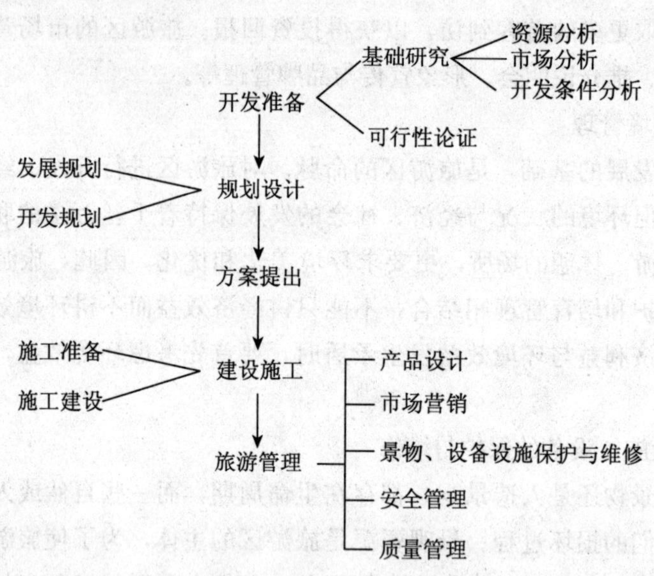

图 1－1 旅游规划与开发程序

第三节 旅游规划与开发的发展历程

一、国外旅游规划与开发思想的演变

（一）大众旅游开发

1. 背景

20 世纪 50 年代后期，旅游活动不仅恢复到了第二次世界大战前的水平，而且还出现了前所未有的高速发展。国际旅游人数由 1950 年的 2500 万人次增加到了 1989 年的 4.2 亿人次，增长了 16 倍。促使战后旅游在世界范围内迅速发展的原因主要有以下几方面。

（1）第二次世界大战后世界经济发展迅速。1949 年全世界生产总值为 25000 亿美元，到 20 世纪 60 年代末则上升为 62000 亿美元。几乎所有国家战后的经济增长速度都大大超过了战前增长速度，而经济的发展意味着人均收入水平的提高。

（2）旅游者可自由支配时间增加和带薪假期出现。工业革命后，产业工人数量大幅增长，忙闲有致的农业生产被单调紧张的机器劳动所代替。19 世纪中叶，欧洲工人平均每周工作 70 个小时。第二次世界大战后，随着科学技术的进步，生产自动化程度不断提高，劳动效率大大提高，这使劳动时间得以缩短。1965 年，工人平均劳动时间为每周 46 个小时，20 世纪 80 年代进一步缩短为每周 39 个小时。工作时间缩短意味着闲暇时间的增加，尤其是可自由支配时间的增加。第二次世界大战后，人们周末的休息时间也得以增加，西方国家还纷纷以立法的形式规定就业人员享有带薪假期的权利，这在一定程度上保证了人们有充足的时间进行旅游活动。

(3) 人口结构的变化和人均寿命的增加促进了旅游活动的快速发展。第二次世界大战后，家庭规模普遍变小，这也意味着家庭可自由支配收入和可自由支配时间的增加。由于经济的蓬勃发展，第二次世界大战后世界人口迅速增长，尤其是随着城市化进程的加快，城市人口更是得到持续地增长。高度的城市化增强了人们外出旅游的愿望，这是因为城市拥挤的生活空间和嘈杂的生活环境使人们希望通过旅游获得暂时的放松，另外城市化水平的提高也往往意味着可自由支配收入的提高和受教育程度的提高。20世纪初期，人们在退休后平均仅能再生活5年时间，而到了20世纪末，人们退休后还能再生活15～20年，退休后的人们将有更多的闲暇时间从事旅游活动。

(4) 科学技术飞速进步。在第二次世界大战前，交通工具的改进对于旅游的促进作用已经被历史证明，而第二次世界大战后同样如此。喷气式飞机的运用使得人们日行万里，距离不再是问题，而喷气式飞机的普及也降低了运营成本，从而降低了机票的价格。汽车尤其是私人汽车的普及以及公路网络的迅速发展，大大推动了国内及国际旅游的发展。

2. 大众旅游开发模式

由于以上这些推力的作用，第二次世界大战后的二三十年中，世界旅游市场形成了一批追求“3S”(阳光、沙滩、大海)的旅游者。这一时期的旅游市场特征是“大众化、标准化、团体化”。这是旅游的初级阶段，是社会经济欠发达时期的必然选择。虽然第二次世界大战后到20世纪80年代，人们的收入已经得到很大提高，但相对今天而言，差距还是比较大的，人们的消费观念也比较落后，普遍满足于“到此一游”的走马观花式旅游。所以，大众旅游又被称为观光旅游。

旅游开发在这样的背景下也就必然选择了以自然风景区为主的开发。在第二次世界大战前，由于旅游需求还没有真正形成规模，也就没有旅游规划与开发这一理念。在第二次世界大战后，随着旅游的兴起，旅游规划才被逐渐提到议事日程上来。在大众旅游时代，旅游开发的重点是产品开发、土地规划和市场促销，主要目的是景点景区的利益最大化，重视旅游收入、创汇与就业。在大众旅游时代，旅游开发更多的是关注开发商的利益。

3. 开发中出现的问题

在大众旅游的开发过程中，最突出的就是环境问题和社会问题。

由于大众旅游是在“旅游是无烟工业”的理念指导下发展起来的，因此当时在进行旅游开发的时候缺乏保护环境的意识。在这种理念的指导下，开发商对旅游资源进行掠夺性开发，对旅游景区实行粗放式管理，从而破坏了旅游业赖以生存的自然环境。例如阿尔卑斯山地区为了发展冬季体育旅游，实行了森林砍伐项目，结果导致了泥石流、洪水和雪崩等自然灾害，在 1987 年 7 月的三个星期之内造成蒂罗尔南部和北部发生了一系列的泥石流和洪水灾害。另外，在许多地方出现了与环境不协调的旅游建筑物，这些建筑物是为了迎合游客建造的，而不是为了追求与当地建筑物的和谐。例如爱琴海和地中海地区的一些旅游建筑物没有能和当地传统的或占主流的建筑风格融合，从而造成了“建筑污染”。即使没有对旅游资源的破坏性、掠夺性开发，没有建设性的破坏，但由于参与旅游活动的人越来越多，游客无意造成的破坏也会十分严重。例如在英国的湖区，旅游者把小径踏成了公路，侵蚀了土壤，造成破坏，形成沟堑。

游客对社会文化的影响也十分突出。在旅游目的地比较突出的社会问题包括犯罪增加、游客与社区居民关系紧张、广告引导所导致的游客畸形消费、文化被商品化等。例如 20 世纪 70 年代对夏威夷和巴巴多斯岛的研究表明，旅游者的人均水电消耗量是当地人口的 6～10 倍。由于旅游者大都比当地居民富裕，可以以高于当地居民的价格消费有限的资源。但是资源是有稀缺性的，当资源非常短缺的时候，旅游者与当地居民的矛盾就会非常突出。旅游者的到来，还会使一些当地的传统风俗成为商业化的表演从而失去原有的意义，久而久之，当地风俗就会发生变化。由于年轻人更容易接受新的东西，所以他们能够很快地接受这种风俗习惯的变化，这样一来，又引发了年轻人和老一代的冲突。

(二) 可持续旅游开发

1. 背景

由于人类的经济活动，使得环境状况日益恶化，直接威胁人类的生存和发展。经济发展、资源利用以及环境保护所构成的矛盾已经成为当今世界各国共同面临的重大挑战，人们越来越意识到当今社会需要一种经济发展、资源利用和环境保护相融合的协调发展方式。挪威前首相布伦特兰夫人 1987 年在《我们共同的未来》报告中，提出了人类应该坚持可持续发展的战略，她所说的可持续发展是指：满足当代人类的需要，同时又不损害人类后代满足其自身需要的能力。可持续发展的观念提出后，立刻受到了各界的支持。在旅游开发领域，可持续旅游的概念也开始得到人们的关注。可持续旅游发展是在满足当代旅游者和旅游地居民各种需要的同时，又保持和增进未来发展的机会，实质上就是旅游与自然、社会、文化和人类生存的环境成为一个整体，以协调发展，实现社会目标与经济目标的统一。

2. 可持续发展观念对旅游开发模式的影响

可持续旅游发展，它的基本理念是代内的公平和代际的公平，注重旅游的发展对社区的影响，在进行旅游开发的时候，非常关注社区的利益。具体来说，可持续旅游发展的理念对旅游开发模式有以下几方面的影响。

(1) 制止或控制建设性破坏。发展旅游，就必须先解决交通、住宿等基础设施的建设，景区和旅游服务设施的建设。可持续旅游开发的基本原则是在满足旅游者的需求和企业获得合理利润的同时，不使环境遭到破坏，不使宝贵的历史文化遗产受到侵害。

(2) 把重点放在质上而不是量上。对旅游业来说，人均消费的提高要比增加旅游人数更有利。很多环境优美的自然景区，生态环境都是非常敏感脆弱的，大量旅游者的涌入，会造成资源的破坏。一些特殊的人文环境也是这样，过多的游客和过分的商业活动，会对当地的民族文化传统造成破坏。所以，在这些地方要通过科学的规划，确定游客的承载力，才能实现可持续发展的基础因素。除此之外在确定游客承载力之后还需通过价格杠杆等手段来控制游客的数量。

(3) 开展新的旅游模式。生态旅游是在生态学的理论指导下，以自然景观为主要游览对象，在尽可能减少旅游活动给自然环境带来伤害的前提下开展的一种旅游活动。这种旅游方式要求游客在通过游览活动加深对景区自然环境的认识的过程中，旅游区通过有意识地加强自然生态环境的科学知识教育，增强游客的环保意识。由于生态旅游涉及人数少，还具有增进知识的功能，所以生态旅游不仅有保护环境的功能，对旅游者来说，在和当地原生态接触的过程中，也能获得真正的乐趣，它是一种非常理想的可持续旅游方式。

(4) 按照可持续发展的要求改造已经开发的旅游景区。对已经建成接待游客的景区或成熟的旅游地，也要按照可持续发展的要求，对其不符合可持续发展的要素进行科学合理的改造。

【案例 1.2】

美国旅行社协会的生态旅游者道德标准

- 尊重生态的脆弱性。
- 只留下脚印，只带走照片。
- 了解目的地的地理、习惯、风俗和文化，使旅程更有意义。
- 尊重别人的隐私和尊严。
- 不买由濒危动植物制成的产品。
- 走设计好的路线，不打扰动物，不破坏植物。
- 了解并支持环保计划和组织。
- 尽量徒步或使用对环境无害的交通工具，鼓励司机停车时关闭发动机。
- 支持节约能源、环保的企业和行为。

【案例 1.3】

巴厘岛努萨瓦杜河的可持续旅游开发

巴厘岛努萨瓦杜河度假区项目是 20 世纪 70 年代启动的，这个项目由世界银行和联合国开发署支持，在当时是东南亚第一个综合旅游度假区规划，目的是为旅游度假区的开发建立一个新的模式——既能为投资者带来丰厚利润，又能控制旅游开发中的负面影响，实现可持续发展的模式。

巴厘旅游公司负责提供所有基础设施和公用设施，如排污系统、排水、电力、垃圾收集、区内街道环境美化和其他公用设施。

巴厘岛努萨杜阿巴度假区综合项目制定了详细的规划，确定了概念性土地利用规划，包括交通、分区规章、土地规划理念、建筑物美化准则。该项目分两期开发，客房总数5000间，分布在12个海滩区内。建筑原则以传统的巴厘建筑基调和地方建筑材料为基础。

私营企业根据在特定的区域内所允许的客房数，很快租赁了土地，开发准则和规则如下：

(1) 建筑物限高15米；

(2) 最大标准密度为每公顷20个房间；

(3) 最大开发覆盖面为25%；

(4) 严格控制户外广告牌，只允许设置方向性的指示牌；

(5) 支持地方社区参与旅游业的开发；

(6) 优先雇用当地人在酒店工作；

(7) 帮助地方农民生产，并鼓励把农产品销售给酒店。

这项开发非常成功，经营酒店的企业有了稳定的生意，地方社区也开发了和度假区相关的各种生意和服务，巴厘旅游公司也取得了商业的成功。经济开发、环境方面的成功使印尼政府对这种新模式非常有信心。

（三）体验旅游开发

1. 体验经济

体验经济的概念最早是由美国未来学家阿尔文·托夫勒在1970年的《未来的冲击》一文中提出来的，文章中预言：体验经济是继农业经济、工业经济、服务经济之后的人类经济生活的第四个发展阶段，未来商家将靠提供体验服务在商战中取胜。

人类的经济活动基本上可以分为农业经济、工业经济、服务经济和体验经济四个阶段。不同的经济发展阶段，为我们提供的衣、食、住、行会表现出实质性的差别。农业经济的提供物是产品，其产品是从自然界中发掘和提炼出来的原料，比如粮食、蔬菜、动物等。农业经济因其附加值低、生产周期长，一般以年为单位，经济效益最低。工业经济把产品当作原材料，实行标准化、工厂化生产，其生产周期一般以月为单位，较之农业经济，效益有极大地提高。服务经济是根据已知客户的需求进行定制的无形活动。服务人员以商品为依托，为特定的顾客服务，如维修服务、饮食服务等。

服务经济一般以天为单位，较之工业经济效益更高。

在体验经济中，企业提供的不再仅仅是商品或服务，它提供最终体验，并充满了感情的力量，给顾客留下了难以忘却的愉悦记忆。消费者消费的也不再是实实在在的商品，而是一种感觉，一种情绪上、体力上、智力上甚至精神上的体验。体验经济抛弃了传统的价格竞争模式和规模经济的竞争模式，从生活与情境出发，着重塑造感官体验和思维上的认同，并用这些来抓住消费者的注意力。消费者在体验经济中如同沉醉于企业为他们设计好的形形色色的情感体验舞台之中，玩转各种道具（道具就是企业的产品，舞台就是企业的服务），获得物质和精神上的双重满足，并心甘情愿的为这种美妙的心理感受埋单。

2. 体验旅游

从本质上说，旅游本身就是个人的一种体验，旅游经济和体验经济有着天然的契合点。体验旅游是以旅游企业为舞台和道具，以游客参与和互动为主要特征，以使游客得到各种感官刺激和精神震撼为主要目标的一种人性化、个性化的旅游产品设计。

体验旅游讲究与消费者的开放互动。在体验旅游中，开发经营者要积极开展与消费者的沟通，寻求触动消费者内在情感和情绪的切入点。顾客既是体验的主体也是体验的组成部分，他们已经不甘心再做产品的被动接受者，而要参与产品项目的设计与组合，追求产品与自我的互动。他们希望根据自己的个性购买模块化的产品部件，按自己的需要组合。迪士尼乐园无疑是体验经济实践的成功典范，它通过主题游乐园、卡通片、电影、电视节目等形式，精心设计了一系列让人眼花缭乱的快乐经历，通过游客参与演出一场场视觉、听觉、触觉、嗅觉和味觉等各种感受交错的完整节目，让游客成为各娱乐项目的“主角”，并从中获得了新颖的体验。旅游产品的发展，一个重要的趋势就是越来越多的参与性产品的出现并逐渐成为旅游市场的主力军，游客再也不是一个旁观者而是一个参与者甚至是主导者，这在很大程度上调动了旅游者消费的积极性。

体验旅游追求满足消费者的个性化需求。大众化的服务会吸引更多的消费者，而体验旅游往往刻意偏向某一类人群，有时甚至还会阻挠一部分消费者进入。根据马斯洛的需要层次理论，服务经济可以理解为满足消费者的社交需求和尊重需求，体验经济则可以理解为满足消费者的自我实现需求，体验经济时代的顾客追求与真实的差异，从逃避走向自我实现。城市化导致个人生活空间的缩小和工作节奏的加快，从而使顾客对情感的需求显得比以往任何时候都强烈，比如亲情、邻里之情等，于是人们开始尝试通过各种途径来实现这些情感需求，包括购买家乡特产、看怀旧电影、探亲旅游等。有些游客为了证明自己的生命价值，甘愿冒着受伤甚至死亡的危险，选择蹦极、攀岩等挑战性较高的活动，在跨越心理承受极限时，游客获得了极大的愉悦感、成就感和自豪感。高尔夫之所以广受欢迎，不仅仅因为它是一种运动，而且在于它已经成了身份地位、时尚品位、文化品质的代表，高尔夫爱好者在打球的过程中体验到了公平、绿色、快乐和满足。现在的旅游者对定制化的旅游产品越来越热衷，也从一个方面说明了旅游经济这种体验经济的个性化趋势越来越明显。

体验旅游提供的不仅仅是产品和服务，更是快乐这种体验。体验旅游的基本类型包括：①娱乐体验，即游客通过观看或参与各种娱乐活动使自己长期紧绷的神经得以放松，达到愉悦身心的目的；②教育体验，即使游客在旅游的过程中获得知识；③逃避式体验，即使游客逃离城市拥挤的生活空间和喧闹的生活环境，到尚未被城市所触及的地方修身养性，忘却来自工作和生活的压力，这样游客完全沉浸在某种体验中，甚至主动积极地参与到这种体验的营造过程中，如滑雪、虚拟现实；④审美体验，即游客通过游览美好的事物放松身心、忘却自我的过程。

体验旅游与大众旅游最大的区别在于体验旅游关注的焦点是游客的需求，开发、设计以及为游客提供服务都是一个倾听游客需求的过程。作为一种高层次的旅游形式，体验旅游强调游客对文化、生活、历史的体验，强调其参与性与融入性。

旅游规划与开发思想演变的大众旅游、可持续旅游、体验旅游这些不同时期，在关注利益主体与开发目标方面存在着较大的差别（见表 1－1）。

表 1－1　　不同时期旅游开发模式的对比

旅游发展时期	关注的利益体	开发目标
大众旅游时期	开发商	追求经济利益的最大化
可持续旅游时期	社区	实现社区的可持续发展
体验旅游时期	游客	为游客创造满意的体验

二、国外旅游规划与开发实践回顾

国外最早的真正意义上的旅游规划与开发被一致认为是 1959 年美国夏威夷州的规划。从那以后，世界范围内旅游规划与开发的编制数量不断上升，同时，在旅游规划与开发中应用的理论和技术也不断发展完善。

（一）初始阶段（20 世纪 30 年代—50 年代）

20 世纪早期，现代旅游形式开始在国外经济较为发达的地区出现，与此同时，各类为旅游者提供服务的企业和部门也逐步发展。20 世纪 30 年代，英国、法国、爱尔兰等国家开始有最初的旅游规划，但是，就当时这些国家旅游规划的内容和目的来看，所谓的旅游规划实际上只是为一些旅游项目或旅游接待设施提供基础性的市场评估和场地设计，例如为旅游饭店进行选址等。从严格意义上来说，此时在上述国家中出现的旅游规划还不能称为真正意义上的旅游规划，它只是针对旅游企业的一种发展计划

和项目设计。1959年，在美国旅游学家的参与下，夏威夷州制定了州发展总体规划，在此规划中，旅游规划第一次成为区域规划中的一个重要组成部分。在州发展总体规划的影响下，同年夏威夷的Ka′anapali度假村开始兴建。由于夏威夷州这次旅游规划工作的形式已经比较规范，从旅游规划成果的具体内容到基本体系已经接近于现代的旅游规划，因此，它被一致认为是现代旅游规划编制的起始标志。这个时期的旅游规划所依托的主要理论基础是旅游经济学、休憩学、旅游地理学等，旅游规划者多从旅游活动与区域发展的经济性角度进行研究，因此，该阶段的旅游规划往往是区域总体规划中的一个部分。

（二）推广阶段（20世纪60年代—70年代初）

随着现代意义上的旅游规划的产生，20世纪60年代，法国、英国也相继出现了正式的旅游规划。1963年，联合国大会强调了规划对于旅游和区域发展的重要意义，在联合国的大力推动下，马拉西亚、中国台湾、斐济、波利尼亚、加拿大、澳大利亚、美国和加勒比海等国家和地区均兴起了制订旅游规划的热潮。如法国的朗济道海岸、印度尼西亚的巴厘、澳洲中部都相继制订地区旅游发展规划。在20世纪60年代中期到70年代初的几年里，世界旅游业发展较为迅速，对于旅游地开发的需求也逐步加大。在强大的市场需求推动下，旅游规划在全球得到了较为广泛的发展，从最初的欧洲逐渐发展到北美，然后进一步向亚洲和非洲国家扩展。

该阶段旅游规划编制者所依据的理论基础主要包括旅游经济学、游憩学、旅游地理学、区域规划学等，而规划的内容也主要着眼于旅游资源的开发和利用、新旅游区的开发以及对旧旅游区的改造等方面。与此同时，学术界也开始出现关于旅游规划与开发的研究成果。该阶段人们眼中的旅游区是以旅游资源组合体的形式出现的，即所谓的旅游区应该是一个具有一定经济结构和形态的旅游资源的组合体，旅游业在该区域的经济结构中应占有重要的地位。

（三）综合发展阶段（20世纪70年代—80年代）

进入20世纪70年代，旅游开发需要规划的观念才开始真正为许多国家和国际组织所认同和重视。如世界旅游组织、世界银行等国际组织都积极推动旅游规划的发展，并参与了菲律宾、斯里兰卡、尼泊尔、肯尼亚等国家的旅游规划编制工作。1977年，世界旅游组织对于有关旅游开发的调查表明，43个成员国中有37个国家编制了国家级的旅游发展总体规划。该阶段，旅游规划的边缘学科性质日渐显现，更多的其他学科的方法被引入到旅游规划之中，如旅游心理学、旅游社会学等。旅游规划也从传统的静态、确定性规划转变为动态、不确定性规划。

此外，在该阶段，对旅游规划进行系统性总结的各种著作开始出现，如世界旅游组织出版了为发展中国家旅游发展规划的编制提供指导的《综合规划》，并在综合调查了118个国家和地区旅游管理结构和旅游规划成果的基础上，出版了《旅游开发规划明细录》。1979年，世界旅游组织更是实施了全球范围内的旅游规划调查，形成了第一份全球在制订旅游开发方面的经验报告。

（四）快速发展阶段（20世纪80年代—90年代）

该阶段旅游规划与开发的发展较为迅速，主要表现为旅游规划编制的国家和区域不断增多，旅游规划所设计的内容日趋系统化。此外，相关的理论研究成果也呈现出爆炸式增长的态势。

进入20世纪80年代以后，旅游规划的编制工作普及到了许多欠发达的国家和地区，同时也在发达国家进一步普及和深化，许多已经制订过旅游发展规划的区域还出现了根据实际需要对旅游规划进行修编的现象。如夏威夷州在1959年编制了旅游规划后，于1980年对1959年的规划进行了修编。

在旅游规划的内容体系上，随着理论总结的不断深入以及旅游规划实践经验的逐步累积，人们对旅游规划内容的综合性和系统性有了初步的认识。该阶段相关的理论成果和新的研究方法也层出不穷。其他学术领域的研究成果在该阶段也迅速地为旅游界所吸收应用，著名的门槛理论和旅游地生命周期理论就是典型的例子。旅游规划理论基础的丰富与多元性进一步强调了旅游规划所具有的交叉学科的性质，对于当前的旅游规划理论和实践的发展都产生了巨大的影响。

（五）深入发展阶段（20世纪90年代至今）

旅游规划与开发在经过60多年的发展后，理论和实践的经验已经比较丰富，可是旅游规划标准程序的建立则一直到20世纪90年代初才完成。同时，旅游规划界对旅游资源的开发与保护之间的关系开始加以关注，力求在旅游规划与开发过程中体现可持续发展的思想。1995年，联合国教科文组织、环境计划署和世界旅游组织召开了可持续旅游发展世界会议，通过了《可持续旅游发展宪章》和《可持续旅游发展行动计划》，正式确立了可持续发展的思想方法在旅游资源保护、开发和规划中的地位。此外，旅游市场对于规划与开发的重要性也引起了旅游规划编制者的注意，其主要体现在旅游市场的营销规划被纳入了旅游规划的内容体系。总体来看，20世纪90年代以来国外旅游规划与开发的实践与研究在理念上不断地创新和发展，在规划的内容上不断完善和系统化，呈现出一种向纵深发展的态势。

三、中国旅游规划与开发历程

我国旅游规划与开发和现代旅游业发展一样，起步较晚，但是其发展速度很快。从20世纪70年代我国现代旅游事业起步开始到目前为止，中国的旅游规划已经基本完成了从单一的政府主导向政府、企业、科研院所等多元化的主体转变，旅游规划从业人员的学科背景也与旅游学科一样体现出了边缘性和多元化的特点，旅游规划工作开始逐步与国际先进的规划技术和理念接轨。

(一) 起步阶段(20世纪70年代—80年代)

我国的旅游规划与开发工作基本上与旅游业的发展同步。20世纪70年代国家旅游局成立后，建设规划部门开始对城市和景区进行开发规划，出现了风景城市规划和旅游风景名胜区规划，林业部也开始规划森林公园。这个时期的规划大多是政府行为，由政府部门直接参与。由于当时关于旅游的研究和实践尚未真正发展，因此，规划成员主要是城市规划和建筑设计人员，严格来说，此时的旅游规划还属于城市规划的范畴，只能算作是我国旅游规划与开发的萌芽阶段。

(二) 积累阶段(20世纪80年代中期—90年代末)

我国旅游规划与开发的交流与发展是从我国的旅游地理学者对旅游资源及其开发规划进行研究时开始。中国旅游地理学的系统化研究是以中国科学院地理科学研究所组建旅游地理学科组为标志。从此以后，在中国的旅游规划与开发的发展中，涌现出一批专门从事旅游开发规划的科研机构和专家，它们凭借在旅游地理学学科上的优势，将地理学科的区域性、综合性和实践性与旅游开发规划结合起来，并积极参与国内旅游开发规划的实践。这个阶段的旅游规划主要挖掘自然和人文旅游资源，以求吸引更多的游客，追求数量型增长。旅游规划研究主要集中在旅游资源研究方面，旅游资源开发成了旅游开发的代名词，旅游资源的分类、评价和开发成为旅游规划与开发的主体内容。

(三) 快速发展阶段(20世纪90年代—21世纪初)

1986年中国政府将旅游业确立为正式的产业部门，从此中国的旅游业进入了一个快速发展的阶段。旅游业的快速发展对旅游规划与开发提出了更高的要求。与此相应，旅游规划进入了以市场需求为导向的阶段。旅游规划开发的内容开始注重对客源市场的分析，并且把旅游业和其他相关的部门看做一个整体进行系统规划。旅游规划的成果越来越多，编制机构也开始呈现多元化。

1999年中央经济工作会议决定将旅游业作为国民经济新兴的增长点来加以培育，使得旅游业在国内的发展迅速升温。21世纪初，我国20多个省把旅游业作为支柱产业、先导产业，全国各地争相编制旅游发展规划。参与编制规划的人员除了旅游专家之外，还包括了经济学、社会学、生态学、人类学、心理学的专家，这更体现了旅游学的边缘学科的性质。1993年中科院地理所和国家旅游局资源开发司合作，制定了《中国旅游资源普查规范(试行稿)》，为编制中长期的旅游规划提供了科学依据。

但是，这一阶段的快速发展也引发了人们对某些旅游规划领域内的深层次问题的关注。例如许多规划在编制内容上千篇一律、粗制滥造，形式化、过场化的问题严峻；某些地方政府为了申请相关的项目经费，无视规划质量高低，重复编制规划的现象较为严重；规划的编制较受重视，而规划的实施却无人问津。此外，由于收到规划编制经济利益的诱惑，与旅游业相关联的行业部门都开始涉足旅游规划领域，其结果就是在旅游规划主体日益多元化时，出现鱼龙混杂的局面。这些问题的出现说明，旅游规划与开发快速成长的同时，需要有相关的监管和保障机制，以切实保证规划的科学性、严谨性与可行性。

（四）规范化与国际化阶段（21 世纪初至今）

2000 年国家旅游局出台了一系列规范，包括《旅游规划通则》《旅游规划管理办法》《旅游规划设计单位资质认定暂行办法》等。这些规范的颁布实施，使旅游规划工作有了综合性规范，对规划内容和深度要求也有了明确规定。对于从事旅游规划的单位资质予以了规范。2001 年，国家旅游局在全国范围内评选了 9 家甲级旅游规划设计单位，标志着国家管理机构已经对旅游规划提供方提出了具体的要求标准和管理方法，旅游规划开始向规范有序的方向发展。与此同时，政府、企业与规划编制单位和机构之间开始形成了良好的互动与约束机制，这对于我国旅游规划与开发的发展具有重要的意义，也是我国旅游规划与开发迈向市场化和国际化的重要一步。

在此阶段，我国旅游规划工作者也开始学习大量国际先进技术和方法。从编制旅游规划所使用的技术方法来看，由于新兴理论的产生和科技的进步，一些计算机技术的方法，如全球定位系统、地理信息系统、遥感技术和一些理论，如系统论、控制论、行为论等，被引入了旅游规划的编制中。这些先进技术工具与理论方法为我国旅游规划与开发的质量提升提供了很大的帮助。

此外，这一时期我国旅游规划开发工作开始注意与国际接轨，不少省份聘请了国外著名的公司和国际组织编制旅游业发展总体规划。国外旅游规划公司进入我国旅游规划市场，一方面为我国旅游规划界引入了竞争机制，另一方面又给我们提供了近距离学习国际旅游规划理论和方法的机会，对国内旅游规划编制水平的提高有一定的帮助。

四、旅游规划与开发的发展趋势

（一）全球化

经济的全球化和国际旅游业的大力发展加速了旅游规划与开发的全球化进程。就旅游规划与开发而言，其全球化的发展趋势主要包括以下含义：①区域旅游市场竞争的范围日益全球化，国际旅游市场的大幅增长意味着旅游市场竞争的形势会更加严峻，如何借助高质量的旅游规划，实现旅游发展的特色化、国际化，提升旅游业的竞争力是我们要考虑的重要课题；②旅游规划编制模式和规划团队的全球化。国际旅游的发展大大推动了国家和地区之间在旅游发展事务上的交流与合作，如国际旅游组织出版了系列旅游规划类的书籍，组织各国的旅游研究人员联合起来，为某些地区的旅游发展共同提出建议。我国也有一些大型旅游区的规划得到了来自世界各地专家的支持，如四川、山东、安徽都聘请了世界旅游组织专家来编制当地的旅游发展总体规划，湖

北省采用了中外专家结合的方式编制《湖北旅游发展总体规划》。这种规划编制模式和规划团队的全球化，对推进旅游规划的标准化和旅游发展的国际化有重要意义。同时，在国际专家协助下，区域旅游规划可以站在全球竞争的高度看问题，这就避免了同质化产品的出现，尽可能地突出本土和民族特色。

（二）市场化

旅游规划与开发的主角由政府转向市场的重要表现之一就是市场化的趋势，即旅游产品的开发以市场为导向以及旅游规划与开发的过程实现市场化运作。

1. 旅游项目的市场化开发

一方面，从市场营销的角度考虑，进入买方市场后的现代营销观念是市场需要什么，我们就提供什么，旅游规划与开发同样要遵循这样一个原理。例如全球旅游的主导形式目前已经开始发生转变，20 世纪以传统的观光旅游为主导，而近些年则以停留时间相对较长，更加强调体验、放松、增进身心健康为目的的度假休闲旅游为主导。因此，旅游规划时应充分考虑旅游者对度假旅游的需求，使市场增加度假型旅游产品和项目。

另一方面，掌握市场动态、迎合市场是一种被动的适应市场的方法，如果单纯使用这种方法来指导旅游规划，必定产生旅游产品和项目紧紧追赶市场需求的现象。要让旅游规划走在市场需求之前，就需要掌握主动，先发制人，即对于旅游产品的概念加以适当创新，迎合旅游者心态。只要找准了切入点，就能够产生旅游产品和项目引导市场需求的效果。

2. 组织过程的市场化运作

首先，旅游规划编制过程要实现市场化运作。随着政府在旅游规划与开发中直接参与程度的减弱，旅游规划编制过程对于规范化和市场化的要求逐步提高。出于保证旅游规划质量的考虑，目前国际上在编制旅游规划的过程中，往往利用市场化的运作手段来选择合适的规划编制者。双方通过招标的形式，在公平、公正、公开的机制下走到一起，并在合同条款的制约下共同合作完成规划编制工作。利用市场化运作可以有效避免规划编制过程中因非市场途径而产生的寻租与暗箱行为。

其次，旅游开发管理要实现市场化运作。旅游规划与开发是过程而不是结果，规划文本的出炉也并非是规划编制过程的结束，而是旅游规划与开发更深入阶段，即旅游开发管理的开始。旅游规划与开发的市场化运作也要相应延伸到规划与开发的管理阶段。此时的市场化运作大致表现出以下特征：一个是资源配置实现完全的市场化，其中的重要内容是项目融资的多元化；另一个是旅游开发经营管理的专业化，只有专业化的规划与开发管理，才能保证规划目标的实现。

（三）创新化

旅游是人们追求新异心理的外在行为表现，无论是自然环境还是文化生态，只有具备新鲜感的产品才能吸引旅游者。因此，从旅游业发展的动力来看，新颖性是其中的重要构成要素。旅游规划与开发是区域旅游发展的先导环节，也要具有一定的创新性，旅游规划与开发的创新性发展趋势主要表现在以下三个方面。

1. 规划理念创新

规划理念是指导规划编制和执行的思想和理论。在不同的规划理念下，规划的模式和关注的焦点都存在较大的差异。如最初的旅游规划与开发通常是以有效的资源开发作为指导理念，将旅游规划开发视为对现有资源的利用和开发；随后，在旅游开发的实践和系统理论的指导下，规划者又形成了系统化的规划理念，即不再只将旅游规划与开发的客体瞄准在旅游资源方面，而是将旅游发展的系统和旅游产业作为对象，从系统论的角度为该区旅游系统制定完善的发展蓝图。而今，旅游者在旅游过程中的身心体验正逐步成为旅游规划者关注的焦点之一，与此相适应，旅游规划开发的理念也要出现人本化方向的转变。可以预见，随着旅游业的不断发展，会有更多的新理论不断涌现，旅游规划与开发的理念也必然随之发生改变和创新。

2. 旅游项目创新设计

旅游规划与开发的创新性还表现在规划的内容上，即对于旅游项目的创新。一成不变的项目难以形成对旅游者持久的吸引力，尤其是在全球信息交流畅通的今天，旅游规划中的项目设计的相似性和模仿性特征日益明显。在实践中，很多旅游规划的项目设计仅仅是将其他国家和地区的某个项目加以移植。这种原封不动地照搬在飞速发展的国际旅游环境中，必然是短命的。为了改变这种旅游规划中千篇一律的项目设计模式，旅游规划者应大力探索外来与本地结合的创新道路，即一方面可以吸收和借鉴其他国家和地区在旅游发展中的成功项目，并结合本土资源与市场需求情况分析项目移植的可行性；另一方面，要加大旅游项目创新设计的研发投入，开发出一些具有高度创新性的旅游项目。只有坚持项目设计的不断创新，才能为旅游地的永续发展和竞争力提升提供支撑。

3. 规划方法创新

现代科学技术的发展为旅游规划与开发提供了强有力的武器，给旅游规划的技术与方法带来了巨大变革。这些技术方法在给旅游规划者带来便利的同时，也为其提供了强大的分析工具，如现代的 GIS 系统能够对空间问题进行全面的系统分析，为规划者提供有力的技术支持。由于旅游学科具有典型的边缘学科性质，因此，借鉴其他学科领域内的技术方法是提升规划能力和质量的主要途径。为此，旅游规划与开发除了要善于应用最新的科学技术成果，还要善于从其他学科引入合适的技术方法，促进旅游规划与开发技术手段和研究方法的创新。

（四）生态化

旅游规划与开发的生态化趋势主要表现在以下两个方面：①旅游项目生态化。随

着现代生活节奏的加快以及工业文明给人们生活环境带来的负面影响的不断加剧，人们对回归自然良好的生态环境的愿望也日益迫切。这一需求表现在旅游者的行为上就是旅游者对自然旅游目的地和生态旅游项目的强烈偏好。在回归原始生态市场需求的驱动下，今后旅游项目的设计必将呈现出生态化的趋势，具体表现为项目主题的生态化和项目要素的生态化。②空间布局生态化。旅游项目和设施的总体布局和功能分区不仅关系到旅游目的地的空间使用效率，同样还将直接影响到旅游者的游览感受，因此，在市场需求生态化的条件下，旅游规划中的空间布局也应做相应的调整，规划时在总体布局上应强调对自然环境的保护和对自然景观的营造，比如对自然景区进行分级保护等。此外，还有将观光区、游乐区和接待区相分离的多核布局模式等，这些空间布局模式都充分体现了人与自然和谐相处的规划理念。

思考题

1. 旅游开发涉及的领域包括哪些？
2. 旅游开发包括哪些内容？
3. 旅游开发、旅游规划的含义分别是什么？
4. 旅游规划与开发的基本程序是什么？
5. 结合旅游规划与开发的发展历程，谈谈你对这门学科今后发展趋势的认识。

第二章 旅游规划与开发的理论基础

学习目标

通过本章的学习，掌握旅游规划与开发的相关基础理论，具体包括系统论、增长极理论、劳动地域分工理论、可持续发展理论、利益相关者理论、生命周期理论的内涵及其对旅游规划与开发工作的指导借鉴意义；了解旅游规划与开发中应用的技术方法；了解旅游规划与开发的基本原则和战略。

关键词： 旅游系统 旅游可持续发展 旅游地生命周期 资源整合战略 创新战略

第一节 旅游规划与开发的理论基础

旅游规划与开发，涉及的范围和领域非常广泛，从理论和学科的联系上说，涉及管理学、经济学、规划学、资源学、地理学、园林学、建筑学、景观学、工程学、历史学、民俗学、人类学、心理学、社会学等学科，这些学科和理论都在旅游规划与开发的不同领域发挥着重要作用。旅游规划与开发是旅游业的基础性工作，如何使旅游开发做到资源结构合理、规划布局有序、客源市场健全、资源永续利用，都需要理论的指导。现代科学发展过程表明，任何一门新兴应用科学，都离不开相关学科理论基础的支撑，都是在理论和方法上借鉴相关学科的理论基础才得以走向成熟的。

一、旅游系统理论

（一）旅游系统的概念

系统是由相互作用、相互依赖的若干组成部分结合而成的具有特定功能的有机整体。系统由各具功能的不同部分组成，通过有机结合，使整个系统具有特定的功能。系统论作为一种基础理论，已经渗透到了各学科和实践工作中。系统理论强调事物之间的相互作用、相互联系，并揭示了事物的动态特征，可以预示事物演变方向与强度。它对于综合性极强的旅游业来说，有着重要的意义。从系统理论的角度来考虑，区域旅游活动实际上也是一个系统，旅游系统是由客源市场系统、目的地系统、出行系统

和支持系统四部分子系统组成（如图 2-1），具有特定结构和功能的活动系统，是自然、经济、社会复杂系统的子系统。

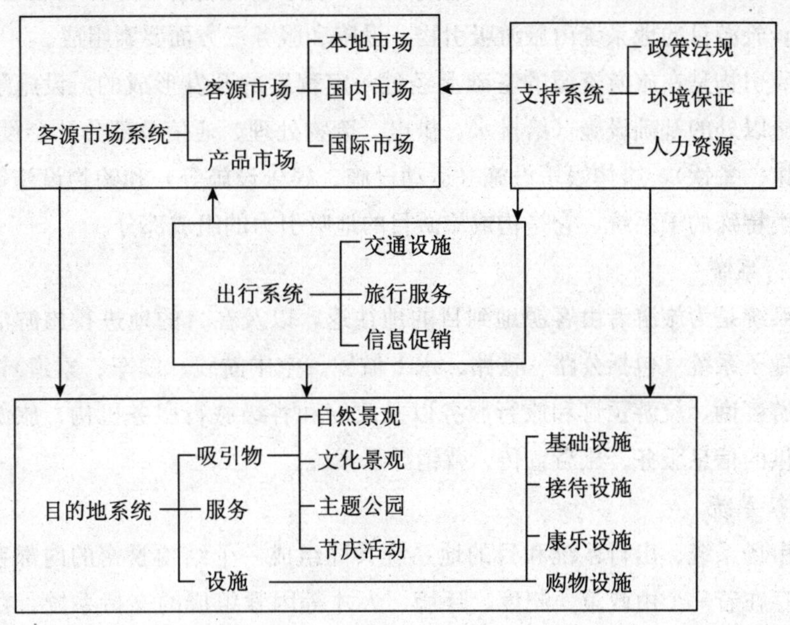

图 2-1　旅游系统的构成

（二）*旅游系统的结构*

旅游系统构架包括四个部分，即客源市场系统、目的地系统、出行系统和支持系统。

1. 客源市场系统

客源市场系统是由现实和潜在的具有实际旅游能力的游客构成，它促使一个地方成为客源地。游客对目的地的选择不仅要受个人偏好、实际经济能力、闲暇时间等个体特征影响，而且也受客源地经济发展水平、社会文化特点、政府部门对旅游的态度及旅游政策等客源地社会经济背景的影响。客源市场系统可以从不同角度划分为许多子系统。按地区可以分为国际市场、国内市场、地方市场；按人口可以分为老年人市场、中年人市场、青年人市场；按消费行为可划分为观光旅游市场、度假旅游市场、商务旅游市场等。在市场导向下旅游开发者应注意研究旅游市场的变化和发展，研究不同旅游者的行为结构、消费结构、旅游的流量、流向等时空分布特征，以便对目的地旅游市场做出合理预测，合理组织旅游产品和营销策略。客源市场的调查、分析、流量预测、滞留期、人均日消费、旅游毛收入预测以及收入乘数及就业机会预测等，是市场规划与开发研究的主要内容。

2. 目的地系统

目的地系统主要是指为已经到达目的地的游客提供游览、娱乐、食宿、购物、享受、体验或某些特殊服务的综合体，它是旅游系统中与旅游者联系最为密切的子系统。具体来讲，旅游目的地系统由旅游吸引物、设施和服务三方面要素组成。

旅游吸引物是在旅游资源的基础上经过一定程度的开发形成的。设施子系统包括除交通设施以外的基础设施（给排水、供电、废物处理、通信及部分社会设施），接待设施（宾馆、餐饮），康体娱乐设施（运动设施、娱乐设施等）和购物设施等。服务子系统是一类特殊的子系统，它是构成旅游目的地吸引力的组成部分。

3. 出行系统

出行系统是为旅游者由客源地到目的地往返，以及在目的地进行旅游活动而提供的交通设施子系统（包括公路、铁路、水上航线、空中航线、缆车、索道），由旅行社提供的旅游咨询，旅游预订和旅行服务以及政府和各级旅行服务机构、旅游销售商向旅游者提供的信息服务、旅游宣传、营销等子系统。

4. 支持系统

客源市场系统、出行系统和目的地系统共同组成一个结构紧密的内部系统，而在其外围还存在着一个由政策、制度、环境、人才等因素组成的支持系统。在这一子系统中政府处于特别重要的位置，旅游教育机构也担负着非常重要的责任。没有政策保障、人才教育和培训等支持的旅游系统，将会导致旅游发展的影响恶化、资源损毁、服务质量低下、经济衰退等不良后果。实际上，从某种角度而言，旅游发展战略的制订及其实施本身就可以看成某种形式的旅游健康发展的政策支持，即旅游发展战略编制行为本身也是旅游系统的一个组成部分，是旅游业可持续发展的必要保障。

（三）旅游系统规划与开发的基本特征

1. 整体性

任何系统只有通过相互联系形成整体结构，才能发挥整体的功能。旅游系统是一个复杂的系统，旅游系统规划要解决很多问题，比如环境、市场、交通、人力资源等，这些问题又交叉覆盖、互相影响。因此，旅游规划中出现的任何问题都可以通过旅游系统这个整体来解决。这就要求把旅游活动从开始到结束的整个过程当作一个整体来研究，在对旅游目的地吸引物结构和旅游市场结构这对供需关系，以及与这对关系有密切联系的支持系统和出游系统诸因子的调查、研究与评价的基础上，制订全面的、高适应性的、可操作的旅游发展战略和细则。同时杜绝从局部和单个要素出发，或者某些部门、企事业单位各自为政地去利用旅游资源盲目发展旅游业，从而实现旅游系统的良性运转，实现整体最佳且可持续的经济、社会、环境效益。

2. 协调性

在规划开发时，要注意系统各个组成部分之间的关联性与协调性，以及系统内外的协调发展，具体包括以下三点。

（1）旅游业与社会经济的协调发展。旅游业是社会经济发展到一定阶段的产物，旅游业的发展深受社会经济发展的制约。因此旅游规划开发应是城市或地区总体发展战略的组成部分，旅游业应占什么地位需依城市和地区总体发展情况而定。

（2）旅游系统内部各要素之间的协调平衡。系统内部各个要素之间的相互关系就是系统的结构，系统在一定环境中所能发挥的作用，就是系统的功能。旅游规划开发只有将旅游资源、旅游容量、客源市场、旅游管理、基础设施和服务系统等方面充分协调好，体现部分与整体的关系，才能取得整体大于部分之和的效果。

（3）采用多学科综合的研究方法。旅游业是一个综合性很强的行业，因而旅游系统规划必须采用多学科的综合研究方法，尽可能地吸收旅游、地理、经济、市场营销、管理、交通、生态、环保、文物、园林、建筑、文化等各方面专家学者和一线工作者参与。

3. 层次性

旅游系统是一个规模庞大又很复杂的系统，对这样的系统进行研究，就要根据系统结构的层次性，利用大系统分解协调原理，将大系统进行分解，再对子系统进行综合。对各子系统进行设计研究时，要服从整体效益最佳的要求，根据各子系统之间的必然联系，进行协调。例如按照空间范围，旅游系统可以划分为国际、国家、区域、地方、旅游景区等不同的规划层次，它们的侧重点有所不同，每一个上一级的旅游区是若干个下一级的旅游区的有机结合，若干个下一级旅游区集合成上一级旅游区后，便产生新的特质，具有新的特征。低层次的规划要服从于高层次的规划，既要考虑大区域的共性，又要找出自己的比较优势，避免恶性竞争。系统之间要相互呼应、彼此关联，以实现规划理性、科学、高效、可持续地发展。

4. 可控性

建立反馈系统是一个成功的旅游系统规划必不可少的条件。因为规划的目的在于付诸实施，不准备实施的规划等于一张废纸。为了保证计划能够按预期目标实施，必须建立反馈机制，建立反馈机制的意义在于一方面通过反馈修正原来为达到某个目的所采取的策略、行动；另一方面通过反馈，发现新问题，及时拿出对策。另外，旅游规划不能过于频繁地变动，它必须具有相对稳定性和比较清晰的阶段性。要从实践和指标两方面进行监控和调整，根据规划的范围和层次制订不同的期限，定期对照经济、社会、环境等旅游系统规划的指标，以控制规划进程。

二、增长极理论

（一）增长极理论

区域经济和社会发展过程中，可能会出现两种模式：一个是区域经济平衡发展模式；另一个是不平衡发展模式。增长极理论属于第二种发展模式。增长极最早由法国经济学家佩鲁提出，在其研究的基础上，一些学者将增长极的概念逐步完善，形成定义，指在区域经济发展过程中，由于发展的不平衡性，资金、物资、能量、信息、人才会逐渐聚集到少数条件优越的区域，使之成为区域经济的增长中心，这个中心就是区域的增长极。增长极理论认为，要在不同的时期选择匹配全局的重点地区、重点部门进行发展，投资也应该选在若干区位条件良好的地区进行。这些区位条件良好、其他条件优秀的地区可以成为整个地区发展的增长极。增长极地区发展起来之后，可以利用它的辐射作用带动其他地区逐步发展，最终实现区域的整体发展。

增长极对区域经济增长的作用主要体现在两大方面，即极化作用和扩散作用。极化作用的产生机制是：由于增长极具有优越的区位条件，从而吸引了区域内的生产要素向增长极聚集，以期获得高回报。在生产要素不断聚集的过程中，增长极的生产力水平和生产效率得以提高，再加上资源充足，使得区域增长极得以较快的发展。与此同时，由于增长极吸引了同区域内其他地区的生产要素，使得其他地区发展缓慢甚至停止，竞争力下降，对该地区的经济实力综合增长造成了障碍。可见，极化作用牺牲了其他地区的经济增长利益。一般来说，极化作用出现在地区发展的初级阶段；相对而言，扩散作用则主要表现在增长极发展到一定规模后，扩散作用有助于增长极周边地区的发展。当增长极的生产规模逐渐增大到最优后，由于生产要素的流动具有惯性，于是产生了生产要素在增长极的过度集中，引起增长极地区基础设施等方面不能满足经济增长需求的现象。在这种情况下，为了避免因资源、基础设施的竞争而导致的成本上升，部分企业会外迁到增长极周边地区，引起劳动力、资金、技术、设备、信息等相关要素在一定程度上的扩散，这就是扩散作用产生的机制。极化作用和扩散作用在增长极发展的不同阶段分别占据主导地位，相互作用，共同推动着整个地区的经济发展，同时也产生地区间经济实力的差距。

（二）增长极理论对旅游开发的意义

增长极理论强调经济结构的优化，强调经济对地域空间的优化，以发展中心带动整个区域。增长极是利用有创新能力的优势部门在点状空间上的集中，产生集聚效应或规模效应，使极核加速自身经济的发展，当发展到一定阶段再发生极核的扩散效应，带动极周围相对落后地区的经济发展。这就要求我们在区域旅游开发中，要培育旅游发展的增长极，它们可以是旅游中心城市，也可以是高等级的旅游区，抑或是那些旅游资源价值高、区位条件好、经济社会发展水平高的旅游地和旅游城镇。通过增长极的培育，可以带动整个区域旅游的发展。

三、地域分异规律与劳动地域分工理论

（一）地域分异规律

地域分异指自然地理环境各组成部分及整个景观在地表按照一定的层次发生分化

并按照一定的方向发生有规律分布的现象。影响地域分异的因素主要有太阳辐射、地球内能和地形等。由于自然要素分布的空间差异而导致人文要素在地表也有一定的空间分异。对地域分异规律的认识，目前有以下几种：①纬度地带性的分异，是指由于太阳辐射在纬度上分布的不均匀所引起的气候、水文、生物、土壤和整个自然景观的有规律的差异，如热带、亚热带、温带等有规律地分布在地球上。②经度地带性的分异，是指由于海陆相互作用，降水分布自沿海向内陆逐渐减少而引起的气候、水文、生物、土壤和整个自然景观不同的现象。比如我国从东南沿海向西北内陆出现的湿润区、半湿润区、半干旱区和干旱区，而相应的植被上则表现为森林、草原、荒漠的变化。③垂直地带性分异，是指由于山地等海拔高度变化而导致气温、降水的变化，从而引起气候、水文、土壤、生物等的相应变化。如果这一地点位于热带且具有足够的海拔高度，从山脚到山顶可能产生热带雨林、阔叶林、针叶林、高山草原、高山草甸、冰雪带等的分布。④地方性的分异，是指由于地形、地面组成物质、地质构造等影响，表现出随着地势起伏、坡向不同而呈现出不同景观。地域分异规律实际上阐述了旅游资源分布的地域差异性，受其影响，人文地理环境、经济地理环境同样也表现出地域上的差异。

（二）劳动地域分工

劳动地域分工是指人类经济活动按地域的分工，也就是各个地域依据自己的条件，着重发展有利的产业部门，把产品和外区交换，再从其他地区进口自己不擅长生产的产品。这种一个地区为另一个地区生产产品并相互交换其他产品的现象，就是劳动地域分工。劳动地域分工是社会分工的空间表现形式。在认识劳动地域分工规律基础上，人们自觉地组织与协调自身的经济行为，通过合理的地域分工，以求得最佳的经济效益。劳动地域分工表现为各个地区专门生产某种产品，有时是某一类产品，甚至只是产品的一部分，这种表现是经济利益决定的。劳动地域分工的组织与协调，是地域分工发展的客观必然，是化解区域间发展冲突，保证区域有序竞争、共同致富的重要手段。劳动地域分工理论基本原理应包括四个方面：地域分工发展论、地域分工效益论、地域分工层次论以及地域分工组织与协调论。

（三）地域分异与劳动地域分工理论对旅游开发的意义

地域分异规律实际上说明了旅游资源分布的地域性，地域分异规律是产生旅游流的根本原因，旅游开发尤其要突出地域的差异。差异是区域旅游业的灵魂，差异性越大，越能产生旅游者的空间流动，旅游产品就越具有吸引力，也越能削弱旅游产品之间的竞争，延长旅游地的生命周期。

依据劳动地域分工理论，地域分工的发展体现了区域发展的本质。合理的地域分工不仅能充分发挥各个地域的旅游资源优势，促进旅游经济的发展，同时也可以促进合理的旅游地域网络结构与旅游地域产品组织系统的形成，使旅游地间旅游产品布局更加科学合理。通过合理的地域分工可以促进人力、物力、运力、财力和时间的最大节约，以达到取得最大宏观经济效果的目的。

1. 突出特色，寻求优势

特色是一个旅游地旅游发展的灵魂和生命线，是旅游发展成功的基础，只有这样才有吸引力，才能激发游客的旅游动机。云南的西双版纳地处热带，是中国大陆上仅有的热带风光所在地，所以在旅游地发展中突出以热带雨林为主的热带风光以及地处热带与之适应的以傣族为主的民族风情，便使西双版纳成为我国著名的旅游地。

2. 根据地形，合理分区

地域分异是进行旅游合理功能分区的基础，而旅游地功能分区是旅游地分类利用的基础，也是旅游地规划进行空间布局的基础。如玉龙雪山高山上部以观赏冰雪、滑雪运动为主，山体中部云杉坪等地以游览观光与参与民族活动为主，山体下部干海子及附近以度假娱乐为主。在一些宗教名山中也是如此，往往利用山体形势，修建山门山道，以突出山势等；在微观设计上利用山顶建塔楼，以加强耸立之势等。

3. 扬长避短，发挥优势

各地都可以将其旅游资源划分为优势资源和劣势资源，在优势资源中往往可以找出代表本地特色的资源，这正是吸引游客的旅游吸引物，是发展本地旅游的物质基础。如广东潮汕地区旅游资源丰富，有历史文化名城潮州、经济特区汕头、潮汕美食、潮汕文化、花岗岩地貌、优美的海滨等，到底是应该全面开发利用呢，还是选择一两项重点来开发呢？分析表明，虽然潮汕地区的海滨风光和花岗岩地貌旅游资源质量较好，但其知名度和开发程度均较差，倒是潮汕文化全国独此一家，兼有大量的华侨作为目标市场，所以在旅游规划的时候，应该把潮汕文化作为开发重点，其他作为补充和辅助。

4. 明确分工

各地要扬长避短，发挥优势，在旅游发展的职能分工上就应该有所不同，即各个地区在旅游业发展中所起的作用不同。如在同一个旅游地中既有城镇，又有湖泊山林，还有名胜古迹的情况下，在旅游发展的分工中，城镇便往往要起到旅游集散地、接待基地、交通中心的作用，湖泊山林则可作为游览观光和度假之用，名胜古迹可作为游览观光和文化研习之用等，这样可以相互协调、共同发展，形成综合优势。

四、区位理论

（一）区位理论的基本内涵

区位的主要含义是某事物所占有的场所，具有位置、布局、分布、位置关系等方面的意义。区位理论是说明和探讨地理空间对各种经济活动分布和区位的影响，是研究生产力空间组织的一种学说。区位可以分为绝对区位和相对区位：绝对区位是指由

经纬度构成的网络系统中的某个位置，即自然地理位置；相对区位是指相对于其他位置来说的限定位置，即交通地理位置和经济地理位置。比较而言，相对区位比绝对区位重要，其作用和意义主要表现在以下几个方面：①地域分工的形成和发展与具有某种相对优势的区位因素密切相关，换言之，良好的区位可以促成某些特殊的发展，某个中心城市的崛起或某些特大海港的发展，往往可以从它们的相对区位中寻找答案；②一个地区的发展潜力在很大程度上也依赖于它的相对位置，而不仅仅是它的天赋自然条件；③最好的区位也会随时间而发生变化；④某一活动在某一区位的发展可以带动周围区位相关活动的发展，这是区位因素在空间经济活动中产生的成熟效应。综合起来讲，区位就是自然地理位置、经济地理位置、交通地理位置在空间地域上有机结合的具体表现。

区位理论最早出现在经济学中，19世纪德国农业经济学家杜能创立了农业区位论；20世纪初德国经济学家韦伯创立了工业区位论；20世纪30年代，德国地理学家克里斯泰勒根据聚落和市场的区位，提出了中心地理论；随后德国经济学家廖什将其发展成为产业市场区位论；日本学者胁田武光对区位论在旅游规划与开发中的应用进行了较深入的研究；北京大学杨吾扬较早地将区位理论引进中国经济地理学研究。

（二）区位理论对旅游规划与开发中的意义

1. 旅游空间组织层次与规划层次

区位理论研究事物的空间组织问题，这种空间组织有三个层次：广域角度的某一作用体系的空间格局；作用体系集聚单元的区位选择；组成集聚单元的基本要素的场所选择。在旅游活动中，这种空间组织相应地也有三个层次：区域、旅游地、旅游要素场所。这三个层次实际上与区域旅游规划、旅游地规划、旅游位址规划与设计相吻合。区位论始终如一地应用于旅游规划上，但在三个规划层次上的具体指导内容上各有侧重。

2. 制订旅游发展战略

区位论对旅游发展战略的制订具有重要的指导意义。区位条件的好坏直接影响旅游者进行旅游的方便程度，从而影响到旅游市场的大小和可进入性，决定吸引旅游者的多少和进行旅游开发建设的力度，最终决定旅游经济效益的大小。因而旅游地区位条件是采用什么样的发展战略来进行旅游发展的一个很重要的条件。

3. 寻求区位优势

区位优势对旅游开发和布局来说很重要，区位优势的探求与寻求除了与旅游资源优势有关外，还与很多其他因素，如自然环境、交通、市场、人力、经济、社会因素有关。寻求区位优势，首先要分析各个区位因子，然后分析其整体优势。区位优势一般包括：有形区位优势和无形区位优势、绝对区位优势和相对区位优势、局部区位优势和全局区位优势、空间区位优势和时间区位优势等。

4. 增强集聚效应

由提供相同和不同服务的各个旅游企业共同组成一个地区的整体旅游形象，增加地区整体旅游吸引力，并且地区内各个旅游企业共同使用基础设施和共同享用同一市场，从而带来旅游经济的集聚效应。因此，在进行区域旅游和旅游地的空间布局上，要充分运用集聚效益原理，合理布局，使其产生集聚经济效益。如一条交通线路，如果专为某一旅游地修建，未免代价太高，若几个旅游地和旅游点共同使用，则相对成本较低，可以提高利用率，也可以增加旅游资源的容量，带来更大的经济效益。对于旅游者来说，集聚可以使他们有更多的机会去选择旅游目的地，减少交通时间和费用。对于旅游目的地来说，集聚可以分流客源，减少游客对某一旅游目的地资源的压力和破坏。

需要指出的是，许多景点虽然资源价值很高，但由于体量小、所占面积小、游览时间短，难以形成较强的吸引力，因此需要同周围其他旅游地和旅游点联合，共同开发，才能形成整体优势，增强吸引力，同时可以降低成本，这就是旅游开发中的集中紧凑原则。集中开发后的地区，能提供更多观光、游览、娱乐的去处，能提供多种服务，其土地利用率和价值都会更高。但是集聚往往也会带来污染的集中、交通的拥挤、水电供应不足、土地价格和物价的上涨等问题，需要注意和预防。

5. 旅游设施位置的选择

旅游设施的位置对旅游经济成功具有决定性意义。每一种旅游设施服务性质不同，其场所选择的目标和方法不同，所考虑的因素也不同。如旅游宾馆的选址，旅游者到达目的地往往选择该区的中心城市或较高级别的风景区住宿。游览完高级别的旅游点或风景区后，旅游者一般不会继续留在附近较低级别的旅游点或风景区。因此，在同一旅游地中，旅游宾馆不宜在旅游资源级别地的景区或不在旅游中心城市中选址。

五、可持续发展理论

可持续发展理论，是在 20 世纪末被社会、经济、文化等几乎所有领域广泛接受和采用的一种基础理论，在旅游规划与开发领域也被作为基本的指导方针和原则。

（一）可持续发展的内涵

由于所处角度不同，对可持续发展有不同的定义。最初的可持续发展是从生态学的角度，着重从自然属性定义的，强调要保护和加强环境系统的生产和更新能力。后来又出现了从社会学、经济学和伦理学角度定义的可持续发展概念。尽管对可持续发展理解至今仍众说纷纭，但真正得到国际社会普遍认可的可持续发展定义是布伦特兰夫人在《我们共同的未来》中提出的，并在 1992 年联合国环境与发展大会上得到公认的定义：既满足当代人的需要，又不损害后代人满足其需要能力的发展。可持续发展的内涵体现在以下几个方面。

1. 公平性

可持续发展特别强调公平性，这种公平性包括三个方面的内容：①代内公平，即当代人之间的公平，尤其是发展中国家和发达国家之间的公平。可持续发展满足全体人民的基本需求并给予机会以满足他们要求较好的生活的愿望，而当今世界贫富差异悬殊，不利于实现全球的可持续发展，因此要给世界以公平分配权和同等发展权，把消灭贫困作为可持续发展战略的首要任务。②代际的公平，即时代人之间的公平，是当代人与子孙后代在资源利用上的公平。自然资源是有限的，当代人不能只为了自己的发展与需求而破坏子孙后代满足其需求的自然资源和环境，要给后代以公平利用自然资源的权利。③公平分配，即对地球有限资源的合理分配。遏制发达国家对资源的过多占有和过度浪费，调整不合理的经济秩序，使全球有限的资源得到公平合理的利用，特别要使发展中国家获得利用所需资源取得自身经济增长的机会。

2. 可持续性

可持续性强调资源开发与社会经济发展应在生态系统的承载能力之内，保持生命支持系统和生物多样性。可持续发展的核心是人类的经济活动与社会发展不能超出自然资源和生态环境的承载能力，即人类的生产与生活活动对可再生资源的利用不能超出其更新能力，对不可再生资源的开采不能超过发现量和替代资源及替代水平，向环境排放的废弃物不能超过环境容量。可持续性是对发展的一种积极限制，要求人们在遵循自然规律的前提下发展，在生态允许的范围内确定自己的生产方式和消费方式，走集约化经济增长之路，处理好经济发展与环境资源的关系，实现经济、社会和生态三个系统的可持续发展。

3. 共同性

共同性指人类应有共同的认识、共同的责任感，为实现可持续发展而共同努力。鉴于世界各国国情不同，可持续发展的具体目标、政策和实施步骤不可能是统一的。但是，可持续发展作为全球发展的总目标，所体现的公平性和持续性原则是共同的，并且实现这一总目标必须采取全球统一的联合行动。世界各国应各自承担起实施可持续发展的义务，为实现人类共同的可持续发展目标作出各自的贡献。

（二）可持续发展理论在旅游规划与开发过程中的应用

可持续发展理论应用于旅游开发实践中，就是要对旅游资源进行有规律的、可持续的开发利用，从而实现旅游环境的生态平衡及旅游资源、环境的代际平衡。以可持续发展理论为指导的旅游规划与开发实践，具体体现在以下几个方面。

1. 积极保护

可持续发展理论特别注重资源、环境保护的重要性，而保护并不是目的，能够被公平地利用才是真正的目的。也就是说要倡导积极保护的理念，即在开发利用中保护、以开发利用促保护、以开发利用反哺保护。

2. 有限开发

对资源的开发利用，要强调开发利用的合理性和科学性，要在公平性原则的指导下，把代际平等的理念贯穿到旅游开发的过程中，即有限开发，有限度、分步骤地利用各种资源和遗产，为后人留取资源利用的可能性和空间。

3. 环境友好

应采取有利于环境保护的生产方式、生活方式、消费方式，建立人与环境良性互动的关系。反过来，良好的环境也会促进生产、改善生活，实现人与自然的和谐。以环境承载力为基础，以遵循自然规律为准则，以绿色科技为动力，倡导环境文化和生态文明，实现可持续发展。

【案例 2.1】

美国雷姆村克雷特湖国家公园根据可持续发展要求对不理想开发的调整

一、原状

(1) 有 30 多个独立的建筑建于湖岸；

(2) 每天有 1000～1500 辆机动车通过雷姆村，造成村落内交通拥挤；

(3) 空气污染、噪声污染对生活环境造成极大影响。

二、调整方案

(1) 雷姆村将建设重点放在过夜住宿设施和一日游活动的设施上，恢复当地自然、休闲和步行街为主的环境；

(2) 减少来自废水、汽车和扫雪机的污染物进入湖区生态系统的数量；

(3) 将开发区域由 32 英亩减少到 12 英亩，用于建设的用地集中在指定区域，减少 6000 英尺道路，取消零散车位，使空气质量得到改善；

(4) 对历史建筑进修复。

六、利益相关者理论

旅游开发作为一项综合性的技术经济活动，涉及许多社会领域和经济部门，也同时关联到社会、经济、环境等各方面的利益相关者及其相关利益，引发着错综复杂的利益关系。而且在旅游发展的不同阶段，这种利益关系又有着不同的表现和特征，利益相关者理论在旅游规划与开发理论研究与实践中越来越被重视。

(一) 旅游利益相关者理论

利益相关者是指那些能够影响组织目标实现，或能够被组织实现目标的过程所影响的任何个人和群体。利益相关者理论有助于平衡旅游活动与社会、环境的关系，它

为旅游管理者更灵活地满足参与者的需求和利益提供了一个概念性框架。它强调旅游规划涉及众多的利益相关者，需要共同合作，使其在日益激烈的旅游业竞争中取得“求同”的发展态势。

在旅游开发过程中所有的参与者、相关者都希望通过发展旅游发生某种变化，但对于以何种方式进行变化，变化之后各自将得到怎样的利益存在着较大的分歧，甚至直接参与者和间接参与者之间也存在矛盾，这就需要在不同的合理愿望之间达成权衡和妥协。从这一角度上讲，旅游开发的过程实际也就是不同利益群体之间的利益再分配和相互妥协的过程，在这一过程中，协调与合作显得尤为重要。

（二）旅游开发中的利益相关者

旅游规划与开发涉及人类（政府、企业、居民、旅游者等）与非人类（环境、资源等），当代人与后代人等广泛的利益，因此，旅游开发的利益相关者是一个范围广泛的群体。根据旅游开发所涉及的领域，不同领域利益主体的利益性质、相关程度和影响方式，可将旅游开发的利益相关者分成三个层次：核心内层、支持层、边缘层（如图 2－2）。

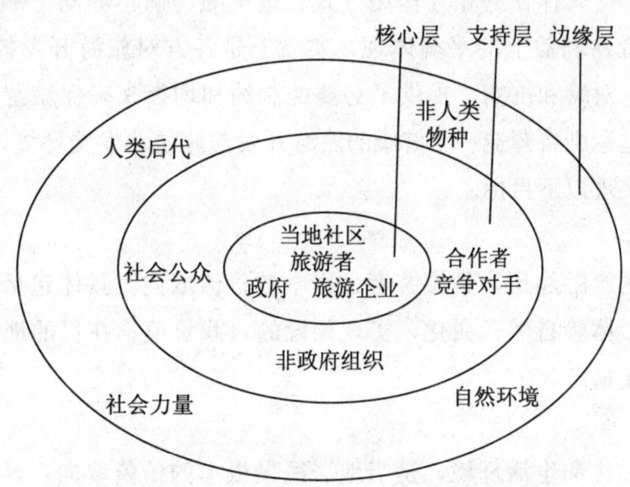

图 2－2　旅游规划与开发利益相关者构成体系框架

核心层利益相关者指旅游开发过程中的主要群体，拥有直接的经济、社会和道德利益，他们通过参与开发活动发生直接联系，直接影响旅游开发的运行，直接接触旅游者的活动。他们的利益更多地表现为经济效益，具体包括旅游者、政府、旅游企业和当地社区。其中，当地社区和旅游者的利益处于最核心的位置，原因在于旅游开发的目的就是为旅游者提供高质量的体验和提高目的地社区居民的生活质量。

支持层利益相关者指那些在某一特定的时间和空间能给旅游开发带来机会和威胁的利益相关者，主要包括社会公众、竞争对手或合作者、非政府组织等。他们对旅游开发的影响是间接的，但在信誉和公众形象方面的作用力很大。

边缘层利益相关者指潜在的、非人类的、间接作用于旅游开发和旅游业发展过程的利益主体。上述两个层次的利益相关者考虑了人类中现实的利益主体，但旅游开发作为一种影响深远的社会活动，其对资源的配置和使用不仅对当代人的利益产生影响，还能够影响后代人的利益；不仅对人类种群的利益产生影响，还能对非人类的其他种群和自然环境状态产生影响。这些受旅游开发资源配置和使用行为影响的对象，包括非人类的、现实的和潜在的以及影响旅游开发的宏观环境——政治、经济、社会文化和技术环境等，都是旅游规划与开发的利益主体，即边缘层利益相关者。需要强调的是，边缘层利益相关者并非次要或不重要的，只是因为它们对旅游开发的影响多是潜在的、非人类的才被称为“边缘”，但这种影响力同样是强大的，并以某种潜在的方式作用于旅游开发的过程。

（三）利益相关者的价值取向

利益相关理论实际是一个平衡问题。如果利益相关者的利益不平衡，如投资者得到的回报太少或利益唾手可得，那么就可能出现问题。所谓均衡是指每一方都同时达到最大目标并趋于持久存在的相互作用方式。这里的均衡不等同于平均分配，直观上讲是指利益相关者在利益上的平衡体现，实质上是各方对旅游开发控制能力的权衡。正是这种强有力的对峙和抗衡，提供了必要的制约和均衡来确保旅游开发可持续发展的步伐。均衡利益原则将营造一个健康的旅游开发与旅游业发展环境，在这种环境下，各利益相关者将实现以下目标。

1. 旅游者

追求高质量的旅游经历，是旅游者最根本的价值取向，具体包括：旅行过程中的健康、安全保障；体验自然、文化，实现预设的自我价值；在目的地的部分开支被用来保护自然和文化遗产。

2. 当地居民

追求健康的居住和生活环境，是当地居民最根本的价值取向，具体包括：供应充足和卫生的食品、没有污染的水源；医疗保健和健康安全；合理的工作报酬；较好的受教育机会；足够和安全使用娱乐场所的机会；维护和增强社区的个性，增强当地人的自尊和自信；参与旅游开发决策，提高对其生活发展的控制力。

3. 旅游企业

追求健康的经营环境，是旅游企业最根本的价值取向，具体包括：刺激获利颇丰的企业发展；良好的政策环境和合理的经济负担；有经过培训、高素质并热爱旅游业的劳动力资源；充足的和高质量的客源以保障经济收益。

4. 文化和环境保护者

追求他们所代言的非人类种群利益得到充分重视，是文化与环境保护者根本的价

值取向，具体包括：通过防护、改善、修复和重建被损坏的文化遗产与自然环境等，达到保护文化遗产和环境的目的；通过发展旅游业拯救濒临失传的非物质文化遗产；鼓励对历史建筑、遗址等有形文化遗产的保护，并为这些活动提供资金；激励人们去关心、提高环境意识；使人类活动对环境、资源的影响仅限于边缘区域，或者要求人类对环境的影响以一定的方式进行补偿。

5. 各方共同关心的问题

地方交通、通信和其他基础设施的改善；本地居民和旅游者之间的关系；土地利用的分配问题；当地居民生活质量的提高；政府税收增加，地方声誉提高。

总之，旅游开发必须确保每个利益群体都能公平地分享发展旅游业带来的实惠，即旅游开发是为整个社区的发展，也不是为了一部分利益主体的发展而牺牲了另一部分利益主体的利益（如图 2－3）。

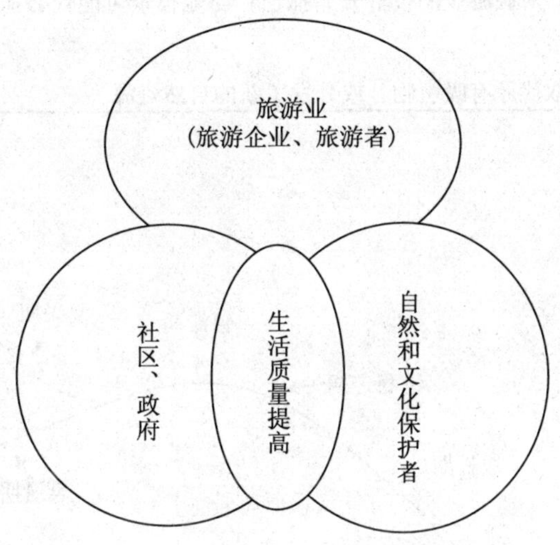

图 2－3　主要利益相关者之间的相互关系

七、旅游地生命周期理论

（一）旅游地生命周期理论的基本内涵

旅游地生命周期理论或旅游产品生命周期理论最早是由德国学者克里斯塔勒在研究欧洲的旅游发展时提出的。加拿大地理学家巴特勒在 1980 年对旅游地生命周期理论进行了系统阐述，他认为一个地方的旅游开发，不可能永久处于同一个水平，而是随着时间的变化而不断演变的，这种演变一般经过介入期、探索期、发展期、稳定期、停滞期和衰退期（或复兴期）6 个阶段（如表 2－1），并以旅游地生命周期曲线表示（如图 2－4）。

表 2-1 旅游地生命周期及特征表

阶段	特 征
介入期	少量的多中心型游客；少或没有旅游基础设施；只有自然或文化的旅游吸引物
探索期	当地投资于旅游业；明显的季节性；旅游地进行广告宣传；客源地市场形成；公共部门投资于旅游基础设施
发展期	接待量迅速增长；明确的客源市场；大量广告；外来投资占据控制地位；人造景观出现，取代自然或文化的吸引力；中间型游客主导
稳定期	增长速度减缓；广泛的广告以克服季节性和开发新市场；吸引了自我中心型游客；居民充分了解旅游业的重要性
停滞期	游客人数达到顶点；达到容量限制；旅游地不再时兴；严重依赖回头客；所有权经常更换；向外围地区发展
衰退期 （或）	客源市场减少；对旅游业的投资开始撤出；当地投资可能代替撤走的外来投资；旅游基础设施破旧
复兴期	全新的吸引物取代原有吸引物，或开发了新的自然资源

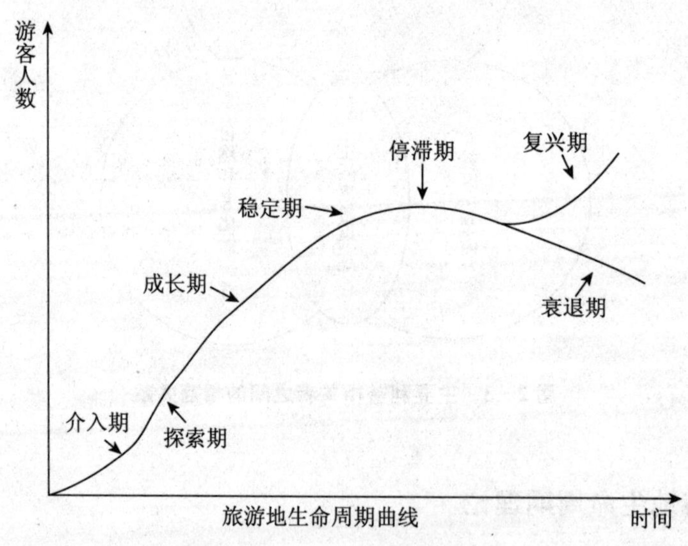

图 2-4 旅游地生命周期曲线

旅游吸引物并不是无限永久的，而应将其视为有限的并可能是不可更新的资源。正因为如此，它们才需要仔细地保护和保留。旅游区的开发应保持在某个容量的限制范围内，使其潜在的竞争力得以保持较长的时间。旅游地生命周期理论告诉我们：一个产品投入市场，从设计、生产、进入市场，到被市场淘汰，要经历一个发展、成熟、兴盛、稳定、停滞和衰退的曲线过程。认识这个过程的规律性特征，对旅游开发、旅游产品设计及其投入市场后预测效果，有重要的意义。

（二）旅游地生命周期理论对旅游规划与开发的指导作用

1. 作为解释旅游地演变的模型

一个旅游地的演变过程十分复杂，利用生命周期理论，可以帮助我们分析旅游地具体生命周期的特点和规律，剖析形成这些具体生命周期特点和规律的内在因素，帮助我们系统梳理影响各阶段游客量变化的因素，使复杂的问题趋于简单化，因此该理论是分析旅游地兴衰过程的简便有效的方法之一。当然，利用旅游地生命周期理论去解释各种不同的旅游地演化过程，希望理论与实际完全吻合来验证该理论，也是不可能的；希望一种理论既有解释复杂的旅游地演化规律，又能做出准确的预测是不现实的。

2. 指导旅游地规划和市场营销工作

应用生命周期理论，可以分析影响旅游产品生命周期的因素，也就是分析影响旅游产品的魅力由盛到衰的条件，这样可以有效地指导旅游地的规划和市场营销工作。对旅游地生命周期的分析还要联系产品的宣传促销、旅游消费者的购买能力的消长、旅游产品的流行等因素。并非所有的旅游产品一开始就有探索阶段，有的产品开发不当，没进入发展期就直接衰退；也有些产品形象不鲜明，或是与其他产品雷同的产品，生命周期会非常短。这就需要我们引入企业形象策划的相关思维，对旅游地的形象进行调查研究、设计CI系统，进行形象定位等。面对一些衰落的产品，按照生命周期理论，一是要放弃旧产品，重新开发新产品；二是对原有的产品进行改造，注入新的资金，更新设备，对产品进行升级换代，让它进入下一轮的生命周期。

3. 作为旅游地的预测工具

旅游地的生命周期理论描绘了旅游地的演进特征，表现出它具有预测力，能有效地指导旅游地的规划和管理。依据生命周期理论，可以在不同阶段对旅游地产品进行预测，采取针对性的开发措施。例如，在探索阶段应该致力于环境保护，注重项目的特色和多样性，倡导和鼓励项目的适当超前性，倡导和鼓励有文化品位的项目；在成长和成熟阶段优先考虑如何加强管理，防止旅游地衰落；一旦衰退发生，应预测是否有必要去复兴旅游地及如何复兴的问题。还可以运用生命周期理论预测观光型旅游产品的客源市场走向，并对产品结构转移问题、升级换代问题进行预测。如有的专家针对中国观光旅游产品趋于成熟，价格竞争激烈，利润水平下降，重游率低等问题，提出了预测方案，他们认为需要大投入、大风险、大作为的新产品，并建议旅游企业重点做以下几方面的事情：旅游线路的精加工、开展区域旅游、开发专题旅游项目、开拓会议和奖励旅游市场。

第二节　旅游规划与开发的技术方法

一、遥感技术

遥感（Remote Sense）是利用装载于飞机、卫星等平台上的传感器捕获地面或地下一定深度内的物体发射或反射的电磁波信号，进而识别物体或现象的技术。遥感主要可以分为光学遥感、热红外遥感以及地面遥感三种类型。遥感技术具有观察范围广、直观性强、能实时客观获取信息、反映物体动态变化特征的特点。从旅游规划与开发方面来看，遥感技术在其中的应用主要集中表现在以下方面。

（一）探查旅游资源

人们从遥感图像中可以辨别出很多信息，如水体（河流、湖泊、水库、盐池、鱼塘等），植被（森林、果园、草地、农作物、沼泽、水生植物等），土地（农田、林地、居民地、厂矿企事业单位、沙漠、海岸、荒原、道路等），山地（丘陵、高山、雪山）等，甚至可以从遥感图像上辨别出较小的物体，如一棵树、一个人、一条交通标志线、一个足球场内的标志线等。

（二）提供制图基础

遥感图片是对当地空间发展现状的描述，由于其更新快，能够反映规划区域的最新状况，因此一般用来做规划图的底图。

（三）动态规划管理

由于遥感图片具有实时动态的特点，通过不同时期遥感图片的叠加可以清晰地观察到旅游地的发展状况。因此，遥感图片还可以用于旅游规划与开发的动态反馈和修正。

二、地理信息系统

地理信息系统（Geography Information System，GIS），是采集、存储、管理、描述和分析空间地理数据的信息系统。它是以计算机软件环境为支持，采用地理模型分析方法，以地理坐标和高程确定三维空间，将各种地理学要素分别叠置于其上，组成图形数据库，具有对空间数据进行有效输入、存储、更新、加工、查询检索、运算、分析、模拟、显示和输出等功能的技术系统。地理信息技术在旅游规划与开发中的作用主要有以下几个方面。

（一）为旅游地开发和管理提供相关信息

通过构建旅游地信息系统，可以将各种规划管理数据输入该系统中，并定期加以维护和更新。借助该系统平台，旅游规划和经营管理者能直观地获得区域内各种数据。

依托地理信息系统构建旅游管理决策支持系统的方法在国外旅游规划和管理中早已启动，而在我国则刚刚起步。

（二）构造求知型和互动型导游系统

由于地理信息系统具有良好的图形界面而且蕴含有大量信息，可以充分利用计算机多媒体的技术方法构建旅游地电子导游系统，通过声音、图像、视频甚至味觉等渠道为旅游者全面展示区域内的风土人情。此外，通过地理信息系统的查询功能还可以为旅游者提供路线查询和景点查询的服务，同时借助计算机的外设产品，可将查询结果输出，从而为旅游者提供可随身携带的个性化游览咨询服务。

三、全球定位系统

全球定位系统（Global Positioning System，GPS）是一种卫星无线电定位、导航与报时系统。它由导航星座、地面台站和用户定位设备三部分组成。全球定位系统在旅游规划与开发中的应用主要表现为：

（1）定点，即通过野外考察时利用 GPS 手持机，确定某个旅游景点的精确位置，包括其三维坐标和地理空间坐标，这在旅游详细规划中能够发挥重要的作用。

（2）定线，即为规划者的旅游线设计提供指导。在旅游者的使用上，它还可以为旅游者提供导航服务，如通过无线传输技术可以将旅游区的 GPS 信息发送到区域范围内，那些装载有相应设备的旅游者就可以通过 GPS 的引导进行全程游览了。

（3）定向，即精确计算出规划范围内某个区域面积的大小。

四、虚拟现实技术

虚拟现实技术（Virtual Reality），是 20 世纪末兴起的一门崭新的综合性信息技术，它融合了数字图像处理、计算机图形学、多媒体技术、传感器技术等多个信息技术分支，从而大大推进了计算机技术的发展。虚拟现实系统就是利用各种先进的硬件及软件技术，设计出合理的硬件、软件及交互手段，使参与者能交互式地观察和操纵系统生成的虚拟世界。虚拟现实技术是用计算机模拟的三位环境对现场真是环境进行仿真，用户可以走进这个环境，可以控制浏览方向，并操纵场景中的对象进行人机交互。虚拟现实技术可以分为虚拟实景技术和虚拟虚景技术。在旅游规划开发中，可以通过虚拟实景向游客展示景区景点的全景画面，并可以根据自己的意愿控制景观视线方向，可以通过虚拟虚景向规划委托方展示规划的最终效果。

五、信息网络技术

信息网络（Info Network）技术主要是指以计算机和互联网为主要依托的技术方法。在旅游规划与开发中信息网络技术大量用于市场推广以及市场调查方面，通过网站的建设可以为旅游者提供更多的服务，同时可以吸引更多的潜在旅游者。

第三节　旅游开发原则与战略

一、旅游开发的原则

在旅游开发的实践中，每一个地区、每一个开发项目本身都有自己的具体情况，每一种具体情况就会有不同的对策，所以，旅游开发原则实际上是指那些通用的原则，即在一般情况下可以普遍选择、使用的原则，也是在大多数情况下应该使用的原则，它们实际上是旅游开发指导思想、理论基础的体现。

（一）生态、环境优先原则

旅游资源是发展旅游业的基础，而生态、环境又是旅游资源的基础，不仅影响旅游业的发展质量，更影响人类的生存和发展。因此旅游开发的过程中，要时刻注意环境和生态优先的原则，这也是实现经济、社会可持续发展的根本选择。坚持生态、环境优先原则，实际上就是要求旅游规划与开发要有综合的生态思想，在保护资源、积极培育环境的基础上进行开发和建设活动，在旅游规划与开发的不同阶段，要科学地处理好三种关系，即人与自然的关系、人造景观与自然景观和自然环境的关系、资源利用和保护的关系。

1. 人与自然的关系

在旅游规划开发中，要充分尊重自然权利与自然规律，不能因为人类具有过于强大的权利和能力而忽视自然权利和自然规律。具体来说，一是要确保人类干预自然的底线；二是要建立环境补偿制度进行专门的环境保育规划来确保自然的权利得到尊重和保障；三是要在项目建设和经营管理的过程中坚定不移地将生态、环境优先原则贯彻到底，把环境友好的理念变成实际的建设和管理行动。

2. 人造景观与自然景观和自然环境的关系

在任何区域空间，自然资源都是本色的，而人造景观和人文环境都是衍生的。在旅游区开发和旅游设施的建设过程中，进行人文环境的塑造在很多情况下也是必要的，因为自然景观、自然环境的本色有时与人类的需求、审美等确实也存在差距，需要进行一定程度的改造和提升，但这种改造必须坚持和谐、适度的原则，即以本地性的自然景观、自然环境为基础和参照，进行与自然景观、自然环境一致的改造设计。在此过程中，特别要注意两点：一是要维护和加强原生性生物群落的主导地位，旅游开发要结合原生性的资源和环境背景，在不改变原生物群落结构的基础上，进一步优化环境，提升旅游区的整体环境美学价值和景观效果，所以在旅游规划和开发中，要提出环境保护和生态建设的具体要求。例如，在规划植物景观的时候，一般应该按照当地

的植物群落来进行种植，正确处理好乡土物种和外来物种的关系，确立乡土物种的主导地位。二是通过“本土化”的规划与建设，保持人文景观与地域文化的一致性。一般来说，乡土建筑是在与本土环境的长期磨合中形成的，带有强烈的地域特色，这种乡土建筑和本地的环境是协调的，也成为当地文化的重要因素，旅游开发必须保护好这些本土文化意境和地域文化特色。生活在特定地域中的人类及其生活方式是本土意境必不可少的一部分，是吸引外来游客的主要因素，但在实际中，本土意境正受到外来文化的强大冲击，要通过科学的规划开发，借旅游建设之手来拯救日益衰落的本土文化。

3. 资源利用与保护的关系

任何开发活动，实际上都是资源利用的过程，利用资源的过程实际上就是发挥各种资源的社会价值和经济价值的过程，在利用的过程中，要做到科学、有度，使各种资源能够在更长时间内为人类所利用。要处理好资源利用和保护的关系，就要在规划设计和开发过程中，坚持保护第一的基本原则和做法。通过保护使资源存在是利用的基本前提，没有资源的现实存在也就不存在任何形式的利用。旅游规划与开发中要严格禁止在某一时期内无节制、无底线地利用、开发资源。需要说明的是，保护第一是指在有效保护的前提下合理利用，而不是只有保护。

（二）均衡利益原则

均衡利益原则是利益相关者理论在旅游开发中的应用和体现。旅游开发、发展旅游业是为整个社区提供发展的机会，而不是只为某一部分利益主体服务，在这种发展理念和发展目标的指导下，建立一个什么样的利益分配机制就非常重要。均衡利益作为发展旅游业的一个基本原则，关键就是要在旅游规划与开发的实践中找到能够使各利益相关者的利益得到公平对待的途径，使利益相关者各方的愿望都收到尊重，各方的利益得以兑现。目前来看，以下三方面将在这一过程中发挥着关键作用。

1. 开放规划

通过规划来协调各种利益相关者之间的关系、均衡分配成本与利益是一条具有前置性的有效途径，即在规划阶段预设利益分配的原则和方案。均衡利益是实现旅游业可持续发展的重要前提之一，旅游开发规划也必须充分体现均衡利益原则，而不能单纯注重经济利益。这就要求规划编制者和决策者必须从不同立场、不同的视角进行思考，主动兼顾各利益相关者的利益诉求，有时特别需要跳出政府利益、投资主体利益对规划过程和规划内容的主导，更多地去关心利益相关者中弱势群体的利益，如居民利益、后代人利益、环境利益等。同时，把开放的规划过程作为编制旅游规划的必然要求，吸收各利益相关者或其代言人和其他相关领域的部门以不同的方式参与规划过程，提供规划意见，以实现兼顾各方主张、均衡各方利益的目的。

2. 管理协调

由于单一的或部分利益相关者不能控制旅游规划与开发的所有要素，往往也不能代表其他利益相关者的利益，均衡利益的实现就需要各方的支持与合作，更需要在超越利益相关的层面上协调不同群体的关系。在这一层面上的操作，通过管理所实现的协调，本身就是要实现目标与资源之间的均衡。在旅游规划与开发的实践中，旅游管理机构和其他相关政府组织是管理协调的具体实施者，他们通过法律法规、制度、规划、标准和行政手段等来实施对旅游开发和经营活动的管理和协调，这已是一种制度化的现象，关键是如何建立一个能够充分体现均衡利益思想和原则并具有自我调整功能的有效机制。它以旅游开发的健康发展和达到各利益相关者的均衡利益为目的，设计出旅游规划、开发和经营各个环节中由谁管理、如何管理、为谁服务等相关制度，从而为这一原则的实现建立强有力的保障体系。

3. 社区参与

当地居民从发展旅游业中得到的实惠越多，就越积极地保护当地的自然环境和文化遗产，并更加支持旅游开发和发展旅游业。因此，应积极提倡和推动社区居民参与旅游规划的编制过程——以入户调查、问卷、公示等形式征求社区意见，使他们有充分地发表意见的机会并保障他们的意见能够得到切实的尊重。社区居民的广泛参与，能够反映社区共同的愿望，提高当地人对旅游开发的支持率。

社区参与还应体现在对旅游业经营活动的优先权和广泛的参与空间，保证他们在旅游业及其他经济领域有足够的从业和投资机会。社区参与要在公平的原则之下，遵循市场竞争原则，增强居民商品观念和市场意识，促使其努力提高自己的文化水平，改善经营方式，提高经营能力，从而提高对旅游开发的控制能力和对旅游业的参与能力。

（三）市场导向原则

旅游开发作为一种发展经济的途径或手段，其根本目的是改善社区生活质量、增加居民收入、促进地方经济发展，因此，开发后的产品是否能够适应市场需求便成为一个根本性的问题。

我国旅游业的发展，在旅游开发领域经历了两个发展阶段：一是资源导向阶段，二是市场导向阶段。在旅游业发展初期，只有少部分拥有一流资源的地区进行了旅游开发工作，把资源稍加整理就变成了旅游产品，产品类型基本上都是观光产品，旅游区的建设也是围绕资源进行整理与提升，也就是资源能变成什么产品就开发什么。当旅游业的作用被大家认识，旅游开发变成一种普遍行为的时候，旅游产品供求关系发生了变化，特别是观光产品由供不应求变成了供大于求，此时市场的作用凸显出来，旅游开发模式由资源导向转变为市场导向，也就是市场需要什么开发什么。

在旅游开发的过程中坚持市场导向原则，要在以下三个方面切实与市场对接。

1. 把旅游者对资源的评价作为重要依据

旅游资源评价在大多数情况下，是由几个所谓专家来进行的，他们一般是规划专家、经济专家和当地官员，专家的评价虽然有一定的道理，但专家也有容易犯的错误：一是过高估计自身资源的价值，经常用“世界第一”“最大”“最丰富”之类的词来评价当地资源，有夜郎自大之嫌，这种错位的评价结果如果应用于市场，就很可能失败；二是对资源的认定往往过于主观，也就是用他们自己的眼光去为旅游资源定位，但游客未必和他们想法一样。所以专家们的评价，可能是高估，可能是低估，也可能是错位。为了保证旅游资源评价的客观性和市场适应性，一定要结合游客的评价，把它作为最重要的依据。

2. 根据市场需求设计产品

任何旅游产品的开发，都以满足游客的心理需求为终极目标，这是旅游产品开发的根本原则。一般来说，大多数旅游资源都具有多功能性，旅游开发本身也能够创造新的功能，一种旅游资源具体要开发成什么功能的产品，产品的档次、形态、消费形式等，都需要根据市场的需求来进行规划和设计。当然，市场不是一成不变的，它会随着社会的发展、消费观念的变化、时尚的变迁而发生相应的演变，这就要求我们对市场的研究不能只是暂时的，而应该长期地调查和研究，从跟踪到预测，准确把握市场的变化动向。

3. 以强势的营销开拓市场

过去旅游规划与开发领域普遍存在两个误区：重产品开发，轻市场开发；重景区建设，轻市场建设。突出表现为在旅游设施上乐于投大量资金，却舍不得在市场宣传上花钱。旅游产品的生产和消费不同于其他产品的独特之处在于，旅游产品生产与消费的过程是同步的，因此，只有通过有效的市场开发，做好宣传促销工作，才能吸引足够多的旅游者，投入大量资金开发建设的景区才能进入市场。

二、旅游发展战略

旅游业的发展有普遍性的基本规律，任何一个地方的旅游业都要遵循旅游业发展的基本规律，所以会有一些适合所有或大部分地区的、具有普遍意义的战略选择。

（一）政府主导战略

政府主导战略，是已经被世界旅游业发展证明的最具普遍意义的战略，它的主要内容包括：①政策主导。制定旅游产业政策和专业法规，促进旅游业的发展；建设有效的旅游管理体系并协调、促进机制，打破资源管理体制的藩篱，盘活、调动各种社会资源，发展旅游业。②资金引导。以政府投入引导社会资金流向，提高社会投资者投资旅游业的信心；提供足够的促销经费；以政府投入为主体，完善旅游基础设施体系和公益性设施体系，为旅游业发展提供保障。③管理规范。规范市场行为；编制旅游发展规划、计划，调控旅游业发展；协调各部门、企业之间的关系。④形象促销。根据市场发展的要求设计旅游地形象；积极推广形象，提高旅游地的知名度和吸引力；

加强旅游品牌建设和管理，持久地维护旅游地形象。

(二) 资源整合战略

旅游业具有综合性特征，发展旅游业就是整合各种社会资源，将其转化为旅游产品。这些资源包括自然的、文化的、社会的、经济的，分布在不同的地区、不同的领域，被不同的单位或个人管理占用，这就需要我们全面整合资源，为旅游业服务，以“大旅游”的观念发展旅游业。资源整合战略包括三个含义：①协调一切资源领域，发挥各种社会资源的旅游价值，推动社会资源向旅游产品转化，把传统的自然和文化观光旅游深化、扩大广度，开发诸如农业旅游、工业旅游、教育旅游、社区旅游等新型旅游产品，在新资源观的理念下发展新旅游。②调动各社会领域、部门、企业、机构、组织参与旅游开发的积极性，让那些旅游行业之外的社会力量在发展旅游的过程中找到自己的位置，发挥自己的作用。③建立有效的旅游协调、促进机制，通过宏观的协调机制和微观的管理职能来促进地方旅游业的健康发展。

(三) 创新战略

创新是产生竞争力的源泉，旅游产品的核心竞争力是差异，而差异来自创新。新兴的旅游地本来就比较弱小，如果没有独特的产品，就很难在市场上立足；老旅游地也会不断面临新的市场竞争形势，就必须不断创新。对旅游地来说，创新主要包括四个方面：①观念创新。观念创新既包括决策人员的观念创新，也包括专业人员开发观念的创新。观念创新就是要冲破传统的束缚，跳出惯有的思维定式。当然观念创新不能无的放矢，要建立在市场研究的基础上，通过对市场的研究去适应需求、引导需求、刺激需求、创造需求，通过观念的创新层层递进，引导其他领域和层面的创新。②技术创新。与其他一些高新技术产业相比，旅游业并不是一个技术先导型行业，而是一个技术跟进型行业，所以旅游业的技术创新往往是率先引进和使用其他领域的新技术。社会发展已经进入以使用新技术为基本支撑的新经济时代，特别是信息、网络技术的普及已经改变了许多传统产业的形态，旅游产品的生产与组合、旅游营销的手段与媒体、旅游企业的经营模式等，都受到了影响。这既是机遇也是挑战，无视这种技术变化给我们带来的影响，是无法适应新的竞争形势的。③制度创新。在政府层面，制度创新主要体现在行业管理和资源管理两方面。总的趋势应该是：由传统的行业管理转化为企业管理，提升政府协调、促进的职能；在资源管理领域整合社会资源，推动共同参与；在企业层面，制度创新主要经营体制的改革。④产品创新。实际上就是寻找和创造差异化，生产出独特的产品。

(四) 区域联动战略

任何旅游地都不是孤立的，目前我们已经进入新交通时代，航空运输、高速铁路、高速公路等已经改变了传统的旅游交通模式，游客的流动方式越来越多、流动速度越来越快，与之对应，一个具体的旅游地留住游客的可能性越来越小，横向联合的必要

性越来越大。因此在进行旅游规划开发与营销的时候，一定要与周边地区合作，实现规模效益，并依靠大区域旅游格局和旅游产业发展的带动，谋求自己的发展。

（五）人才战略

旅游业本身属于劳动密集型产业，对人力资源、人才的依赖程度比较高。但是，与其他行业相比，旅游业在吸引人才方面，却存在着很多弱势，如人们对服务行业的认识比较传统，旅游企业大多是小企业，发展空间有限，旅游企业所处的地理位置多是城市郊区的旅游景区，工作生活不便等。所以，旅游业吸引高层次人才往往比较困难，这就要求地方政府、旅游企业要高度重视人才和吸引人才，以创新的人才使用机制招徕、留住人才，具体做法包括以下几个方面。

(1) 创新人才机制，吸引人才。在现代经济条件下，资本追逐人才，人才创造利润。所以，人才机制的创新从根本上说是要确立与财务资本并重甚至超过财务资本的人力资本概念，达到人力资本产权化，并使产权制度化。

(2) 明确行业从业人员的知识结构，建立合理的专业教育体系。从地方发展旅游业的实际需要出发，研究、明确旅游业从业人员的学历和素质要求，建立合理的专业教育体系，培养地方发展旅游业的应用型人才。

(3) 引入规范的专业培训机制。引入一套有效的教育培训体制，该体制应该是以需求为动力，以就业为导向，有效、灵活、高效。学习内容应与结业后从事的工作直接相关，能够为行业提供经过短期培训就可投入工作的人员。同时，建立多种培训渠道，采取灵活的培训形式。

(4) 完善持证上岗制度和监督体系。对旅游业在职从业人员实行持证上岗制度，实行先培训后上岗，以保证旅游业从业人员的素质。同时严格按照旅游管理条例和旅游产业化要求建立旅游专业执法队伍，加大监督力度，强化经营意识和服务技能，改革不合理的用人制度。实行经营管理人员、专业技术人员的聘任制和一般服务人员的合同制相结合的原则，提高经济效益和效率，并根据工作需要及时调整岗位和人员。

(5) 注重导游培训，建立高水平的导游队伍。导游是地方宣传员，因此应高度重视导游队伍建设并加强对导游人员的业务整体素质的培养，使之成为地方旅游的形象代言人。

思考题

1. 系统论、可持续发展理论、旅游地生命周期理论、利益相关者理论对旅游规划与开发工作有什么样的指导借鉴意义？

2. 旅游规划与开发的基本原则有哪些？

3. 在旅游规划与开发中具有普遍意义的战略选择有哪些？

第三章　旅游规划与开发的基础工作

学习目标

通过本章的学习，掌握旅游资源调查、旅游市场调查、地理环境调查、社会文化调查、经济基础调查、行业竞争调查的原则、内容与方法；掌握旅游资源评价、旅游市场预测、财务可行性分析的内容与方法；了解旅游开发概念规划的基本内容。其中重点是旅游资源调查评价与旅游市场的调查与预测。

关键词： 旅游资源调查　旅游市场调查　旅游资源评价　旅游市场预测　旅游开发概念规划

第一节　旅游规划与开发的调查工作

开发调查，实际上是指在旅游开发前的准备阶段所做的与开发项目有关的调查研究工作，它为之后的规划设计做准备，是一项基础工作。开发调查的内容主要包括以下几方面。

一、旅游资源调查

旅游资源是旅游开发需要考虑的首要条件。旅游规划与开发活动必须以一定的旅游资源为基础，以一定的景物和功能性设施建设为旅游开发活动的中心内容，以此为核心展开产品开发、功能配置等相关活动。旅游资源可以说是旅游开发活动的核心条件，没有一定数量、规模和质量的资源，旅游开发也就无从谈起。但并不是说只要有旅游资源就可以进行旅游开发，或者说任何资源都值得开发。实际上，有些旅游资源，由于自身的特性或开发条件的限制，可能一时难以开发或不适合开发，所以任何一个旅游开发项目进行前，必须对资源状况进行充分的考察和论证。同时，旅游资源的调查，对地方旅游主管部门来说，应该是一项时效性与长期性相结合的工作，它可以在某个旅游开发项目之前进行时效性调查，也可以是日常的一项工作内容，或者为长期的旅游业发展进行的一项专门性工作。

（一）旅游资源调查的含义

所谓旅游资源调查是指对一个区域旅游资源进行考察、勘查、测量、分析、整理的综合工作过程。主要目的是系统地、全面地查清该地区的旅游资源规模、类型、特点、地理分布、功能和价值等信息，建立一个相对完备的旅游资源信息数据库。旅游资源调查是旅游资源评价的基础和前提，是区域旅游规划和开发的基础，是旅游资源有效保护的依据。

（二）旅游资源调查的原则

1. 真实可靠原则

真实可靠原则要求通过各种途径获得的旅游资源信息要准确，这是旅游资源调查的首要原则，是旅游资源调查价值的根本体现。因此，要尽量通过实地勘查获得第一手资料，而对于第二手资料，要通过多种方式加以核实。

2. 点面结合原则

面是指旅游资源调查在面上要尽量铺得广，要覆盖调查区域所有的现实旅游资源和潜在旅游资源，可以通过各种调查方法查清整个区域旅游资源的规模、等级、类型、特色、地理分布等信息。点是指要重点调查大城市郊区、交通沿线、已开发的旅游区的外围和那些具有较大开发意义的旅游资源。除了查清旅游资源本身的信息以外，还要了解旅游资源的外部信息。点面结合，一方面可以达到旅游资源调查的目的，另一方面可以节约时间和开支。

3. 动态平衡原则

旅游资源本身就是动态的概念，它随着所处的自然、文化、经济技术环境变化，所以其内涵和外延都处于动态之中。因此旅游资源调查也是一个动态的过程，每一次调查都要对上一次进行更新，这里的更新既有上一次调查的旅游资源自身的信息更新，又有新旅游资源的补充。同时，每一次旅游资源调查都要依据一定的标准，以便具体操作，所以调查又具有平衡性。

4. 多学科介入原则

不论是旅游资源调查的内容还是调查的方法都要求多学科介入。调查组的成员不仅要掌握本学科的理论，同时对其他学科也要有一定的了解，在调查过程中，各成员之间要积极配合，努力获得旅游资源的全面的信息。

（三）旅游资源调查内容和重点

旅游资源调查的信息非常广泛，调查的内容可以从资源本身和旅游资源外部环境两方面着手。

1. 旅游资源调查的内容

依据国家标准《旅游资源分类、调查与评价》，调查旅游资源时需调查其类型、数量、结构、规模、级别、成因及与旅游资源有公关的重大历史事件、名人活动、文艺作品等基本情况。

（1）旅游资源的类型调查。依据国家标准《旅游资源分类、调查与评价》，旅游资源类型的调查需调查区内旅游资源的主类、亚类及基本类型的数量（如表3-1），对各类旅游资源的空间分布进行汇总，并判定区域旅游资源的特色。

表3-1　旅游资源分类表

主类	亚类	基本类型
A地文景观	AA综合自然旅游地	AAA山丘型旅游地、AAB谷地型旅游地、AAC沙砾石地型旅游地、AAD滩地型旅游地、AAE奇异自然现象、AAF自然标志地、AAG垂直自然地带
	AB沉积与构造	ABA断层景观、ABB褶曲景观、ABC节理景观、ABD地层剖面、ABE钙华与泉华、ABF矿点矿脉与矿石积聚地、ABG生物化石点
	AC地质地貌过程形迹	ACA凸峰、ACB独峰、ACC峰丛、ACD石（土）林、ACE奇特与象形山石、ACF岩壁与岩缝、ACG峡谷段落、ACH沟壑地、ACI丹霞、ACJ雅丹ACK堆石洞、ACL岩石洞与岩穴、ACM沙丘地、ACN岸滩
	AD自然变动遗迹	ADA重力堆积体、ADB泥石流堆积、ADC地震遗迹、ADD陷落地、ADE火山与熔岩、ADF冰川堆积体、ADG冰川侵蚀遗迹
	AE岛礁	AEA岛区、AEB岩礁
B水域风光	BA河段	BAA观光游憩河段、BAB暗河河段、BAC古河道段落
	BB天然湖泊与池沼	BBA观光游憩湖区、BBB沼泽与湿地、BBC潭池
	BC瀑布	BCA悬瀑、BCB跌水
	BD泉	BDA冷泉、BDB地热与温泉
	BE河口与海面	BEA观光游憩海域、BEB涌潮现象、BEC击浪现象
	BF冰雪地	BFA冰川观光地、BFB长年积雪地
C生物景观	CA树木	CAA林地、CAB丛树、CAC独树
	CB草原与草地	CBA草地、CBB疏林草地
	CC花卉地	CCA草场花卉地、CCB林间花卉地
	CD野生动物栖息地	CDA水生动物栖息地、CDB陆地动物栖息地、CDC鸟类栖息地、CDE蝶类栖息地
D天象与气候景观	DA光现象	DAA日月星辰观察地、DAB光环现象观察地、DAC海市蜃楼现象多发地
	DB天气与气候现象	DBA云雾多发区、DBB避暑气候地、DBC避寒气候地、DBD极端与特殊气候显示地、DBE物候景观

续 表

主类	亚类	基本类型
E遗址遗迹	EA史前人类活动场所	EAA人类活动遗址、EAB文化层、EAC文物散落地、EAD原始聚落
	EB社会经济文化活动遗址遗迹	EBA历史事件发生地、EBB军事遗址与古战场、EBC废弃寺庙、EBD废弃生产地、EBE交通遗迹、EBF废城与聚落遗迹、EBG长城遗迹、EBH烽燧
F建筑与设施	FA综合人文旅游地	FAA教学科研实验场所、FAB康体游乐休闲度假地、FAC宗教与祭祀活动场所、FAD园林游憩区域、FAE文化活动场所、FAF建设工程与生产地、FAG社会与商贸活动场所、FAH动物与植物展示地、FAI军事观光地、FAJ边境口岸、FAK景物观赏点
	FB单体活动场馆	FBA聚会接待厅堂（室）、FBB祭拜场馆、FBC展示演示场馆、FBD体育健身馆场、FBE歌舞游乐场馆
	FC景观建筑与附属型建筑	FCA佛塔、FCB塔形建筑物、FCC楼阁、FCD石窟、FCE长城段落、FCF城（堡）、FCG摩崖字画、FCH碑碣（林）、FCI广场、FCJ人工洞穴、FCK建筑小品
	FD居住地与社区	FDA传统与乡土建筑、FDB特色街巷、FDC特色社区、FDD名人故居与历史纪念建筑、FDE书院、FDF会馆、FDG特色店铺、FDH特色市场
	FE归葬地	FEA陵区陵园、FEB墓（群）、FEC悬棺
	FF交通建筑	FFA桥、FFB车站、FFC港口渡口与码头、FFD航空港、FFE栈道
	FG水工建筑	FGA水库观光游憩区段、FGB水井、FGC运河与渠道段落、FGD堤坝段落、FGE灌区、FGF提水设施
G旅游商品	GA地方旅游商品	GAA菜品饮食、GAB农林畜产品与制品、GAC水产品与制品、GAD中草药材及制品、GAE传统手工产品与工艺品、GAF日用工业品、GAG其他物品
H人文活动	HA人事记录	HAA人物、HAB事件
	HB艺术	HBA文艺团体、HBB文学艺术作品
	HC民间习俗	HCA地方风俗与民间礼仪、HCB民间节庆、HCC民间演艺、HCD民间健身活动与赛事、HCE宗教活动、HCF庙会与民间集会、HCG饮食习俗、HGH特色服饰
	HD现代节庆	HDA旅游节、HDB文化节、HDC商贸农事节、HDD体育节
数 量 统 计（个）		
主类8	亚类31	基本类型155

（2）旅游资源规模的调查。内容主要包括旅游资源数量、分布范围和面积、分布密集程度。旅游资源的规模直接影响区域旅游的吸引力和开发潜力，旅游资源规模的

调查非常有必要。

（3）旅游资源组合结构的调查。旅游资源组合结构既指旅游资源类型上的组合，也指旅游资源空间分布上的组合。其调查内容主要包括自然旅游资源与人文旅游资源的组合结构、自然资源和人文资源的内部结构以及两大类旅游资源空间分布上的组合状况。

（4）旅游资源开发现状调查。根据开发现状可以把资源分为已开发资源、待开发资源和潜在旅游资源。该项目调查就是要查明区域旅游资源的开发程度、开发效果，最终确定旅游资源的开发时序、开发重点、开发方向等内容。

（5）旅游资源保护调查。旅游资源保护是旅游业可持续发展的重要保障，该项目调查的内容包括旅游资源的保护现状、保护措施等。

2. 旅游资源调查的重点

（1）城市的郊区、交通沿线和人口密集地区。在城市的郊区和交通沿线以及人口密集的地区，即使资源品位略低，规模较小，但只要有一定特色，经过开发后，都能较好地吸引城市居民。因为这些区域离客源较近，交通便捷，潜在游客多，尤其适用于游客的短期旅游。

（2）已经开发的旅游区及其外围区域。调查已开发旅游区及其外围区域，能够发现新的资源，形成新的产品，减轻老景区的压力，满足游客多层次的需要。由于很多景区的产品在逐渐老化，不能满足游客求新求异的心理，所以需要更新换代，就要在它内部和周边深入地进行资源调查。

（3）离城市较远的未开发区域。尽管这些地区离城市较远，不具备开发的基础，但这些景点一旦发现，就可能形成潜在的旅游产品市场，即使现在不开发，也有利于旅游可持续发展战略。

（四）旅游资源调查的步骤

1. 准备阶段

（1）成立调查小组。调查小组由承担旅游资源调查工作的部门或机构如旅游局、高校科研机构、调查机构为主，并吸收不同部门、不同学科的工作人员以及普通调查人员组成。若调查区域较大、涉及部门较多，则有必要成立旅游资源调查领导小组，负责区域、各部门的协调工作。

（2）收集第二手资料。通过书籍、报刊、宣传材料等的收集、整理区内旅游资源的信息，并选取合适比例尺的地形图将资料比较详尽地标注，以便在调查过程中进行核实补充。

（3）制订调查计划和调查表格。调查小组根据调查目的制订计划，包括调查方式、对象、工作时间表、调查小组内人员分工、调查精度要求以及人力、财力、物力的预算等内容。可以在收集第二手资料的基础上，设计野外考察线路图，并依据相关标准

制定调查的有关表格。

2. 调查阶段

根据对旅游资源调查的详细程度，可以将调查分为概查、普查、详查和专业调查几种形式。

(1) 概查，是由于受时间、资金、人力、物力等因素的限制，在已有的二手资料分析整理基础上进行的一般情况调查。这种形式的优点是周期短、见效快，但缺点也相当明显，即信息损失量大，有时会失去一些有价值的旅游资源信息，容易对旅游资源的评价造成偏差。

(2) 普查，是根据特定的目的，对整个区域旅游资源进行全面、详细地调查。普查既可以调查较大范围的旅游资源，也可以调查较小范围的旅游资源；既可以调查现实的旅游资源，又可以调查潜在的旅游资源；还可以针对特定类型的旅游资源进行全面的调查。普查是为了系统地了解该区域旅游资源的规模、质量、特色、可能的开发方向等信息，所以普查一般花费时间较长，需要大量的人力、财力、物力，但技术水平高，成果合理科学。

(3) 详查，是指在以上两种调查的基础上，针对经过筛选和初步拟定的有开发价值的旅游资源，进行深入细致地调查。详查由多学科人员组成调查队伍，对重点资源进行重点勘查，以弄清资源成因、历史演变、现状及景观类型等，并在同类旅游资源中比较得出其特色所在，建立旅游资源分类体系。

(4) 专业调查，是指对具有开展专业旅游或科普旅游意义的旅游资源进行深入的、专业地调查。专业性调查要由该领域的专业人员组成，如对具有国际学术价值的地质剖面、珍稀濒危动植物等，就需要相关领域的专家来进行考证。

3. 研究阶段

各类调查收集的资料需要经过加工整理、研究分类才有意义，才能比较正确地反映旅游资源有价值的信息。在这个阶段主要做两项工作：一是审核资料的准确性和真实性，如发现资料不清楚、不完整、不协调的地方，就应采取措施予以澄清、补充和纠正；二是资料的整理、分类和汇总，将收集来的文字资料、图片、录像等按照相关标准分门别类进行汇总，按不同的标准（如区域、类型、等级等）进行统计，获得有效数据信息。

4. 总结阶段

总结阶段是成果演示阶段，主要内容包括以下几种方式。

(1) 调查区旅游资源实际情况资料表。其栏目内容包括：调查区基本资料、各层析旅游资源数量统计、各主类及亚类旅游资源基本类型数量统计、各级旅游资源单体数量统计、优良级旅游资源单体名录、调查组主要成员、主要技术存档资料等。

(2) 旅游资源现状分布图。其主要包括旅游资源分布图和优良级旅游资源分布图两种。

(3) 旅游资源调查报告。其内容一般包括调查区旅游环境、旅游资源开发历史和现状、旅游资源基本类型、旅游资源评价、旅游资源开发与保护建议等。

（五）旅游资源调查的方法

1. 现场勘察

这是最基本的旅游资源调查方法。调查人员可以通过观察、踏勘、测量、拍照、摄像、填绘等形式，直接获得旅游资源的第一手资料。旅游资源调查表的填绘、旅游资源分布草图的绘制等工作大部分在此阶段完成。必要时还要提取样本（水样、土质、植物），进行仪器测试（负离子测量、矿泉水化验等）。

2. 文献查阅

在实地勘察的同时，查阅文献是不可缺少的重要手段。充分利用农业、林业、水利、土地、交通、环境、气象、文化等部门的调研资料和规划统计数据，以及有关地方风土人情的刊物、著作等，从中查阅有关旅游资源的资料和线索。

3. 访问座谈

这是旅游资源调查的一种辅助方法，是获得旅游资源第二手资料的主要途径。这种方法可以有效弥补人力不足、时间较短、资金有限等不利因素的影响。为了保证第二手资料的可靠性、准确性和丰富性，要精心挑选座谈人员，这些人员一般包括行政人员、文化人员以及从事环保、历史、地质等方面的工作与研究人员。

4. 问卷调查

这也是一种获取旅游资源第二手资料的方法，主要是通过问卷的形式向调查对象获取信息。调查对象主要包括各有关部门人员、游客、当地居民等。主要获取旅游资源、旅游市场的动态信息，为旅游资源的评价和开发提供依据。

5. 遥感法

这是旅游资源调查的一种辅助手段，指利用遥感技术对不易调查到的旅游资源进行调查。实践证明，遥感在调查与发掘新的旅游资源方面具有显著的现实意义。依据影像的解译标志即色调、形态、大小、纹理、阴影、落影及空间布局和组合关系，与周围地物间的相互联系和制约等因素，可以发现新的旅游区并扩大旅游资源范围。遥感的另一个特点是可达到人类不能进入的沙漠、原始森林深处、深山河谷、孤山等，具备对野、奇、特、幽、险等自然美景进行调查的优势。

二、旅游市场调查

旅游市场是旅游供求关系的总和，一般特指客源市场。旅游市场调查是指运用科学的方法和手段，有计划、有步骤、有针对性地收集、掌握、分析和总结与旅游规划决策相关的旅游市场需求和市场活动信息的过程。

（一）旅游市场调查的内容

1. 客源市场环境调查

旅游客源地市场环境直接影响旅游开发区的生存与发展。对旅游开发者而言，旅游客源地市场环境是不可控的因素，但是可以通过对旅游客源地环境的深入调查分析，设计并采取相应的应对措施。一般旅游客源地市场环境调查的内容包括旅游客源地政治环境、经济环境、社会文化环境、法律环境、科学技术环境、自然地理环境等。

2. 现实市场需求调查

现实市场需求是决定市场购买力和规模大小的主要因素，直接决定了旅游目的地的开发方向和开发规模。因此，旅游现实市场需求调查是旅游市场调查的最主要内容，其具体内容包括以下几点。

(1) 市场需求量调查，包括购买人数和购买量。

(2) 消费行为调查，包括旅游者构成（国籍、性别、年龄、民族等），消费特征（收入水平、消费水平、消费结构等），居住区域，购买动机（身体动机、文化动机、交际动机、地位和声望动机等），其他行为特征（停留时间、购买习惯等）。

(3) 旅游产品调查，包括旅游者对旅游产品的认识和需求的变动，对旅游地住宿、导游服务的评价、意见和要求。

(4) 旅游价格调查，包括旅游六要素的消费与价格水平。

3. 潜在市场需求调查

潜在市场调查是对现实市场调查的补充，目的是了解市场需求的发展和潜力大小。这项调查的主要指标包括：出游率（一定时间内一个地区的出游人次与其人口的比率），重游率（一定时间内一个地区旅游人次与旅游人数的比率），旅游开支率（旅游开支与其年平均收入的比率）。

4. 产品组合调查

市场营销学角度的产品组合，是通过不同规格、不同档次的产品，使一个旅游区生产的产品更为科学、合理，旅游产品结构能更好地适应市场的需要，从而以较小的投入、较大限度地占领旅游市场，实现最佳经济效益。旅游产品组合调查的内容包括：

(1) 产品组合的广度，即客源市场现有的旅游产品的多少。

(2) 产品组合的深度，即每一件产品有多少个旅游活动项目。如某一旅游线路的旅游活动项目多，游客逗留时间长，则旅游产品组合较深；反之，产品组合较浅。

(3) 产品组合的相关性，即现有产品生产过程的各个环节的一致性，一致性程度高则产品的相关性大；反之，相关性小。

5. 游客评价调查

游客对旅游目的地的评价直接影响了他们的旅游决策，而对于旅游目的地来说，游客评价调查有利于他们在开发新的旅游线路和项目时更有针对性。游客评价调查的内容包括：游客对旅游地的整体印象、对产品的满意程度和潜在要求、心理价格接受状态等。

（二）旅游市场调查程序

1. 调查准备阶段

这一阶段是调查工作的开始，主要解决三个方面的问题：①评估现有资料，明确待调查和解决的主要问题；②针对待调查问题，确立调查内容和指标；③制订调查计划，包括确定调查方法、目标人群、参考时段、抽样单位、抽样数目、调查地点并安排训练调查员；设定研究框架，在了解样本的基础上进行问题设计；在试验阶性调查的基础上进行问卷设计等。

2. 调查实施阶段

这一阶段的主要任务是按计划系统搜集各种资料数据，包括第一手资料和第二手资料。

3. 分析整理阶段

这个阶段主要内容包括：①平衡调查样本，编辑、检查、调查资料；②借助统计分析技术，将整理后的资料和数据进行分析、解释，得出结论，提出合理化建议；③撰写市场调查报告或规划的市场分析专项报告，为旅游规划开发的决策提供依据。

（三）旅游市场调查方法

从资料来源的角度，可以把旅游市场调查方法分成两类。

1. 第二手资料调查

第二手资料调查，又叫做文案调查或间接调查，它主要是通过收集旅游区内部和外部的各种已有的信息和资料，从里面选取和调查内容有关系的内容，再进行分析研究的方法。这种方法的特点是操作简单、省时省力，通常作为旅游市场调查的首选方案，大多数市场调查是从二手资料调查开始的，如二手资料还不能满足调查的信息要求，可考虑进行第一手资料调查。第二手资料调查又可以分成两种：一是外部资料调查，即对在各种媒体上公开传播的有关资料，包括报纸杂志、调研专集、旅游组织的年报等的调查；二是内部资料调查，即对内部的档案、文件等的调查。

2. 第一手资料调查

第一手资料调查又称为实地调查或者直接调查，是指在周密的调查设计和组织下，由调查人员直接向被调查者收集原始资料的方法。这种调查方法的主要特点是时效性强、针对性强，但成本比较高。这种方法主要适用于旅游区特定问题的调查。常用的第一手资料调查方法如下。

（1）询问调查法。这是被采用的最多的一种方法，指调查人员把事先做好的调查问题以各种方式向被调查者提出，用询问的方式收集资料、了解信息。具体形式包括：①访谈法，即与被调查人交谈、提问、讨论来获得有关信息，这种方法一般用于对那

些非常了解市场行情的被调查者，如旅游管理部门工作人员、大型旅游企业经营管理人员等；②问卷法，即把设计好的问卷让被调查者回答，这种方法通常用在问题比较多、不方便面谈的情况下。

（2）观察记录法。调查人员到景点大门、酒店大堂、旅游商店、娱乐场所、机场、车站等游客集散地进行目测，或者用仪器来观察调研的对象的方法，如观察游客流量、游客的行为，这种方法主要用来调查市场表面的一些特征。

（3）实验调查法。把调查对象放在一个特定的环境里，观察其在特定情况下的反应，这种方法一般规模比较小，是为大规模调查做准备。

三、地理环境调查

地理环境和条件，作为各种资源的存在基础和环境基础，影响着旅游资源的性质、特征、分布和季节性等，也能够影响当地的社会文化和经济发展水平，对旅游开发活动有直接的影响。地理环境条件的调查内容包括：①地理位置，包括区域所处的经纬度、面积、与相邻地区的关系等；②气象与气候，包括所处的气候区、年平均气温、降水、气候景观、适度，适合旅游的季节与时间等；③生物资源与生态环境，包括当地的森林覆盖率、绿化面积、植被景观、生物的种类、分布及数量等；④水文，包括区域内的河流、湖泊、湿地等；⑤地质构造与地貌，包括当地地质构造与地貌形态等，特别是具有旅游和科学价值的地质景观；⑥环境安全，包括自然灾害发生的历史和可能性；⑦开发空间，包括开发区域的空间规模和结构。

四、社会文化调查

社会文化调查包括两方面内容，一方面是为确定地方文脉而进行的文化历史考察；另一方面是为确定旅游开发对社区的影响而进行的社会文化调查。

1. 文化历史调查

文化与历史是塑造地方特色的重要因素，也是发展地方旅游业的重要基础性资源，特别是地方历史发展过程中的重大事件、历史名人及其思想、重要地点和场所以及民间的传说与故事、民间艺术、风俗习惯等。文化历史调查，是为了寻找和理清文脉，发现线索，确定旅游开发主题，塑造地方旅游形象，具有重要意义。其调查内容主要包括：①地方发展史的基本梳理；②当地历史上的一些重大事件，包括政治、经济、文化、宗教等发展过程中的重大事件及重要场所；③有影响、有特色的，特别是当地独有的民间艺术（手工艺、民间曲艺、杂耍等）；④生产、生活领域的地方民俗等。

2. 文化影响调查

旅游开发作为一项综合性的工作，影响是多方面的，一方面，旅游开发的确能够给地方带来可观的经济收入；另一方面，旅游开发将大批的旅游者引入旅游地，必定对当地的社区文化产生影响，甚至引发当地居民与外来旅游者之间的矛盾与冲突。因此，旅游开发必须具备一定的社会文化基础，对外来文化的冲击和影响能够有一定的忍耐力和承受能力。社会文化调查的内容主要包括：①旅游对当地生活方式的改变和对社区文化的影响；②旅游对当地基础设施的占用和当地对基础设施供求矛盾的调节能力；③娱乐设施建设的影响；④旅游业为当地居民提供的新就业机会所产生的影响。

五、经济基础调查

通过经济基础调查，主要反映当地两个方面的能力，一是旅游投资能力，二是旅游消费能力。

1. 旅游投资能力

一般来说，旅游区的开发建设有较少的一部分资金要依靠国家和地方的政府投资外，大量的资金要依赖本地的经济实力和社会资金。而且旅游规模的扩大，必然导致相关产业投资的增加。旅游开发不仅本身需要资金投入，而且会对许多相关部门和行业提出了更高的要求，增加了它们的投资需求。投资能力调查的内容一般包括：①区域近年来的主要近几个指标，包括地方经济总产值，地方财政收入等；②旅游开发的土地资源供给能力；③水源、能源、物资供应；④农副土特产品；⑤交通设施和交通工具；⑥环卫、排污系统；⑦当地重要的工矿企业、事业单位；⑧吸引外地资金的能力和政策。

2. 旅游消费能力

从总体情况看，我国国内市场的宏观条件优越，市场规模巨大。但对于具体的旅游目的地来说，针对性的微观市场条件则需要具体问题具体分析。一般来说，一个旅游地开发的前提条件是需求量不低于门槛值。也就是说，游客人数不能少到“入不敷出”的地步。消费能力调查主要内容包括：①当地及周边辐射圈的人口数量；②当地人均 GDP、居民平均可自由自支配收入；③当地居民储蓄存款量；④社会商品零售总额、居民人均消费支出。

六、行业竞争调查

现在旅游业已经成为几乎所有地区经济发展的重要领域，竞争也就成为不可避免的事情，这种竞争，既有国际旅游市场的竞争，又有国内旅游市场的行业竞争。在进行旅游开发前，必须对市场的竞争态势有充分的了解和估计。其内容主要包括：①相邻旅游地资源与产品的开发情况；②相邻旅游地的经济基础与发展优势；③相邻旅游地未来的发展规划与设想；④其他有联系因素。

【案例 3.1】

寿光市发展旅游业的行业竞争分析

寿光市具备的优势旅游资源有两项：一是生态农业旅游资源；二是滨海湿地旅游资源。但这两项资源在全省、全国比较，到底有多大的优势呢？

从生态农业旅游的竞争情况看，寿光是著名的蔬菜之乡，其竞争优势主要表现在：①首发优势和品牌优势，寿光是冬暖式蔬菜大棚发源地；②高科技优势，它已经吸引了很多国际著名的高科技企业落户，能够提供国际领先的蔬菜高科技产品和一流服务；③规模优势，寿光被称为中国最大的菜篮子；④节庆效应优势，一年一度的菜博会是全国五大农业会展之一，被称为绿色峰会。总之，寿光的现代生态农业旅游具有良好的发展基础和相当的发展潜力，今后应当坚持突出国际性蔬菜专业品牌特色，把蔬菜产业做精做强，从而使得寿光的现代生态旅游业旅游具有鲜明的特色。

从滨海湿地旅游竞争情况看，寿光北部有大片的滨海湿地资源，成为发展生态旅游的重要资源。但我国湿地面积广大，居世界第四位，其中环渤海的滨海湿地主要由辽河三角洲（营口）、黄河三角洲（东营）组成，近年来已经成为滨海湿地研究的热点地区。寿光北部的滨海湿地处于黄河三角洲，有一个强有力的竞争对手东营，资源性质相同，而且东营有黄河入海口作为招牌，能够形成极大的威胁。寿光如果在产品上不能进行错位开发，出现同质化，必然会陷于东营的阴影下。

综合分析寿光旅游开发的竞争形势后可得出，现代生态农业旅游应该成为寿光旅游开发的主打产品，具有在全省甚至全国形成优势产品的可能性；而湿地旅游则需要谨慎行事。

第二节 旅游规划与开发的论证工作

一、旅游资源评价

（一）旅游资源评价的原则

旅游资源评价是指在旅游资源调查的基础上，对旅游资源的规模、质量、等级、开发前景及开发条件进行科学的分析和可行性研究，为旅游资源的开发规划和管理决策提供科学依据。旅游资源评价应遵循的基本原则包括以下几点。

1. 客观实际原则

旅游资源是客观存在的事物，其特点、价值和功能都具有客观性，评价时应符合客观实际，对其价值和开发前景的评价既不夸大也不缩小，做到实事求是、恰如其分。

2. 全面系统原则

旅游资源的价值和功能是多方面、多层次、多形式的，除了供旅游业开发使用外，通常还包括历史文化、艺术鉴赏、科学考察以及其他社会功能等，所以评价时要全面、系统、综合地考虑。

3. 符合科学原则

在针对旅游资源的形成、本质、属性、价值等核心问题进行评价时，应采取科学的态度予以正确地解释，不能全部冠以神话传说，更不能相信和宣传迷信。但可以适当辅以神话传说来提高旅游资源的趣味性。

4. 效益估算原则

旅游资源评价的目的是为了开发利用进而取得经济、社会和生态综合效益，所以评价时要对资源开发的前景进行适当的评估。

5. 高度概括原则

旅游资源评价过程中涉及的内容众多，评价结论应该明确、精练，高度概括出其价值、特色、功能，以便决策者参考。

6. 力求定量原则

在评价调查区旅游资源时应尽量避免带有强烈主观色彩的定性评价，力求定量或半定量评价，并要求不同调查区尽量采用统一标准的定量评价方法，使得旅游资源的评价结果具有可比性。

（二）旅游资源的单项评价

旅游资源各要素是自然界和社会的一部分，将其从一般物质层次中分化出来，准备将来进行开发，转化成旅游业中的一部分，必须具备一定的条件和标准，因此必须对每一要素的旅游资源进行研究和评价。

1. 山地旅游资源评价

山是陆地上高度较大、坡度较陡的高地，多为地壳上升地区经受流水切割而成。山按高度分高山、中山和低山，在旅游开发中常将丘陵也划到山地范围内。山是大尺度地貌，是自然风景骨架和建筑物的基质，由于地势高、体量大、范围广，可独立成为风景区。山体由于垂直变化大、气候多样，不同高度会形成不同景观。山体石景丰富，文化内涵深远，是人类旅游开发最早的景区，名景名胜集中，为旅游资源富集区。因此，山地风景区可开展观光、度假、登山、滑雪等旅游活动。我国是个多山的国家，名山甚多，过去和现在都是旅游开发的重点。对风景名山主要有以下几方面进行评价。

（1）高度。山地以绝对高度和相对高度大为特征。根据我国山地特点，山地可按照绝对高度进行划分：500 米以下为丘陵；500～1000 米为低山；1000～3500 米为中山；3500～5000 米为高山；5000 米以上为极高山。从旅游角度看，海拔 1000～3000 米的山地旅游价值高。这是因为这个高度的山地特征突出，景石丰富；流水潺潺，泉瀑众多；生物种类多，群落复杂；季相变化明显，夏季是避暑的好去处，冬季冰雪景又是平原地区难以见到的。从人对景观的感受量分析，相对高度大的山地旅游价值高。因为当山体受到强烈切割，相对高度超过一定高度时会给人以巍峨感。这点可从泰山和昆仑山给人的感受得到证明。论山体规模和绝对高度，泰山在昆仑山面前是微不足道的，无法相比。然而，泰山以 1300 米的高差耸立在华北大平原上，有“造化钟神秀，阴阳割昏晓”“会当凌绝顶，一览众山小”之势，以雄伟特征著称。昆仑山虽然海拔在 5000 米左右，但由于相对高度小，即或登上山顶，也无高大雄伟之感。相比之下，海拔仅 1545 米的泰山，竟以拔地通天之势成为名山之首、“五岳独尊”，被称为岱宗。

(2) 坡度。山体坡度陡，能增加险峻感。各名山之险景都以坡度陡著称。险景，会激励人向前，给游人带来无限乐趣，成为攀登者一生难忘之事。因为“世之奇伟、瑰怪非常之观，常在于险远”，给人以“无限风光在险峰”之感。现代旅游开发学提到坡度陡的山体，多发生在断层面和节理面上，构成险景地带。名山险景之冠，首推华山，素有“天下险”之称。因为它是由花岗岩形成的断块山，犹如一方天柱，四壁直立，山背狭窄，两侧是千米绝壁，险景甚多。如千尺幢、百尺峡、苍龙岭、猢狲愁、鹞子翻身、长空栈道等险景，都是峭峻难攀之地。

(3) 山体总体轮廓线曲折和各种形象的造型。著名的旅游名山，山体轮廓线曲折，富于变化，游人从一定角度看去，其总体外观和侧景像人们日常生活中所熟悉的某种物体，具有一定造型。这样具有一定造型的山体，会增加游人的兴趣和意境。例如昆明西山，在其东南侧望去，西山起伏的轮廓天际线，酷似甜睡的少女，在黄昏和雾霾天气，会呈现浮光掠影、如梦如幻的朦胧景色，少女活脱如生，人称睡美人，为昆明第一胜景。再如“五岳”，除山体位于中原的南、北、东、西、中五个方位、高度大以外，其特殊之处还在于轮廓线形成一种运动形态。魏源指出：“恒山如行，岱山如坐，华山如立，嵩山如卧。唯南岳如飞，朱雀展翅垂云天。”这是岩石性质、地质构造和流水作用塑造的结果。恒山由石灰岩组成，岩层水平，受流水切割，如多匹骏马奔腾，故曰“行”；泰山如一巨型“围椅”，故曰“坐”；华山如人站立，故曰“立”；嵩山受纬向构造控制，众峰东西延伸，故曰“卧”；衡山诸峰排列的立体形态，如神鸟朱雀，向着西方佛国展翅欲飞。

(4) 山顶夷平面的面积大小。对山的评价，还要看山顶夷平面的大小。夷平面即山体上升前的平坦面。夷平面大对山地旅游区开发和发展十分重要：一是山顶平坦，可使景区营造出“天上人间”“仙境”的气氛；二是平坦地面广阔，受水面积大，地下水和地表水丰富，会形成众多泉和瀑布；三是平坦地面对聚落的形成和旅游者住宿设施的建筑十分有利。在各名山中，庐山山顶夷平面比较大，发育着放射状水系，其重要景点多在山顶，并形成牯岭镇旅游中心，是较为著名的山地度假区。此外，像泰山天街、黄山天海、峨眉山金顶和崂山崂顶等都是山顶夷平面，但都因夷平面小、旅客容量少而在旅游发展上受到一定的限制。

(5) 山地脉络状况。山有脉，蜿蜒起伏，使人产生深远不尽之感；层次多，使山峦重叠，增加深厚感。我国名山虽受流水和风化作用强烈，切割深度大，但山的脉络沿着构造方向延展明显、层次多，形成“横看成岭侧成峰，远近高低各不同”的山势。相反的在火山区，一个个孤立的火山锥体，缺乏脉络，缺乏层次，虽是山，但无山地感觉。

2. 水景旅游资源的评价

水是自然界最活跃的物质之一，有液、固、气三态的变化。水以海、湖、江、瀑、泉、冰川等形式存在。水与山密不可分，“山无云则不秀，无水则不媚”。水随山转，山因水活。有水体的景区，才有生气，才有活力。同时，水与人最亲近，还由于水多存在于低处，观赏游览无攀登之劳，在水中可以开展多种参与性项目，旅游者无论何种年龄、何种职业、何种文化程度都可以在水中找到自己喜欢的项目，既可观水，又能玩水，获得愉悦和刺激。

(1) 海滨的旅游资源评价

海是大洋的边缘部分。海岸带是陆地与海洋的接触带，处于水、岩石、生物和大气相互作用中，是旅游开发最有潜力的地带。它包括海水、海岛、海滩和沿岸山地丘陵。海滨地带气候温暖湿润，夏季凉爽，空气清新，富含负氧离子和碘，可促进人的血液循环，增进身体健康；人可以参与海水浴、日光浴、沙滩浴以及各种海上运动，不会有重复感和厌倦感；大海一望无际，波浪、海流、潮汐等景象有一种动态美，使人心情旷达、舒展，再加上岸上的海蚀地貌、渔村、码头、渔港等人文景观，成为炎热夏季人们追逐的旅游目的地。对其评价应主要考虑以下几点。

①气象。夏季晴天最低 2 周，最高 10 周以上；温度：气温 25～27℃，水温 23～30℃；风速：5m/s 以下。

②海象。波浪：0.8m 以下；流速：0.2m/s～0.3m/s；透明度：30cm 以上；大肠杆菌：1000 个以下/公升；COD（化学耗氧量）：2ppm 以下；油膜肉眼难以辨明；藻类和浮游物：基本无；有害生物：无或有防护措施。

③海滩。长度：200m 以上；潮线以上宽度：30m 以上；海底倾斜度：1/60～1/10;海滩倾斜度：1/50～1/10；沙滩颗粒：以中、细沙为主。

④海滩后腹地。平地缓坡；绿化地 80%以上；面积 1km^2 以上。

(2) 湖泊的旅游资源评价

湖泊是在面状洼地中积蓄的水体，在我国类型甚多。它集旷、静、丽、秀于一体，多有较高的旅游价值。评价湖泊的旅游价值应主要考虑下面几点。

①面积。湖水面积大，开阔充盈，极目天际。“长烟一空，皓月千里”是八百里洞庭自然美的描述。

②湖水水质。游览湖水，浅水无色，深水浅蓝；透明度60cm以上；大肠杆菌2000个以下/公升；悬浮物150毫克/升以下；油膜不明显。

③湖中有岛，岛景最佳。岛屿存在丰富了湖景内容，又使游人有四面临水之趣，是赏景最佳之地。洞庭湖最佳观景点在君山，诗人赞为“白银盘里一青螺”。新安江水库有岛409个，低水位时达千余个，人称“千岛湖”。

④湖中多有分割，风景层次多。太湖不仅湖面开阔，而且岛屿排列有序，使水面多处被分割，几经收放，形成连续的风景层次：蠡湖是第一个层次；过中犊山，进入宽阔水域，豁然开朗，是第二个层次；过三山，水面渐宽，是第三个层次；一出马迹山和拖山，波涛万顷，水天相接，一望无际，是第四个层次。这四个层次丰富了太湖水面，形成山外有山、湖中有湖、湖光山色尽在其中的太湖景色。

⑤湖景奇，在于山顶有湖。在高高的山上，有一泓碧水，犹如一面宝镜，会使攀登者感到新奇和快意。长白山天池火口湖和天山天池冰碛物堰塞湖是著名的高山湖泊，以湖水清澈、群峰插云、岚影波光、风景如画而著名。

(3) 江河的旅游资源评价

江河是线状流动水体。它同海、湖不同，由于水面狭窄，多同两岸山崖构成山水综合景。其旅游价值主要在中上游河段，可分为漂流河段和风景河段。成为漂流河段一般条件有：河道弯曲，暗礁险滩少，流速快，水不宜过深，一般0.5～1.2米为宜，两岸植被覆盖率高，有惊无险，野趣无穷，富有刺激性。成为观赏河段一般条件有：河道迂回曲折，两岸奇峰罗列，山水比例适宜，山光水影，富有意境美。长江三峡、桂林漓江、武夷山九曲溪和富春江七里泷都以山水优美、奇山秀水著称，游水观光，如一幅展不尽的画卷。

(4) 瀑布的旅游资源评价

瀑布是从河谷纵剖面陡坎处倾泻下来的水流。它是河流的一部分，是自然界瑰丽壮观景象，力量的突出表现。瀑布水流急、力度强，粗犷而又有确定方向，对观察视线有强烈的吸引力。它以奇称绝，具有声、势、形和哲理之美：其声，如春雷轰鸣，万马奔腾，压倒一切；其势，飞流直下，如银河垂落，锐不可当；其形，如雪、如帘、如珠、如玉；它富含哲理，遇阻而不停息，跌进深渊又将转化成河流，继续向前，永远向着大海，向着未来，给人以崇高美、壮丽美和勇往直前的深刻启迪。因此，瀑布在水系发育的山区成为风景特色（庐山），在阶梯式河道中瀑布多而又巨大，成为独立景区（黄果树），也有的旅游区虽然只有一处瀑布，但成为该区主景（镜泊湖）。瀑布评价要综合考虑下面几点。

①落差。雁荡山大龙湫，落差为190米；贵州滴水滩瀑布7级迭落落差410米。

②宽度。九寨沟诺日朗瀑布宽为200米。

③流量。黄果树瀑布最大流量1000立方米/秒。

④形状。水流受河床剖面垂直高度、坡度、宽度和水量变化等因素影响，会有不同形状，有的多级迭落，有的如巨龙吞天盖地，有的如珠帘飘曳，有的如云雾弥漫。

⑤声音。瀑布落入潭中会产生不同的声音。

⑥周围景色。即瀑布周围的山体、植被和河道状况。

按上述条件评价我国的瀑布，以宽 84 米、落差 68 米的黄果树大瀑布为最佳。它水势汹涌，撼天动地，素有“天下奇景”之称。

(5) 泉旅游资源评价

泉是地下水的天然露头。当含水层或含水通道出露于地表时，地下水便涌出成泉。泉大多分布于山谷、坡麓或平地岩层裂隙处。泉水喷涌给人以向上和清新的景感。泉水因水温高和含微量元素，有较高的医疗、健身价值。泉水终年不断，滋润周围环境，树林苍翠，绿竹丛丛，芳草萋萋，蝶舞鸟鸣，形成良好的生态旅游环境。因此，泉水区经过开发，多为观光、度假和疗养的景点。评价泉水旅游资源多从下列几点考虑。

①涌水量。五大连池药泉山矿泉带涌水量达100吨～190吨/昼夜。

②温度。冷泉（25℃以下）、微冷泉（25℃～33℃）、温泉（34℃～37℃）、热泉（38℃～42℃）、高热泉（43℃以上）、沸泉（100℃以上）。

③含矿物成分。泉水按矿物成分分为氡泉、碳酸泉、硫化氢泉、碳酸氢钠泉、碳酸氢钙泉、硫酸钠泉、硫酸钙泉、硫酸镁泉、氯化钠泉、铁泉、碘泉、溴泉、硅酸泉。饮用矿泉水限定指标：矿化度1000mg/L，碘＞0.2mg/L，锂＞0.2mg/L，偏硅酸25～30mg/L，锶＞0.2～0.4mg/L，硒＞0.01mg/L，锌＞0.2mg/L，溴＞0.1mg/L。

④感官指标。色：色度不超过15度，不出现其他异色；混浊度：不超过5度；嗅味：不得有异臭和异味；肉眼所见：不含异物，允许少量矿物盐沉淀。

⑤污染物与微生物指标。酚类含量＜0.002mg/L；氰化物＜0.01mg/L；亚硝酸盐＜0.005mg/L；细菌＜100个/L；大肠杆菌＜3个/L。

⑥泉水形状。喷泉、高度间歇变化、喊泉、含羞泉、桃花泉、蝴蝶泉、鱼泉等。

3. 生物旅游资源的评价

生物是自然界中有生命的物质，由动物、植物和微生物组成。生物景观是旅游资源中最活跃的要素，具有美化环境、装饰山水的功能。“青山绿水，鸟语花香”是由动植物形成的优美空间。动植物以群体（群落）或个体（古树名木、奇花异草、动物）形式存在，以美、奇、稀成为一个区域主景，如庐山的“三宝树”，天目山的“大树王”，黄帝陵的轩辕柏，嵩岳书院的“大将军”、“二将军”，崂山的汉柏、唐榆和明代“绛雪”，卧龙的熊猫，扎龙的丹顶鹤等。花木在园林绿化建设中，可创造幽朗、疏密、藏露、虚实、开合、动静的对比效果。动植物又是地域景观的代表，如广大冰原、苔原和白色北极熊是极地风光代表，阴湿寒冷的暗针林和林中猛兽是亚寒带景观，高大的椰子树、橡胶树和龙脑香科树是典型的热带风光。评价生物旅游资源应主要考虑下列几项。

(1) 以古老、稀少为贵。古老动植物反映生物的演化历史，说明物种的特殊性。稀少的物种更为珍贵。银杏、水杉、大熊猫生活在万年前，被认为是“活化石”。珙桐、金花茶、金丝猴、白鳍豚、白唇鹿等为中国独有、世界珍稀动植物。

(2) 形态。动植物以姿态奇特为贵。杨、桦伟岸挺拔，松柏苍劲古拙，柳树枝条如丝，竹子青翠拔秀，莲花亭亭玉立，狮虎威武雄壮，熊猫憨态可掬等。其中尤以松树生命力强，扎根于岩石缝隙中，干枝虬曲，叶翠茂密，生成各种造型，如龙、如虎、如凤、如人迎客等。

(3) 色彩。树木之花有立体美，以花期长、鲜艳为其特色；果以红紫为贵，黄色次之；叶以新绿和红叶为最。玉兰、梨花洁白如雪，茶花、杜鹃花彤红似火，迎春灿似黄金，牡丹、郁金香姹紫嫣红。动物中北极熊洁白无瑕，黑叶猴黑如乌金，企鹅黑白相间，虎豹黑黄相间而有王者之气。

(4) 嗅味。一些花木开花之际，放散出清香。水仙、兰花幽香四溢，桂花、米兰、含笑清香诱人，玫瑰、茉莉芬芳馥郁。

(5) 声音。动物声音具有音乐美，如虎啸、猿啼、鸟鸣、蝉噪等。

(6) 风韵。中国古老文化对动植物的特性观察较细，赋予一定内容，有着“象征美”，增加游人意境。譬如：竹，象征气节；梅，象征忠烈；松，象征坚强不屈；红豆和鸳鸯，象征爱情；鸽子，象征和平；牛，象征尽忠负重；鹰，象征鹏程万里；柳，象征友谊，折柳送行。现在一些国家、城市将某一动物和植物作为自己的象征，说明生物资源同人类活动有密切的关系。

4. 气候和天象景的旅游资源评价

气象，是大气中的冷、热、干、湿、风、云、雨、雪、霜、雾、雷、电、光等各种物理现象和过程。气候，则是长年天气特征的综合。因此，气候与气象评价标准不一样。

(1) 气候景旅游资源评价

气温的变化是气候的主要因素，决定植物、作物生长和鸟兽一年的周期性的活动，也影响人类的旅游活动。因此，在气候评价中，重要的三个方面如下。

①四季的划分。一年的四季变化，是由地球和太阳的相对位置不断变化产生的一种天文现象。四季的划分有不同的标准。天文上以春分、夏至、秋分和冬至划分四季。我国古书上则用立春、立夏、立秋、立冬作为四季的开端，民间习惯上又用阴历一、二、三月为春季，四、五、六月为夏季，七、八、九月为秋季，十、十一、十二月为冬季。这样划分的四季，每季3个月，分配均匀，但由于我国地域辽阔，各地气候的实际情况相差很大。现在通常采用以温度为主要根据，参照一些物候现象，用候（5天为1候，全年73候）的平均气温10℃和22℃的标准划分四季。候平均气温10℃以下为冬季，22℃以上为夏季，介于10℃～22℃间的时期为春季和秋季。这样划分出来的四季同各地物候现象大体相符，各地四季时间分配差别甚大。北方冬长夏短，南方冬短

夏长。寒温带长冬无夏、春秋相连，热带地区长夏无冬，居于其间的广大温带、暖温带和亚热带地区寒来暑往、四季分明。以温度为基础，考虑降水和风的变化，可以确定一个地区最佳旅游季节。譬如北京，春季多大风，夏季气温高，秋季气候温和、降水少、景观五颜六色而成为旅游最佳季节。

②舒适度。舒适度即人体对大气环境所感觉的舒适程度。它表示出人的生理机制需要在大气环境中通过皮肤、呼吸获得或散失热量以达到温度、水分之间的协调程度。人对于气候的感觉，最敏感的是气温，同时空气中湿度和风力也会影响舒适度。比如，夏季天热，湿度不大，又有风，会有清爽感觉；反之，又热、又潮、又无风，则感到"闷热"，格外不舒适。这说明气候的舒适度是气温、湿度和风力三者的综合效应。

③小气候。由于下垫面的差异，在近地面1～2米空气层中形成特殊气候。其范围水平空间不超过10千米，垂直高度不超过1千米。例如：崂山下清宫位于崂山主峰（1133m）南侧，三面环山，中为向南海湾，面海向阳，因而冬季山体阻挡北方气流，气温比市区高2℃～5℃，亚热带植物在这里长势良好，有"小江南"之称。

（2）天象景旅游资源评价

天气的变化过程在空气中会出现雨雪、云雾、霞光、海市、极光等现象，形成动景、变景和朦胧景，给人以虚幻缥缈、变幻莫测之感。对它的评价应考虑以下几点。

①景观在旅游区的地位。天象景类型较多，变化快，受地理环境和季节制约甚大，因而在旅游区作用也不一样。冰雪景在高纬度东北地区，既是景区整体景观，又是独特的冰雪景，因此哈尔滨、吉林市、长白山成为我国三大冰雪旅游区。云海、日出、晚霞虽然是黄山、泰山、峨眉、衡山重要一景，但不是主景，游人主要是观赏山石景和领略山岳文化。至于极光、宝光等现象则对景区起点缀、增色作用，大多数游人不会专观此景。

②景象出现季节和频率。天气现象受多种自然因素制约，出现的时间、次数有明显的月变化和年变化的规律。譬如吉林雾凇出现在严冬的一二月，出现频率每年平均40～60天；黄山云海主要出现在11月至次年的5月，年平均频率为40天左右；峨眉佛光以12月至次年2月最多，年平均出现频率约70次；海市蜃楼最多出现在蓬莱春夏交替季节，出现频率小，出现时间不确定，持续时间短，难以做专项产品开发。

③同其他资源组合关系。佛光、云海、霞光多同山岳景观组合，雾凇同广大雪景、冰景组合，雨景同杭州和漓江山水组合，这样才增强景观的吸引力和观赏性。若没有其他景物衬托，有些旅游资源难以独立成景。

5. 名胜古迹的旅游资源评价

名胜古迹包括历史遗迹、革命遗址、纪念地、古代建筑、古典园林、古墓葬、宗教文化、历史街区和现代工程等。对其评价主要考虑下列几点。

（1）时代的久远性。由于人类对自身发展历史的兴趣，因而以古老景物旅游价值大。如170万年前的元谋人遗址、69万年前的北京人遗址、6000年前半坡文化和河姆渡文化遗址，说明亚洲大陆古人类演化历史；古墓葬以黄帝墓和炎帝墓最为久远，说明中华民族5000年的文明史；距今2100年的秦兵马俑，说明秦代封建帝国的物质文明盛况；巨大的万里长城，说明2000多年前我国劳动人民的智慧和伟大的创造力。

（2）历史考古价值。中国年代历史从周共和元年即公元前841年以后开始有一些历史事件的文字记载，但是3000年前的历史年代、事件仍需从大量考古中得到证明。对于名胜古迹来说，其历史考古价值越大，旅游价值也就越大。比如，史书记载商第十九代国王盘庚迁都到殷，使殷复兴起来。1928年在安阳小屯村进行发掘，证明此处是3300年前殷的都城，也是中国第一古都，发掘出甲骨文16万片（单字4500个）、“司母戊方鼎”青铜器和700多件玉雕等，使这一历史疑案得到解答，为开发建设殷墟博物馆提供了条件。

（3）文化艺术价值。文物古迹的文化内涵和艺术水平越高，其旅游价值也越高。秦兵马俑被称为“世界第八大奇迹”，被联合国列为世界文化遗产，不仅在于它规模大，更重要的在于它利用模、塑、捏、推、贴、刻、画等传统泥塑技法，创造出不同兵种、不同身份、不同年龄、不同面部特征的人物，重现2000年前秦威震六国、威武雄壮的军容。洛阳龙门、大同云岗和麦积山的雕塑及敦煌莫高窟的壁画都以极高的艺术水平而著称。龙门奉先寺大卢舍那佛高17.14米，面部仪表堂堂，丰颐秀目，嘴角稍翘，做神秘微笑状，俯视朝觐者，其视线目光同每位礼佛者相交会，而且面部表情会在阴晴、早晚不同光线下呈现多种微妙变化。它庄严、温和、睿智和富有同情心，是圣贤的象征。莫高窟的壁画多达45000平方米，其艺术水平达到历史上的高峰，菩萨像、飞天都美女化，其中以北魏和唐代壁画最著名。北魏时期的壁画，人物形象为窄衣大袖、杨柳细腰、面形瘦削，“秀骨清像”，如“行云流水”；唐代壁画中的人物形象则是“素面如玉”，体态丰满、身体修长、亭亭玉立，身着天衣，露出丰满肉体，腰姿动感强。另外，莫高窟还有大量的彩绘和文献书籍，被称为“世界最伟大的艺术宝库”。

（4）科研价值。我国许多文物古迹颇具科学研究价值，对今天的社会发展具有借鉴意义，同时也体现了我国古代灿烂的历史文化。如我国古建筑一般为梁柱式弹性结构体系，符合力学要求。虽然以木材为建筑材料，但柱、梁、檩的连接处以榫、铆相吻合，后又发展为斗拱式，构成富有弹性的框架。这种结构形式，外观优美，坚固耐用，抗震性强。天津蓟县独乐寺的观音阁，建于辽统和二年（公元984年），是全国现存最早的高层木结构建筑，高23米，3层，斗拱硕大，用材设计讲究，外形美观。建成后，经历1679年、1730年和1976年3次大地震，蓟县城内建筑几乎全部毁掉，而观音阁安然无恙。故宫建筑群符合美学原理，它的特点为轴线突出、主从分明、高低错落、井然有序，犹如黄色的波涛庄严、和谐，引人遐思如潮。正阳门是序曲，太和殿是高潮，景山是尾声，可以说是一曲凝固的“交响乐”，是世界古建筑宝库中一颗独放异彩的明珠。

(5) 保存的完整性。凡是文物古迹都经历了历史沧桑和战争洗礼，受到不同程度的破坏。从旅游角度来说，文物古迹以保存完整、规模大而价值高。已破坏的，采用修旧如旧，保持历史原貌。如长城有战国时长城、秦长城、汉长城、金代边墙和明长城。论时间，历史越久的长城越具有考古价值。但是，从旅游角度看，还是明长城价值高。因为明长城规模大、壮观，结构复杂，保存完整，既符合军事防御体系，又具有美学特征，成为中国人文景观第一景。

6. 园林的旅游资源评价

园林，即在一定地域内，通过筑山、叠石、理水、种植花草树木、营造建筑等工程艺术手段，创造出再现自然的艺术综合体。园林，尤其是中国古典园林，在空间艺术上已达到很高的境界，是无声的诗、立体的画、凝固的音乐，有着深奥的文化内涵。园林从原来只供少数人享乐、游赏、休憩成为现今的大众旅游资源，具有突出特色和吸引力。在评价时应抓住以下几点。

(1) 主题和主景。一处园林从造园始，就要有一个明确的主题，并以主景的设计进一步突出主题，成为园林中的中心。例如苏州几个园林：拙政园，突出水的主题，水面辽阔、曲折，溪水分流，汊港出没，具有浓郁的江南水乡特色；主景远香堂，为一阁，四面嵌以玻璃窗，南北两侧有宽阔的临水平台，近可观鱼，远可观览全景。沧浪亭，以山为主题，以沧浪亭为主景，山岭起伏，石径盘回，林木森郁，箬竹丛丛，一派山野风光。留园，以山水为背景，突出建筑物主题，园林疏密相间，善于对比，节奏感强，有步移景异之妙；主景为涵碧山房（荷花厅）和鸳鸯厅；荷花厅位于以山水见长的中部，厅内轩敞高爽、陈设雅致，厅前平台宽广可凭栏观赏荷花和游鱼，池北假山耸峙、古木婆娑、浓荫蔽日；鸳鸯厅位于以建筑为主的东区，门前有 3 块湖石，三峰并立，室内富丽堂皇，是江南厅堂建筑精品。

(2) 设计手法。在园林中，利用人对景物的感受，采取一系列手法，如借景与对景、动与静、开与合、明与暗、曲与直、虚与实、藏与露、幽与朗等进行设计，可提高园林的艺术价值。留园在运用上述手法上十分成功，成为江南园林的精品。

(3) 工艺水平。在园林建设中，在限定的空间内，采用叠石、理水、栽种花木和布置各类园林建筑，再现自然景色，这需要较高的工艺水平。成功的园林，一块石，一株花，一个建筑小品，都是精心设计的，是园林不可缺少的一部分。苏州的网师园、扬州的个园和无锡的寄畅园，园林虽小，但在造园艺术上却达到较高的水平。

(4) 意境。意境是园林追求的目标，是衡量园林水平的最主要标志。意，即主观理念、感情；境，即客观存在、景物。意境即理念与存在、感情与景物的结合。创作者将自己的感情、理念融于客观生活、景物之中，从而引发鉴赏者相关的情感波动和理念的联想。这种波动和联想，即领会“弦外音”“景外情”，见景生情。这种情如

“空中之音、相中之色、水中之月、镜中之像，言有尽而意无穷”。另外，也有的园林为加深意境，用楹联启发游人联想。如网师园的濯缨水阁为观水景最佳处，有副楹联，其横批为“曾三，颜四，禹寸陶分”，告诫人们不要醉心于风景，要珍惜时光，加强自身修养。

(5) 规模和容量。园林作为旅游产业的一部分，面向公众开放，其面积大小决定旅游活动规模和容量的大小。北方皇家园林、寺观园林面积大，可成为独立旅游区。例如颐和园占地4350亩，承德避暑山庄占地8500亩。前者日容量达3万多人次。南方私家园林虽然艺术水平高、名气大，但因面积小、容人量少，导致其旅游业进一步发展受到限制，如网师园占地6亩多，留园30亩，拙政园60亩。因此苏州旅游开发应向虎丘方向发展。

(6) 园林同周围景点的关系。园林旅游发展同周围景点存在着依存、互补的关系。如无锡旅游业以太湖风光和新建的唐城、三国城、水浒城等电影城为主，其间的寄畅园、蠡园虽规模小，但却是旅游区中的精品，也得到一定的发展。

7. 民俗旅游资源评价

民俗是人们在共同地域、共同历史作用下积久成习的一种社会文化传承的现象。它包括生产、生活、社会结构、婚丧嫁娶、宗教信仰、道德礼仪、口头文学、心理特征、审美情趣等。它作为旅游资源，内容丰富多彩、形式多样，又没有固定形态，旅游者可参与其中，共娱共乐。对其旅游评价可以注重下列几点。

(1) 民俗特征的地域性。一个地方的居民群体所处的地理环境不同，在长期生产、生活中，同自然环境发生精神联系，形成与环境相适应的民俗和习惯。民俗反映地理环境的特点，这也是旅游者追逐的目的。如我国北方牧业民族和南方农业民族在居住、服饰、饮食、婚姻、丧葬、工艺、交通等方面都各不相同。北方蒙古族是古老的牧民族，生活在大草原上，逐水草而居，至今大多数还居住在容易搬迁的蒙古包里，每年以那达慕大会节日最为热闹，以赛马、摔跤、射箭竞技为主，充满剽悍、尚武的精神；而有些南方农业民族居住在通风舒适的吊脚楼，西双版纳的傣族在雨季到来前炎热的4月举行泼水节，反映热带民俗的特点。沿海地区，像惠安女子在服饰穿戴上的“封闭的头，开放的肚皮”成为最引人注目的一大人文景观。实则这种风俗同当地特殊的地理和社会环境有关。因为惠安地区男子多出海捕鱼或到海外谋生，女子在家从事重体力劳动，戴着尖顶草帽遮挡太阳暴晒；用头巾裹紧头，抵挡强劲的海风，保护脸面；上衣短，可以自由运动，不影响上肢用力担挑沉重的木头、石块。上衣短、裤子宽、式样新的头巾的衣饰，看起来既得体又美观。

(2) 民俗参与的群众性。民俗同人类社会生活保持着最为密切的联系，是人们集体劳动创造的结晶，是人们共同生活所形成的风俗习惯。因此，民俗不是个人行为，而是社会普遍传承的风尚和喜好。个人的习俗、礼仪、喜好只有同社会的习俗相结合，并遵守、约束自己的行为，才会得到社会承认。所以，一种风俗参与的群众越广泛，就越有生命力。如岁时风俗的春节最初始于我们祖先祭腊庆丰收活动，汉代开始舞龙灯，唐代开始守岁、放爆竹，五代开始贴对联，明代开始吃饺子，如今成为华夏民族最盛大的节日，参与人数最为广泛，甚至受汉文化影响的日本、朝鲜、越南也都过春节。有些节日虽然只限于某些地区某些民族，但那些地区人们都传承、喜爱、积极参与，例如傣族的泼水节、土家族的摆手节、白族与彝族的火把节、景颇族的目脑节、维吾尔族与回族的古尔邦节、藏族的藏历年等。

(3) 民俗内容的文化性。民俗内容历史悠久、文化沉淀深厚的旅游区旅游价值大。像藏族的格萨尔、蒙古族的江格尔、柯尔克孜族的玛那斯、彝族的阿诗玛等，既是民族历史英雄人物的代表，又是民族文化和风俗的集中表现，是中华民族文化宝库中的重要组成部分，闪耀着灿烂史诗的光彩。民俗的节庆活动、婚姻礼仪、服饰、饮食、民间艺术等，文化内涵丰富，深受旅游者的欢迎。譬如汉族的春节、端午节、中秋节都因有深厚的文化内容而成为重要的民俗节日。春节庆祝一年农业丰收，祝贺新的一年开始，以除夕夜庆祝活动最为隆重；端午节以纪念历史上气节高尚的介子推和爱国诗人屈原为内容；中秋节以团圆、敬老、祭月、赏月为内容，并同嫦娥奔月的故事相联系，富有浪漫色彩。婚姻礼仪习俗在我国也很丰富，如保留下来的抢婚、偷婚、拉婚、闭门迎婚和坐花轿、洞房花烛夜，既有东方文化特色，又有情趣，深受旅游者的欢迎。群众性艺术和体育竞技活动，观赏价值高，旅游者可以参与其中。如北京地坛庙会，潍坊风筝会，吴桥杂技，少林武术，蒙古族赛马、摔跤，壮族赛歌会，哈萨克族叼羊、姑娘追，锡伯族射箭，维吾尔族盘子舞、手鼓舞、洪巴依舞，傈僳族上刀山，苗族斗牛等。

(4) 民间传说、故事的贴切性。民间传说、故事之所以成为重要旅游资源，是因为它们像美丽的花朵一样附在奇特山川草木上、重要历史人物和当地掌故中，体现地方民俗特点，又含有一定的真理成分，寄托人们美好的理想，是民间智慧的结晶。因此，评价传说时应注意：一是传说、故事同自然景物和人文遗迹的关系，要在历史与科学上得到说明，指明真理“内核”所在；二是故事内容的人民性、情节的趣味性、传承的范围和产生的时间；三是传说故事的民俗性。

(三) 旅游资源综合评价

旅游综合评价就是在单项资源分析、评价的基础上，将各要素结合的整体及对制约资源开发因素的区位条件和区域开发条件综合在一起进行评价。旅游资源的综合评价包括以下几点。

1. 旅游资源自身的评价

(1) 资源的特色与价值

特色是旅游资源吸引游客出游的关键性因素，是旅游资源开发的灵魂。通过对调查区与其他旅游区的比较研究，寻找出旅游资源的特色，是确定旅游资源的开发方向定位和具体旅游项目设计的重要依据。同时，拥有历史文化价值、科学考察价值、美学观赏价值的旅游资源往往具有较大的开发潜力。其中历史文化价值是指资源本身所具有的历史文化内涵以及旅游资源和重大的历史事件、文艺作品、传说故事等有关的文化内容。科学考察价值反映旅游资源的科学意义，主要是指旅游资源的某种研究功能。美学观赏价值主要是指旅游资源能够提供给旅游者的美感的种类和强度。

(2) 旅游资源的规模和组合状况

一些孤立的旅游景观，即使特色出众、价值很高、功能也多，但仅依赖此效益并不能形成综合优势。只有在一定地域和时间内，多种类型旅游景观协调布局和组合，形成一定规模的旅游资源协同结构，才能造成一定的开发规模效应，获得较高的开发效益，故旅游资源的结构和规模应是其评价不可缺少的内容之一。旅游资源的规模指的是景观数量的多少，占地面积的大小等。组合状况是指自然资源和人文资源的结合补充情况以及各种要素的协调性；在一定区域里，旅游资源密度大，类型丰富，搭配协调，才具有比较高的旅游价值。

2. 旅游资源所处环境评价

(1) 自然环境

旅游资源所处的自然环境是指旅游资源所在地的地质、地貌、气候、气象、水文、土壤、植被等组成的自然环境。旅游资源的自然环境对旅游资源的质量、时间节律和开发产生极大的影响。首先，旅游资源自然环境中地质、地貌、气象、水文、生物等因素本身是旅游资源不可分割的组成部分，直接影响着旅游资源的品质。具有重要的科学考察价值的地质事件、千奇百怪的地貌类型、万千变化的气象、舒适宜人的气候、清澈见底的水体、珍奇稀有的动植物都是重要的旅游吸引物；其次，旅游资源自然环境中地质、地貌、水文、气候、生物等条件又极大地影响旅游资源的开发，地质条件恶劣、地貌类型缺乏代表性、气候舒适度低和适游期短、水质差、生物缺乏多样性等都会影响旅游开发。

(2) 经济环境

旅游资源所处的经济环境是指能够满足游客开展旅游活动的一切外部经济条件，包括交通设施、水电设施、邮电通信设施、餐饮住宿设施及其他旅游接待设施。交通是否便利、水电是否重组、邮电是否畅通、食宿条件是否齐全等不仅是当地经济实力强弱的体现，同时又是旅游开发的重要影响因素，旅游资源所处的经济环境是旅游资源开发的重要保证。

(3) 社会文化条件

旅游资源所处的社会文化环境是指旅游资源所在地的政治局势、政策法规、社会治安、政府和居民对旅游业的态度、医疗保健、卫生情况、地方风俗和开放程度等条件。旅游是一项对社会文化环境较为敏感的社会文化现象和经济现象。一旦社会政治局势动乱、社会治安恶化、医疗保健体制落后、当地服务人员素质低下、当地居民排外思想严重，就会对旅游资源的开发及旅游业的发展造成危害，所以旅游资源的社会文化环境也是旅游资源评价的一项重要内容。

（4）旅游环境容量

旅游资源的环境容量是指旅游资源本身以及所处地区在一定的时间内对旅游活动的容纳能力，包括容人量和容时量两个方面。所谓容人量是指旅游资源所在区域所能容纳的游客数量，它反映了区域的旅游路线长度、游览面积、休憩设施投资规模等指标，它并不是旅游区域的最大接待量，而是在不影响旅游活动和旅游业可持续发展的基础上的最佳容量；容时量是指游览旅游区所需要的时间，它反映了旅游区游览内容是否丰富、旅游景观是否有特色、旅游空间布局和建设是否正常等情况。

3. 旅游资源开发条件评价

（1）区位条件

区位条件主要指旅游资源所在地的地理位置、交通条件以及旅游资源和本区域内其他地方旅游资源的关系。它决定旅游资源的开发可行性、开发效益、开发规模、开发时序。

（2）客源条件

一定数量的客源是维持旅游经济活动的必要条件，旅游者数量和旅游的经济效益是直接相关的。再好的旅游资源，如果没有一定最低量的旅游者来维持，旅游资源的开发就不会产生良好的效益。客源条件大体可以从两方面分析：一是在空间上，旅游资源能够吸引到的客源范围最大辐射半径，考察旅游区域主要客源地、主要客源地的交通条件、主要客源地的人口特征和社会经济文化状况等指标；二是在时间上，旅游资源的季节变化可能形成的旅游淡季和旺季。

（3）环境适应条件

环境适应条件，是指从工程建设的角度，考察当地条件是不是能够满足旅游开发项目工程建设的要求和日后经营的要求，具体要考察下几方面：气候、空间条件、工程建设条件、基础设施的供给能力。

（4）土地利用条件

土地利用条件是任何开发和建设项目都要遇到的实际问题，在我国目前的条件下，土地利用条件一般要重点考察以下两个方面：一是土地供给政策，各地方政府会根据自身的战略，根据国家的有关政策，对不同性质、不同类别的投资项目给予不同的政策，出台一些禁止、控制或优先供应的地方措施。二是土地使用成本，土地利用条件，还涉及各土地使用成本的差别，如租赁农民土地的费用差异，在市场上获得土地所有权、使用权的费用等，都会影响投资成本。

（5）投资条件

对投资条件的考察和研究主要明确以下关键问题：项目性质、投资主体、资金状况。

（四）旅游资源的评价方法

1. 定性评价法

定性评价是基于评价者（旅游者或专家）对于旅游资源质量的个人综合体验而进行的。根据评价的深入程度及评价结果形式，又可分为一般体验性评价和美感质量评价。

（1）一般体验性评价是通过统计大量的旅游者或旅游专家有关旅游资源（或旅游地）优劣排序的问卷回答或统计旅游资源或旅游地在报刊、旅游指南、旅游书籍上出现的频率，从而确定一个国家或地区最佳旅游资源（或旅游地）的排序并加以综合而成的评价，其结果能够表明旅游资源（或旅游地）的整体质理和大众知名度。这种方法仅限于少数知名度较高的旅游资源（或旅游地），一般的或尚未开发的旅游资源（或旅游地）则难以采用这一方法。

（2）美感质量评价是一种专业性的旅游资源美学价值的评价，这类评价一般是在旅游者或旅游专家体验性评价的基础上所进行的深入分析，其评价结果具有可比性的定性尺度。

2. 定量评价法

（1）指数评价法。旅游资源的指数评价法分为 3 个步骤：①调查旅游资源的开发利用现状、吸引力及外部区域环境，调查内容要求有准确的统计定量资料。②调查分析旅游要求，主要内容有：游客需求量、旅游者人口构成、逗留时间、旅游花费、需求结构、需求的季节性等。调查旅游者需求的方法就是实地询问旅游者。③总评价的拟定，即在前两步的基础上，建立旅游资源特质、旅游需求与旅游资源之间的若干量化模型。

$$E = \sum_{i=1}^{n} F_i M_i V_i$$

式中：F_i——第 i 项旅游资源在全部资源中的权重；

M_i——第 i 项旅游资源的特质与规模；

V_i——第 i 项旅游资源的需求指数；

n——资源总项数。

最后，可以根据调查结果和评价指数确定旅游资源的旅游客量、密度、节律性和开发序位。

（2）多因素定量评价法。

①旅游资源的评价程序。

旅游资源评价是一项技术性比较强的工作，工作过程严谨，必须遵循一定的程序。

整个工作程序大致分为四个阶段（如图 3－1 所示）。

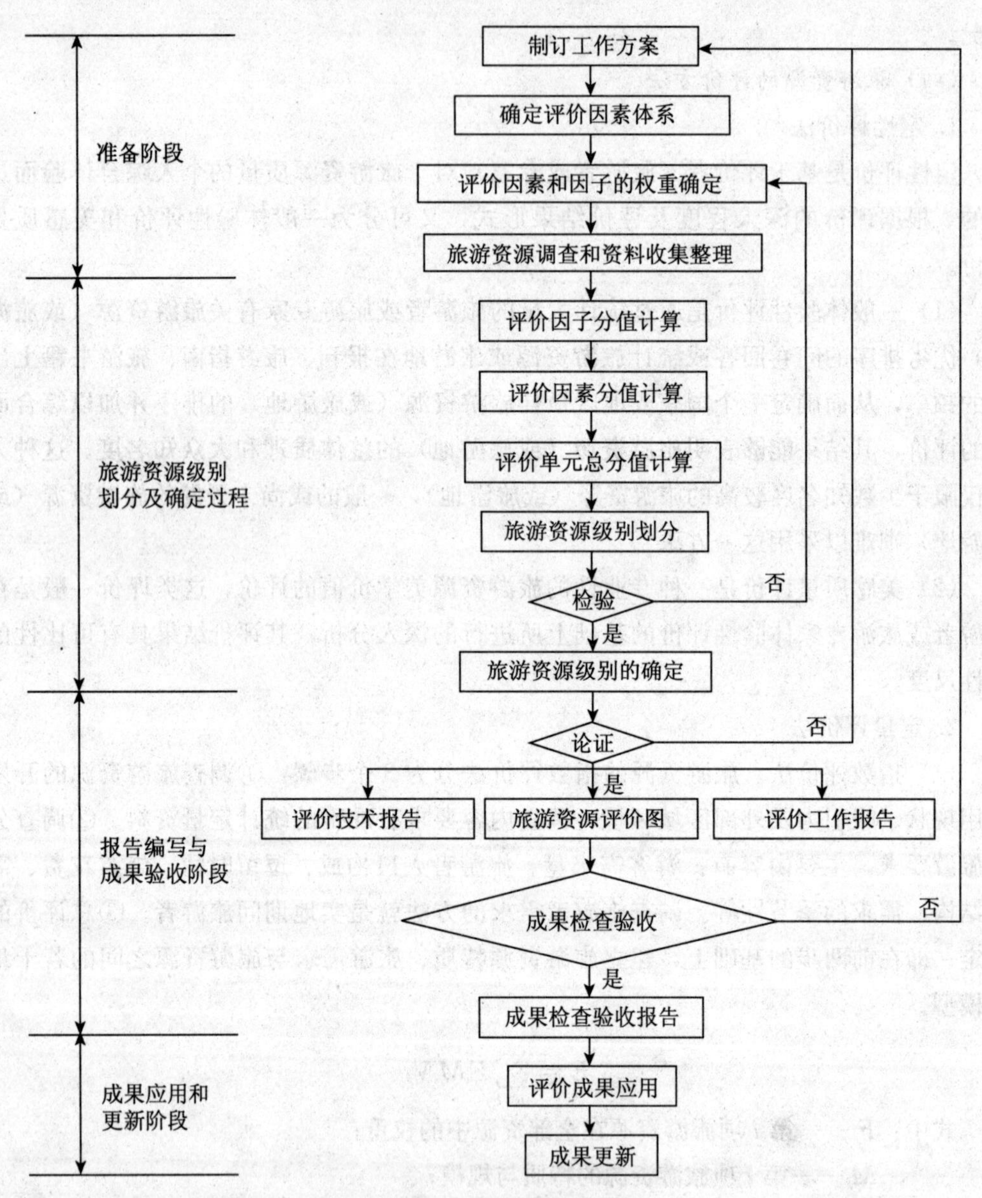

图 3－1　旅游资源评价程序图

第一阶段：评价准备、工作方案制订和资料收集阶段。这一阶段主要是掌握旅游资源的总体情况，制订工作方案，选择评价指标体系，设计各类表格，商请有关部门提供评价所需要的资料，确定评价因素和因子的权重，组织人员进行旅游资源调查。

第二阶段：旅游资源的级别划分及确定过程。这一过程主要是资料的整理，计算各个评价因素的分值和旅游资源的总分值，划分旅游资源的级别，聘请专家论证评价

结果，对评价结果提出修改意见，工作组对评价结果进行修改检查。本阶段是旅游资源评价的关键阶段，是将各种资料、各种信息综合加工形成评价成果的过程。

第三阶段：报告编写与成果验收阶段。将前面的工作过程转化为文字资料，编写出技术报告，提请主管部门进行成果验收。

第四阶段：成果应用和更新阶段。从旅游规划的角度来看，旅游资源的评价结果主要是为了旅游资源的保护、开发和利用，作为开发利用的依据，并在一定时期后对评价结果进行更新。

②评价因素指标体系。

多因素综合评价需要选取合适的评价因素和因子。由于影响旅游资源价值的因素和因子很多，有些因素是有用的，有些因素则是无用的，为了简化评价工作，必须对这些因素进行选择。选择的原则是：选择影响大的、对旅游资源的级别有重要作用的因素和因子；覆盖面广，适用于各个旅游地的旅游资源评价；因素指标值有较大的变化范围，能够体现各个旅游地旅游资源的差别。

关于旅游资源的评价因素和因子的指标体系目前还没有一个统一的意见，对于发达程度不同的国家和不同类型的旅游资源，都会有不同的评价因素和因子。一般来说，旅游资源的评价因素可以归为三个方面：旅游资源本身特征；旅游资源所在地区的特征和条件；区位特征。

③因素权重确定。

评价因素的权重是该因素对旅游资源价值影响程度的体现。影响旅游资源价值的因素很多，但对旅游资源的价值影响程度不一样，只有通过因素权重的科学确定才能正确地揭示旅游资源价值的差异。因素权重一般应满足下列要求：权重值的大小与因素对旅游资源的影响成正比，权重值越大，因素对旅游资源价值的影响也越大；各因素权重值在 0～100 或 0～1，各因素权重值之和应等于 100 或 1。因素权重确定一般采用德尔菲法。

德尔菲测定法是一种常用的技术测定方法，它能客观地综合多数专家经验和主观判断的技巧，能对大量非技术性的无法定量分析的因素做出概率估算，并将概率估算结果告诉专家，充分发挥信息反馈和信息控制的作用，使分散的评估意见逐渐收敛，最后集中在协调一致的评估结果上。影响旅游资源价值的有自然、人文、社会、经济、环境等方面的因素，它们有定性的，也有定量的，必须把定性和定量因素统一量化，纳入同一评价体系。德尔菲法可以满足这种要求，用此法确定因素的权重，行之有效，简单实用。

德尔菲法权重按以下步骤进行：a. 专家选择。德尔菲法中专家的选择是非常重要的，其主要的要求有：专家总体的权威性程度要高，保证测定的结果合理，同时也便于成果的推广和应用；专家的代表性应广泛，通常专家应对旅游资源有一定程度的熟悉，尤其是旅游资源涉及很多的学科和部门，被邀请的专家应是相关部门和学科的学者与研究人员；专家应有充足的时间保证，有热情，能够积极配合；专家的人数要适当，人数超过一定的范围，对结果精确度的提高并不一定有益，反而会增大数据收集和处理的工作量，延长评定周期，一般以 20～50 人为宜。b. 评估意见征询表的设计。德尔菲法的征询表格没有统一的规定，但要求表格的每一栏紧扣测定因素，力求达到测定因素和专家所关心的问题一致。表格简明扼要，填写方式简单。c. 专家征询和轮询的信息反馈。德尔菲法因素征询、因素评估、轮询信息反馈到再征询一般要有 3～4 轮。d. 权重测定结果的数据处理。每轮征询之后，需进行数据处理。在旅游资源评价的因素权重测定中，只要求算出各因素所有专家打分的均值和方差，用均值代表最可能的权重值，用方差表示不同意见的分散程度，根据均值和方差就可以了解总体意见的趋向及分散程度，以便将结果反馈给专家。专家们可以根据前一轮所得出的均值和方差修改自己的意见，从而使均值逐渐接近最后的评价结果，而方差则越来越小。一般在收到专家填写的征询表后，应检查填写的表格是否符合要求，然后才能进行数据处理。计算均值和方差的方法如下：

$$E = \sum_{i=1}^{m} a_i / m$$

$$\delta^2 = \sum_{i=1}^{m} (a_i - E)^2 / (m-1)$$

式中：E——均值；

δ^2——方差；

m——专家总人数；

a_i——第 i 位专家的评分值。

实际操作时一定要让专家了解德尔菲法的特点、实质、轮询、反馈的作用以及均值、方差等统计量的意义，从而提高测定的精确度。德尔菲法简单易行，对许多非技术性问题反应敏感，能对多个相关因素的影响做出判断，因而是一种值得推广的权重值测定方法。

④因素分值的确定。

首先，是将评价的因子统一起来，每一因子的级别确定出来。其次，通过专家法将各因子的权重计算出来，对各因子的不同级别定出分值。最后，将各因子的权重乘以分值，得出各因子的不同级别的得分。应用时，只需要把旅游资源对照各个评价因子，看看对于这个因子它是处在哪一个级别，记下这个级别的得分。最后把该资源在所有因子上的得分加起来，即为该资源的总得分。

⑤旅游资源级别划分。

经过上述各个步骤的计算，得出各旅游资源或旅游地的总分值，根据总分值划分旅游资源和旅游地的级别。根据旅游资源和旅游地的性质、数目多少、规模大小以及地域组合的复杂程度，来确定级别的数目。一般来说，旅游资源和旅游地的级别数目为3～5级。

划分级别首先要确定总分值区间的划分，每一个总分值区间对应一个级别：总分值区间的划分有总分数轴法、总分频率曲线法等。

旅游资源和旅游地级别的划分，是旅游规划个的重点和难点之一。所划分的旅游资源、旅游地级别结果是进行开发规划的基础和依据，因此需要检验和论证，若符合实际情况，则可应用于规划中；若与实际情况有差别，则需要一步修改或重新评价。由于旅游资源和旅游地在被不断地开发和利用，以及旅游者兴趣的转移，其级别在稳定中有变化，因此需要定期对评价成果进行更新。

二、旅游市场预测

旅游规划与开发要对市场状况进行预测，预测的主要内容包括：旅游者的人次数、人天数、人均消费额、国际和国内旅游收入等。下面介绍一些旅游市场预测的方法。

（一）定性预测方法

1. 旅游者意见预测法

这种方法采用随机抽样或典型调查的方式，从游客中抽取一定数目的消费者，通过表格、询问等方法进行调查，将消费者的购买意向加以汇总分析，推断旅游产品的未来需求。这种方法认为只有旅游者最了解自己的需要，只要全面询问旅游者的意见，就可以得出准确的预测结果。这种方法的优点是能够获得第一手资料，资料真实性较强；缺点是费时费力，并且由于个别游客的偏见可能会对整体调查产生影响。

2. 旅游交易会和博览会调查预测法

这种方法是通过参加交易会、博览会直接向游客或中间商进行调查，以了解消费者对旅游景区产品的质量、价格的意见和需求量，加以汇总整理，综合判断景区产品的前景。这种方法的优点是能获得第一手资料且资料真实性较强；缺点是调查人群局限在交易会、博览会的特定人群，具有片面性。

3. 营销人员意见预测法

由于营销人员直接参与市场上各种营销活动，非常了解旅游者和竞争对手的情况，特别是对他们自己营销范围内的情况更为熟悉，因此他们的意见具有较高的参考价值。应用这种方法，首先要组织一些对预测对象熟悉的人员，其次由这些人员提出各自的主观概率，最后求概率的平均值，即得到事件可能发生的预测值。即：

$$P=\frac{\sum_{i=1}^{n}p_i}{n}$$

式中：P——事件预测值；

p_i——第 i 个旅游预测人员的主观概率；

n——参加预测人员的人数。

（二）定量预测方法

1. 平均数预测法

这是时间序列预测法中的一种预测方法，它是以一定时间内，预测目标的时间序列的平均数作为预测目标趋势的预测依据，由此计算趋势预测值。

（1）简单平均数法。即根据过去多起资料数据计算算术均值，来说明某种现象在时间上的发展趋势的一种预测方法。这种方法简单易行，但精确度差，不能充分反映发展趋势和季节变化的影响，适用于短期预测。其计算公式为：

$$\hat{y}_{n+1}=\frac{1}{n}(y_1+y_2+\cdots+y_n)=\frac{1}{n}\sum_{i=1}^{n}y_i$$

式中：$\hat{y}_{n+1}$——$n+1$ 的预测值；

n——时间序列的资料期数；

y_1，y_2，…，y_n——各期的观察值。

（2）加权平均数法，即对不同时期的实际数给予不同的权数处理后再求加权平均值的一种预测方法。一般来说，参与预测的一组历史数据中，远期数据影响较小，近期数据影响较大，因此，为了减少误差，就应给近期数据较大的权数，这样可以体现各期数据的不同影响程度。这种方法的预测结果比简单平均法更为准确。其计算公式为：

$$\hat{y}_{n+1}=\frac{y_1k_1+y_2k_2+\cdots+y_nk_n}{k_1+k_2+\cdots+k_n}=\frac{\sum_{i=1}^{n}y_ik_i}{\sum_{i=1}^{n}k_1}$$

式中：$\hat{y}_{n+1}$——$n+1$ 的预测值；

y_i——第 i 期的观察数据（=1，2，3，…，n）；

k_i——第 i 期数据的权数（=1，2，3，…，n）。

例：已知某旅游地 2006—2008 年的收入如表 3-2 所示，预测 2009 年的收入。

表 3-2　某旅游地 2006—2008 年收入与权值

年　份	2006	2007	2008
收入 y_i（万元）	1100	1250	1400
权值 k_i	0.2	0.3	0.5

$$y=\frac{\sum_{i=1}^{3}y_ik_i}{\sum_{i=1}^{3}k_i}=\frac{1100\times0.2+1250\times0.3+1400\times0.5}{0.2+0.3+0.5}=1295$$

2. 回归预测法

回归预测法，是对具有相互联系的现象，根据大量的观察和相关因素分析，找出其变量间的统计规律，用一种数量统计方法建立合适的数学模型，近似地表达变量的平均变化关系，并依此模型进行预测的一种方法。这种数学模型称为回归方程。如果研究的因果关系只涉及两个变量，并且变量间存在着确定的线性关系形态，则被称为一元线性回归。这里只讨论一元线性回归在旅游市场预测中的应用。应用一元线性回归进行市场预测的主要步骤是：

（1）确定预测目标和影响因素，收集历史统计资料数据。

（2）建立已选线性回归方程，即：

$$y = a + bx$$

式中：y——因变量，即预测值；

x——自变量，通常为时间值；

a、b——回归参数（a 为直线截距，b 为趋势线斜率）。

（3）建立标准方程，求 a、b 直线回归参数。标准方程为：

$$\begin{cases}\sum y = na + b\sum x \\ \sum xy = a\sum x + b\sum x^2\end{cases}$$

如果简化计算，可将时间序列远点移到数列中心，使 $\sum x = 0$，即：

$$\begin{cases}\sum y = na \\ \sum xy = b\sum x^2\end{cases}$$

（4）用回归方程进行预测，并对预测结果进行分析（如误差分析）。

例：某旅游区 2002—2008 年接待的游客数量如下，预测 2009—2010 年的游客数量，数据见表 3-3。

表 3-3　某旅游区 2002—2008 年接待游客数据表

年份	时间序数	游客人数（万人）	人数×期数	期数平方
n	x	y	xy	x^2
2002	−3	50	−150	9
2003	−2	58	−116	4
2004	−1	60	−60	1
2005	0	66	0	0
2006	1	70	70	1
2007	2	72	144	4

续　表

年份	时间序数	游客人数（万人）	人数×期数	期数平方
2008	3	70	210	9
$\sum n=7$	$\sum x=0$	$\sum y=446$	$\sum xy=98$	$\sum x^2=28$

表3-3中数据，时间序数已作简化处理。根据该景区游客人数进行预测的步骤为：

A. 历史数据资料的处理结果如表3-3所示。

B. 将数据代入标准方程，即简化方程式：

$\sum xy = na$，即：446=7a，得 a=63.7；

$\sum xy = b\sum x^2$，即：98=28b，得 b=3.5。

C. 将回归参数代入回归模型，得到：y=63.7+3.5x。

D. 如果计算2009—2010年景区接待游客数量，则时间序数 x 分别为4.5。

预测值为：

2009年游客数量：y=63.7+3.5×4=77.7；

2010年游客数量：y=63.5×3.5×5=81.2。

E. 针对景区的实际情况，进行误差分析。

三、财务可行性分析

财务可行性分析是指从微观角度，按照国家的财税制度规定，对旅游规划与开发项目的财务进行定量评价。

（一）理论基础

1. 资金时间价值理论

我们知道，十年前的1000元与现在的1000元价值不等。通常认为这两笔钱，在不同时间点上价值不等的原因，是由于通货膨胀的存在。但即使这十年间完全没有通货膨胀和投资风险，这个结论仍然是成立的。我们十年前把1000元存入银行，十年后取出来的肯定是多于1000元，多出的部分是利息。这种资金在使用过程中随时间的推移而产生的增值，就是资金的时间价值。也就是说，即使在没有通货膨胀和投资风险的情况下，今天的1元的价值，大于一年后1元的价值。所以，我们在进行财务可行性分析的时候，要结合投资回收期来评价赢利能力。

2. 现金流量理论

现金流量是指将旅游项目整个视为一个独立系统，在旅游项目的筹划、设计、施工、投入经营过程中，发生的现金流入量、现金流出量和现金净流量。流入量就是旅游开发过程中引起的现金收入的增加额；流出量是现金支出的增加额；净流量是现金流入量和流出量之间的差额。对于旅游规划开发的可行性分析而言，现金流量的内容主要包括：项目投资、经营成本、销售收入、税金、利润等变量。理论上，在旅游项目投资开发初期，大量的流出是正常的；而到了项目的建成期和成长期，现金流入量越大越好。

（二）财务可行性分析的主要指标

1. 评价赢利能力的指标

（1）投资回收期

投资回收期：以项目的净收益收回全部投资所需要的时间。

$$\sum_{t=0}^{P_t}(CI-CO)_t=0$$

式中：CO——现金流出量；

CI——现金流入量；

P_t——投资回收期。

（2）全部投资利润率

项目的年利润总额与投资总额之比。对每年利润水平变化较大的项目可以用平均利润来计算。进行评价时，需要以行业的平均利润水平作为可行性的标准，比如现在旅游业的平均年投资利润率为15%，如果项目的投资利润率高于15%，则项目为可行，否则为不可行。

$$投资利润率=\frac{年利润总额}{总投资额}\times 100\%$$

（3）资本金利润率

这个指标主要反映项目的自有资金利润率，也就是投资者投入该项目资金的赢利能力。

$$资本金利润率=\frac{年利润总额}{总资本金}\times 100\%$$

2. 评价偿债能力的指标

（1）资产负债率

指项目负债与项目资产之比，反映项目面临的财务风险程度以及偿债能力。这个指标的合理数据要根据项目的实际情况确定，没有统一标准，但通常认为不应超过100%。

$$资产负债率=\frac{负债合计}{资产合计}\times 100\%$$

（2）流动比率

反映的是项目用流动资产偿付流动负债的能力，理想的流动比率同样因为项目类型不同而不同，但一般而言，这个指标应该大于200%，保证对短期负债的偿还能力。

$$流动比率=\frac{流动资产总额}{流动负债总额}\times 100\%$$

（3）速动比率

反映项目自用流动资产偿付流动负债能力的快速程度，该指标的理想数值一般应该接近 100%。

$$速动比率=\frac{流动资产总额-存货}{流动负债总额}\times 100\%$$

四、效益评估

旅游规划开发的效益是指在旅游开发过程中，旅游活动导致经济、社会和生态环境等要素发生变化而引起的对人类的社会效应。

（一）经济效益评估

1. 对国民经济增长的贡献率

该指标评估主要是针对旅游经济收入占国民经济的比重来进行的。该比例越大，则旅游业在一个国家或地区所处的地位就越高，旅游业对当地国民经济增长贡献率越高，旅游开发的宏观经济效益就相应要好。

$$旅游对国民经济增长贡献率=\frac{旅游收入}{国内生产总值}\times 100\%$$

2. 旅游乘数效应

乘数是指某一个经济量与由其引起的其他经济量变化的最终量之间的关系。乘数理论是认为某行业的一笔投资或收入，不仅能增加本部门的收入，而且会在整个国民经济中起到连锁反应，最终会带来数倍于本部门收入的增加量。旅游乘数是指单位旅游消费对旅游地各种经济现象的影响程度的系数。它是指产出、收入、就业和政府税收的变化与旅游支出的初期变化之比。

旅游乘数的计算是用实际旅游收入总量除以溢出当地经济体的漏损量：

$$旅游乘数=\frac{1-a}{1-b+c}$$

式中：a——直接漏损（包括支付外方人员的工资、支付外国贷款的利息和外国旅游公司参与经营管理所获收入）；

b——边际消费倾向（即在所增加的收入中用于消费的比例）；

c——边际进口倾向（即所增加的收入中用于购买进口产品和其他对外支出的比例）。

（二）社会效益评估

社会效益的评估考察的指标主要包括：就业机会、社区文化影响、社区人口影响。

(三) 生态环境效益评估

环境效益是旅游开发和开发后的经营中是否会对周围的环境及资源本身造成破坏。这种影响有积极的和消极的两方面。可能的积极影响包括：提高当地环境质量，管理更加规范等；消极影响包括：对自然资源的破坏，游客过多对景区的影响等。评价的方法从功能上来说分成三类：一是辨识，也就是对现在的环境系统进行描述；二是预测，对于已经辨识出来的环境变化，利用科学的手段预测它发生影响的概率；三是估价，旅游开发会涉及方方面面的利益相关者，对他们将从旅游开发中获得什么、付出什么进行测算。

第三节 旅游开发概念规划

在旅游开发的论证阶段，要对开发项目进行构想性质的规划，主要目的是对发展的方向、产品性质、功能和建设内容等进行框架设计，形成一个大体的轮廓，确定项目建设的基本原则。

一、开发定位

根据前述的各项研究，确定旅游地发展的总体定位。需要确定的内容包括以下几方面。

(一) 主题定位

根据旅游地的资源，特别是居于主导性地位的资源，来确定旅游地未来旅游开发的主题。主题是旅游地发展的文化灵魂，是开发产品、塑造形象的依据和主线。要在充分研究的基础上，掌握旅游资源的主导因素，寻找旅游资源的特色，并在此基础上确定主题。

1. 主题定位原则

坚持两个“面向”原则：一是面向市场，主题是旅游开发的文化灵魂，也是引起市场反应、进行市场营销、树立市场形象的关键；二是面向未来，也就是主题确定要有前瞻性，能够适应市场未来的发展趋势。

2. 主题定位的依据

旅游地主题定位的依据一般包括地方历史发展过程中的主导性文脉、居于主导地位的旅游资源、与周边地区相比最明显的差异化旅游资源等。

【案例 3.2】

梅关旅游主题的提炼

大余县原名大庾县，位于江西赣州市西南部，章水上游，与省内的信丰县、南康市、崇义县交界，与广东的南雄县、仁化县为邻。县人民政府驻南安镇。东距赣州市政府88千米，东北距省会南昌市508千米，西距粤北重镇韶关市144千米，南距广东省会广州市458千米。

大余县“南扼交广，北拒湖湘”，形势险要，地理位置十分重要，为古代兵家必争之地，也是自古以来南北商路的必经之地，素有江西“南大门”之称。县境南部的大庾岭为五岭之一，形似廪庾，县因之而得名。岭上的梅关形势险要，为赣粤两省的咽喉要道，北宋著名诗人苏轼曾有诗云：“大江东去几千里，庾岭南来第一州”，这是对大余县地理位置重要性的高度概括。

但是近年来，大余县在地理上的重要性开始下降。自从改、扩建京九铁路通车以后，大余的交通地位有所下降，境内只有323国道经过。由于大余县地处江西的西南边陲，距省会南昌的距离比较远，而与广东的粤北地区近在咫尺，因此，大余与粤北的经济联系比较密切。在江西省内的经济联系主要是区域性的，其经济交往主要是在赣南地区。

大余旅游开发现状：大余旅游开发历史较悠久，还在20世纪80年代，大余人就认识到旅游产业的重要性，在江西省县域旅游开发中，走得最早，也最快。大余的主要旅游吸引物有梅关、南安镇的牡丹亭、丫山、西华山钨矿等。

梅关（也称梅岭）是一个小隘口，与广东的南雄共有，隘口处有一座古关楼，它与从山下延伸上来的古驿道一起成为梅关的主要古迹，但关楼是目前唯一具有旅游观赏意义的景点。山势则很平常，没有什么观赏性。梅关的江西一侧做了一些亭廊式建筑，并在当年陈毅同志在梅岭打游击写下著名的《梅岭三章》诗篇的地方修建了纪念碑，近年来又开发了一系列以古人在梅关留下的诗词为内容的碑林景观；而广东一侧的景观就更少。因此梅关旅游以梅花观赏为主。

牡丹亭是一个小型的主题公园，它是因为汤显祖的名剧《牡丹亭》而著名的，《牡丹亭》是以大余的南安（古大余）府衙为背景，故事的主人公也是知府的小姐。但府衙已经没有，只有东安古码头还剩一些遗迹，成为牡丹亭内唯一的古迹。丫山和西华山钨矿则对旅游者的吸引力不大。

因此，大余的主体旅游吸引物是梅关，主题旅游活动是赏梅，为此当地政府在梅岭的主要建设任务就是种植梅树，经过十年努力，梅树已经开始成林。大余的主要目标市场是珠江三角洲的客人，海外游客则以港澳旅游者为主。

但是大余的旅游产品有很大的局限性，梅关旅游只有很短的旺季，然后全是淡季。原因就在于，大余旅游的主题是以梅关赏梅为主，而梅关的梅花开花季节很短，一般是在每年的一月至二月中旬45天左右，过了这段时间，梅关旅游就没有什么吸引力，甚至许多广东一侧上山的游客走到关口就原路返回，不到江西一侧旅游。只有开花时节，游客才一定会到江西一侧来，那是因为气候的原因，广东侧的梅花开不了（梅关是中国暖温带和亚热带的分界线）。

每年如果仅仅依靠45天的旅游旺季，那么旅游业的总体经济效益就难以提高。所以，大余有关领导迫切希望能够改变这种现象，也尝试做了不少工作，但效果都不明显。因此他们决定以招标的形式，邀请江西城乡建设规划研究院和南昌大学旅游学院联合对大余旅游发展进行规划，总体规划部分主要由南昌大学旅游学院承担。

规划组在对大余的旅游资源进行分析后，认为大余原来的主要旅游承载区是梅关（梅岭）这一点十分合理，但旅游主题是赏梅，就存在很大的缺陷。因为梅关文化的内涵核心并不是梅文化，虽然古人在梅岭留下了很多咏梅的诗篇，但如果不是那条古驿道就不会有这些名人来到梅关。所以，梅关旅游应该挖掘的是隐藏在梅关古驿道中的古代交通文化。古驿道是省级文物保护单位，但如果单纯地利用古驿道，则旅游价值不大，毕竟旅游者走在这条古驿道上时，不会产生一种走在苏东坡曾经走过的那条路上的感觉。因此梅关旅游需要挖掘既适合于旅游开发，又符合梅关古驿道文化内涵的素材。古驿道的素材非常丰富，自古以来，梅关是华夷的分界线，华夏的南界，出关就属于未开化的蛮荒之地。秦汉时期，梅关是军事要道；唐宋时期，梅关是失宠官员流放岭外，放归官员返回中原的政治要道；明清时期，梅关是重要的商道；粤汉铁路通车后，梅关才逐渐衰落。从梅关山脚到梅关古关楼前，恰似在看一部历史电影，将人们脚下走过的古道，完整地演绎了一遍，而且极富旅游的戏剧性变化。

从唐朝开始，就有许多历史名人从梅关走过，王勃在滕王阁留下《滕王阁序》后，从梅关南下前往安南（今越南）省亲，就再也没有返回中原；海南五公祠供奉的五公，无一不是从梅关南下，前往海南的；苏东坡被贬出梅关，以及放归中原的途中，都在大余盘桓良久，留下不少诗词；戏剧大师汤显祖也是从岭外辞官回乡的途中，在大余驻足半年多，才有他的戏剧名篇《牡丹亭》。

南出梅关的一步一回首，担心无法生回中原故土，写下的诗作，都是自怨自艾，凄凄惨惨；而北入梅关的，一个个都是心花怒放，心情愉快。珠江三角洲的居民都奉南雄的珠玑巷为其祖先的发祥地，但南雄珠玑巷的居民许多都是从梅关南迁而去的，它是放出广东人的闸门，因此华南的开发也与梅关密切相关。梅关的古道素材非常丰富也很有趣味性，但都已经消失在历史的长河中，如何再造，让旅游者来体验则是旅游开发需要重点考虑的，一般的方法是以主题公园展示的形式来表现。因此，梅关旅游开发的主题就是“华夷南界，古道沧桑”。

（二）发展方向定位

发展方向定位，是指要确定旅游地未来发展的性质。根据资源条件，未来发展要求，当前的发展趋势等，确定旅游地未来发展的道路，如生态旅游方向、人文景观方向等，这种方向的选择决定了未来旅游发展的模式。

（三）功能定位

根据市场发展的趋势及资源和产品转化的可能性，确定未来旅游地的功能。可选择的功能主要包括：观光、休闲、度假、运动和健身、康体和保健、娱乐、科普和教育及其他（探险、极限运动等）。现代旅游地的发展方向是朝着多元化的综合性功能区发展，所以在功能设计的时候，一般要确定一种主导功能，几种辅助性功能。

（四）形象定位

具体论述详见本书第八章。

二、功能分区

旅游功能分区是指依据旅游地的资源分布、土地利用、项目设计等状况，对区域空间进行系统划分的过程，是对旅游地经济要素的统筹安排和布置。简言之就是把旅游区内部划分成若干相对独立又相互联系的旅游功能区。进行分区可以在区域内形成合理的分工体系，有利于有效地开发、利用和保护资源，突出旅游区的主题形象，充分发挥资源的价值，确定旅游发展的重点。对于旅游地来说，旅游功能分区要坚持几个原则。

1. 相似性原则

旅游资源类型相近的应该划在同一个区内，或者每一个旅游区的主体旅游资源应有一致性。

2. 主导因素原则

旅游区内部一般有很多旅游资源，各种类型的旅游资源在旅游区内所起的作用不同，常常是某种类型的起主导作用。所以，在进行旅游开发空间布局时，要突出某种类型的旅游资源。

3. 集中功能原则

对不同类型的设施，如住宿、娱乐、商业设施等，应该采取相对集中的布局。这么做可以降低基础设施的建设成本，方便游客消费，同时还有利于环境保护，对污染物的处理更加有效。

4. 区位与交通便捷性原则

区位条件和可进入性对旅游区的影响很大，空间布局时要考虑到区位与交通问题，划定每个旅游区的时候要以交通干线作为依托，这样才有助于集散旅游者，使旅游活动顺利开展。

5. 保护与利用相统一原则

功能分区是为了对资源进行有效利用，但利用要兼顾保护，尤其是一些自然保护区、森林公园、历史街区。

三、建设项目概念规划

建设项目概念规划是指根据空间布局和各功能分区的设定，分别对每一个功能区进行项目建设的初步创意规划，提出建设项目清单，勾勒出旅游开发项目的基本框架。

思考题

1. 简述旅游资源调查的内容与重点。
2. 旅游市场调查的内容包括哪些？
3. 旅游资源综合评价的内容包括什么？
4. 分组讨论，利用多因素定量评价法对某地旅游资源进行评价。
5. 分组讨论，就某旅游区进行旅游开发概念性规划。

第二篇 旅游地规划

第四章 风景名胜区旅游规划与开发

学习目标

通过本章学习，了解风景名胜区的概念、特点与作用，掌握风景名胜区的旅游规划与开发方法。重点内容为风景名胜区合理的分区布局模式和环境饱和、超载的调控措施。

关键词：风景名胜区　环境容量　旅游资源保护

第一节 风景名胜区概述

一、风景名胜区概念

按照中华人民共和国国家标准《风景名胜区规划规范》，风景名胜资源是指能引起审美与欣赏活动，可以作为风景游览对象和风景开发利用的事物与因素的总和。具体来说，风景名胜资源是指具有观赏、文化或科学价值的山河、湖海、森林、动植物、化石、特殊地质、天文气象等自然景物和文物古迹、革命纪念地、历史遗址、园林、建筑、工程设施等人文景物以及它们所处环境及风土人情等。风景名胜区，是由国家或地方政府批准的、区域范围明确、级别分明的法定区域概念。按照中华人民共和国国家标准《风景名胜区规划规范》，风景名胜区是指风景资源集中，环境优美，具有一定规模和游览条件，可供人们游览欣赏、休憩娱乐或进行科学文化活动的地域。风景名胜区按其价值大小可分为市（县）级风景名胜区、省级风景名胜区和国家重点风景名胜区。

各级风景名胜区的审定条件分别为：市（县）级风景名胜区应具有一定观赏、文化或科学价值，环境优美，规模较小，设施简单，以接待本地区游人为主。省级风景名胜区应具有较重要的观赏、文化或科学价值，景观有地方代表性，有一定规模和设施条件，在省内外有影响。国家重点风景名胜区应具有重要的观赏、文化或科学价值，景观独特，国内外著名，规模较大。

二、风景名胜区的特点

（一）风景优美，人文荟萃

我国众多千姿百态的河流、湖泊、瀑布、海滨、岛屿、森林、草原、山岳，富有科学价值的冰川、火山、温泉、断层、地层、峡谷、溶洞、稀有珍贵的动植物，具有历史、科学、艺术价值的文物古迹、考古发掘、古战场、古代工程、古建筑、古园林、革命遗迹和独特的风土民情等，都是重要的风景名胜资源。可以说，风景名胜区是以具有美感的自然景观为基础，渗透着人文景观美的地域综合体。

（二）地域空间的法定性

风景名胜区是国家法定的区域概念，是由国家或地方政府批准的、区域范围明确的分级别的地域。风景名胜区的范围一旦划定，就有法律效用，有明确的边界，受法律保护。

（三）规模大，涉及面广

为了有效地保护风景名胜资源及其生存环境，有利于开展各种游览、休闲、观赏和科学文化活动，风景名胜区都需要有一定的规模支持，特别是国家级风景名胜区，都以空间规模大而著称。规模大、景区多是风景名胜区的一大特点。

（四）综合性、整体性强

从保护看，不仅要保护好风景名胜资源，还要保护好其生存的环境，如水、土地、生物、大气、地区文化等，因而保护面积大，事务细，责任重大。从开发建设看，开发建设工作涉及资源、环境及相关的经济、社会、政治、自然、科技、文化等领域，接触面大。从管理看，不仅要管理好本行业，还要从本区整体发展出发，协调好区内诸多部门、行业以及所在区域政府及上级相关部门之间的关系。在风景名胜区发展中，任何一个环节如利益、行政管理、产业发展导向等出现偏差，皆会影响其综合效益的产生及其发展进程。因此，风景名胜区的开发需从整体上出发，综合考虑。

正是由于风景名胜区具有上述特点，为了风景区整体全面发展，风景名胜区主管部门需要在所属政府领导下，会同文物、环保、旅游、农业、林业、水利、电力、交通、邮电、商业、服务等有关部门及专家，组织编制好总体规划和详细规划，经批准后严格执行。

三、风景名胜区的作用

（1）保护风景名胜资源、生物多样性与生态环境。自人类进入工业社会以来，人们改造环境，进行掠夺性的资源开发，对自然造成了严重的破坏，造成生态失衡、生物多样性严重减少、环境急剧恶化，这反过来又威胁到人类自身的生存。风景名胜区正是在这种情况下，为保护宝贵的风景名胜资源、濒危的物种基因和维护大自然的生态平衡而设立的。

(2) 发展旅游事业，丰富文化生活。随着经济建设的发展、城市化程度的提高、生活节奏的加快，越来越多的人希望充分利用节假日的休息时间，到大自然中去游览观光，进行娱乐活动，以调节身心、驱除疲劳。风景名胜区作为有意识地保存下来的优美原生自然风景孤岛，就成了人们回归自然的理想地域。

(3) 开展科研和文化教育，促进社会进步。风景名胜区是研究地球变化、生物演变等自然科学的天然实验室和博物馆，是开展科普教育的生动课堂。风景名胜区内的优秀文化资源是历史上遗留下来的宝贵遗产，可供研究借鉴，对发展人类文明、促进社会进步具有重要作用。

(4) 通过合理开发，发挥经济效益和社会效益。风景名胜区既有多种资源可产生直接经济效益，又可以通过旅游业的龙头作用产生更大的经济、社会效益，带动当地经济的发展、信息的交流、文化知识的传播以及人们素质的提高，为群众脱贫开辟捷径。大量风景名胜区位于边远贫困地区，其合理开发有利于整个国家的均衡发展。

第二节　风景名胜区旅游规划与开发

风景名胜区旅游规划，是游憩利用及其支持系统的规划。针对风景名胜区以保护为本的基本要求，以市场为导向的现实要求，这类旅游地规划必须以游憩利用为核心，处理好景区开发和资源保护、文化延续、市场需求的关系，避免不当开发——开发性质不当、开发规模过小或过大。具体来讲，应该加强以下几点工作。

一、制订全面的资源保护措施

风景名胜资源是风景名胜区旅游价值的物质载体，是旅游者游览观光的主要对象，具有不可再生的特点，带有强烈的个性和排他性，拒绝与自身环境不合的其他设施和活动。它是风景名胜区保护的重点对象，其保护力度直接决定着风景名胜环境的寿命和利用潜力。因此，风景名胜资源的保护规划必须建立在其游憩开发利用合理性的充分考虑之上，作为单项规划予以突出，而不能仅仅通过纲领性的说明来进行。具体应包括以下三个步骤。

(一) 进行风景名胜资源现状评价

分析评价风景名胜资源的综合质量，以确定其景观特征、开发潜质和保护级别，为规划开发提供依据。评价因子涉及自然景观质量、人文景观质量、开发可行性三个方面的内容，一般采用专家评价的方法，通过经验权值，提供量化依据。评价结果应反映景观特征定性、保护和开发价值定级、现状保护水平等。为增强直观性，具体操作时每项资源均可配上相应的照片、图片。

（二）研究风景名胜资源开发保护定位

风景名胜资源的保护和开发之间一般说来具有以下三种关系：①保护是为了长期保存，并不需要开发。例如黄山的猴子观海、飞来石等奇石类风景名胜资源，远而望之即可，不必近观；桂林漓江风景名胜区中的许多山峰只供观赏，不应当攀登，否则，其珍贵的特征就会消失。因此，对这类风景名胜资源进行保护的含义即为绝对禁止人为干扰。②保护是为了部分开发。例如对海滨类风景名胜区及其周边地带往往提出全面的环境保护要求，目的在于保证清洁的海水质量，以满足局部地带进行海滨浴场等游憩开发的要求。③保护是为了开发。例如长城这类古代工程或古建筑均需登临观赏，其保护的重点应在于针对人为活动，研究可防止其结构、面层遭到破坏的技术措施。

（三）制订风景名胜资源保护措施

风景名胜资源的保护必须全面兼顾物质性保护、文化性保护和环境性保护三个层面，以积极的保护观为指导，针对具体破坏原因（自然破坏包括风化、侵蚀、动物破坏等，人为破坏包括游人行为破坏、污染破坏、过度使用破坏、开发不当破坏等）采取相应的对策措施，力求以防为主、以治为辅，防患于未然。具体保护措施包括技术措施、规划措施和管理措施三个方面：①技术措施——主要针对物质性保护要求强的风景名胜资源提出具体的保护要求、技术处理建议。同时，在专项管理规划中进行机构设置应强调设立科研技术部门，开展保护技术研究，并赋予其相应的职权。②规划措施——主要通过空间规划手段的运用，对预测可能出现的人为破坏进行导向性预防。例如为了避免环境污染，规划应提出合理的基础设施规划并明确其建设的先行地位；对于某些对游人密度敏感性强的资源，则应设计配备必要的分流活动场地和合理的分流线路。③管理措施——主要通过规划立法的手段使保护措施成为日常管理的法律依据，以加强保护规划的可操作性。例如针对各个风景名胜区均极为严重的旅游垃圾“白色污染”的问题，可学习某些公园的经验，制定法规，在食品饮料出售时即加收高额的“包装物回收费”，促使游客自觉将废弃物返还给管理部门。

二、进行科学的游憩利用导向

现代旅游的迅速发展已突破了传统的范畴。尽管常规的大众旅游方式依然流行，但一些新兴的趋势（如旅游者热衷于参与各种体育、娱乐、文化活动）及游憩概念的引入使得旅游活动趋于多元化，旅游开发根植于自然、文化、职业、节庆而扩散出各种特色主题。风景名胜资源的开发利用也随之趋于多元化、复杂化，稍有不慎即造成开发性破坏。因此，对风景名胜资源进行合理的游憩开发，必须在遵循“保护第一”“供需相应”原则的前提下，从旅游形式倡导和游憩项目导入两个层面对风景名胜资源的游憩开发进行科学的导向。

（一）倡导高品位的旅游形式

对风景名胜区而言，新兴的生态旅游形式具有化解其开发保护冲突的积极意义，应予以大力倡导。它不仅强调在良好的生态环境中进行旅游、游览和观赏活动，更强调在取得经济效益的同时要付出具体的行动来保护生态环境不受侵害，以确保旅游地的可持续发展。求知性和科学考察性是生态旅游的两大基本特征。因此，风景名胜区旅游规划应借鉴国家公园的经验，加强专项、科学而系统的解说系统规划编制工作，着重于引导旅游者认识区内自然资源与保护的重要性，形成从解说词、视听资料、解说手册、赠品到解说牌等一个解说系列，并注重针对不同游客、不同资源特色展开独特的解说服务。如专为残疾人设计的轮椅解说步道、专为认识浅海海底生物设计的玻璃船等。

（二）导入合理的游憩项目

风景名胜区的开发重在延续（资源、文脉和环境）而非创造（新的景观），因此其旅游规划应将工作重点由“硬件”规划（即对物质环境的改造性规划）转向“软件”规划（即利用已有的物质景观环境作为活动场所导入相应的游憩项目），将游憩项目开发规划作为专项规划予以突出。导入的游憩项目必须与景观风貌和市场需求相匹配，具体操作包括风景名胜资源的开发适宜度分析、客源市场的分析预测及对两项分析结果的整合三个步骤。

（1）风景名胜资源的开发适宜度分析。利用风景名胜资源现状评价的结果，根据资源类型、景观条件、自然条件、周边环境等情况，确定具体的风景名胜资源对各种游憩利用的适合程度，作为寻找开发主题、导入游憩项目定位的客观依据。其结果作为开发建设的直接依据。

（2）客源市场的分析预测。通过游客调查统计、客源地经济形势分析、风景名胜区客源市场变化研究等工作，掌握该风景名胜区客源市场分布、游人量及游人结构、游客出游兴趣和出游方式、社会经济状况、市场竞争的优势和劣势等情况及其动态变化趋势，作为游憩项目导入定项、定量和定时的客观依据。其形式可采用“风景名胜区游客调查表”“风景名胜区客源市场分析图”等直观方式进行，并加以统计汇总。

（3）整合上述两项分析结果。将两项分析结果进行对照，确定既有资源条件又有客源市场的游憩项目加以导入，并进行定位（空间布局）、定量（开发规模）、定时（开发时间）、定内容特色，从而获得科学合理的游憩开发规划。这一过程应充分考虑市场动态变化的不可预见性，针对旅游活动季节性变化强的特点，一方面通过活用风景名胜资源的潜在功能（即同一资源可合理组织并开发一系列游憩项目），另一方面通过强化临时性强的环境教育性、表演性、参与性、运动性游憩项目的开发来增强规划的弹性。

三、规划合理的分区布局模式

旅游活动对风景环境的冲击是显而易见的，保护的关键在于对其开发利用的方式和强度加以严格控制。但是，传统风景名胜区规划的分区布局仅仅限于景区划分的概念，主要反映风景名胜资源的分布情况，与土地利用性质和用地指标无关，存在着种种弊端。对此，风景名胜区旅游规划必须加以改进。

风景名胜区的用地与其旅游开发形式相对应，有两种常规模式：一是游住相依的模式，即游到哪里住到哪里。规模较小、处于开发初期的风景名胜区常采用这一模式。服务设施紧密依托景点的旅游吸引力，景点建设则直接通过住宿餐饮等旅游业收入来进行。服务设施一般规模较小，基础设施不配套，污水垃圾往往未经处理即排放于自然环境中，旅游旺季时对环境破坏较为严重。二是游住分离的模式。规模较大、游人量较多的风景名胜区为避免风景环境质量严重下降，往往选择风景名胜资源分布较少、景观敏感度较低、建设条件较好的地带开辟集中的旅游服务基地，进行一定强度的建设开发，并通过公共交通设施配套来满足全区的旅游接待要求。这两种模式的形成是由风景名胜区迫于财力有限，必须靠旅游业收入来建设经营，游住距离难以拉开所致，对风景名胜区整体环境保护、确保其可持续发展而言，均有其不利之处，鉴于不同的旅游活动对环境的破坏力不同，为尽量减少旅游活动对风景环境的不利影响，风景名胜区旅游规划必须依据风景名胜资源保护和游憩开发潜力分析结果，通过科学的功能分区规划，将区内各地块的用地性质与游憩利用方式密切对应，以利于进一步与开发强度挂钩，将保护落到实处。

（一）同心圆模式

把景区由内到外分成核心保护区、缓冲区和开放区（如图4－1所示）。其中，核心区是受到严密保护的自然区，限制乃至禁止游客进入；围绕它的缓冲区，一般设置野营、划船、越野、观景点等服务设施；最外层是密集游憩服务区，为游客提供各种服务，有饭店、餐厅、商店或高密度的娱乐设施。这种模式得到了世界自然与自然资源同盟的认可，世界上许多国家在对待需要保护的生态型旅游区时采用了这种分区方法。

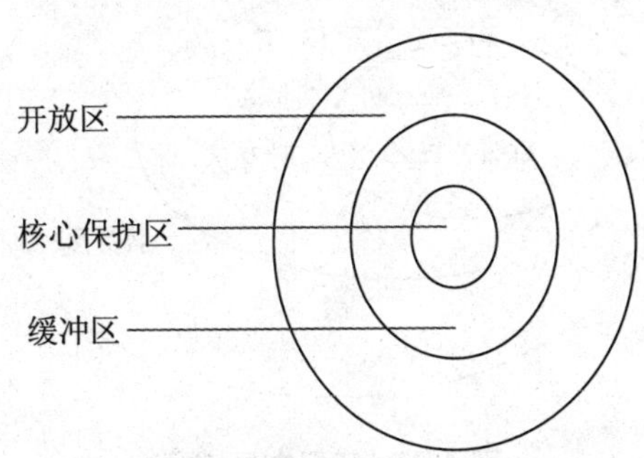

图4－1　同心圆布局模式

（二）游憩区—保护区模式

这种模式是把景区分成资源保护区、低利用荒野区、分散游憩区域、密集游憩区（如图4－2所示）。

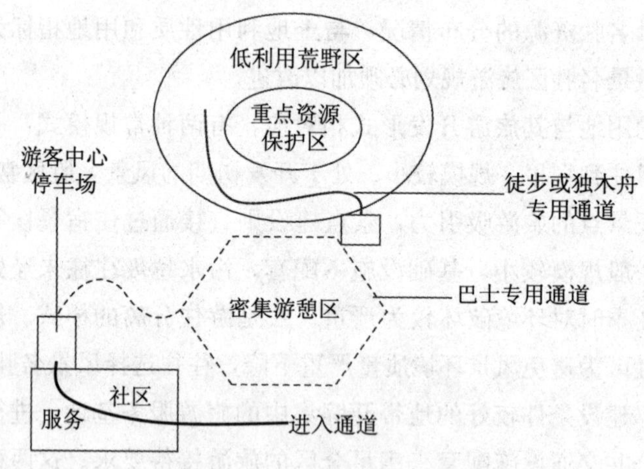

图4－2 游憩区—保护区模式

（三）三区模式

三区结构模式核心是受到严格保护的自然区，由里到外依次是自然特色区、娱乐区、服务区（如图4－3所示）。保护区限制甚至禁止旅游者进入；旅游活动主要集中在娱乐区，在该区配置野营、划船、越野、观景台等设施与服务；在服务区，建有饭店、餐厅、商店或高密度的娱乐设施，为游客提供各种服务。这种方法曾在加拿大国家公园运用，并配套实行下列空间布局措施：保护杰出的自然特色，用于公共利益、教育和娱乐；旅游设施不能破坏风景特色；服务中心布局必须在国家公园之外，远离自然风景；职工宿舍不能引人注目；维修设施必须隐藏在游客视域之外。

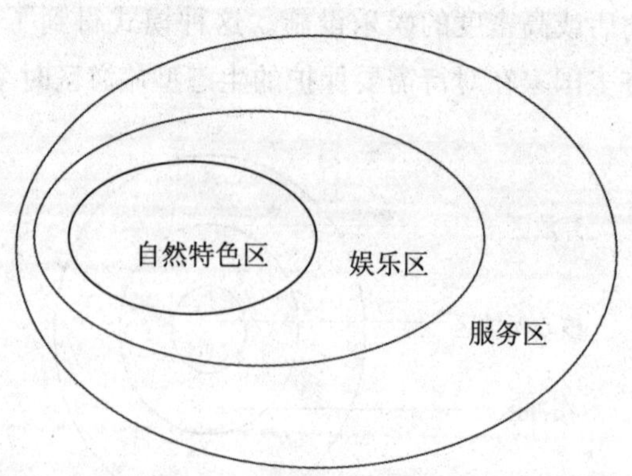

图4－3 三区布局模式

（四）双核模式

所谓双核，是指旅游接待设施、娱乐设施集中的两个社区：度假城镇和辅助型服务区。通过精心设计，观景台、娱乐设施、体育设施等旅游设施都集中在一个辅助型社区里，这个区域处于保护区的边缘（如图 4-4 所示）。

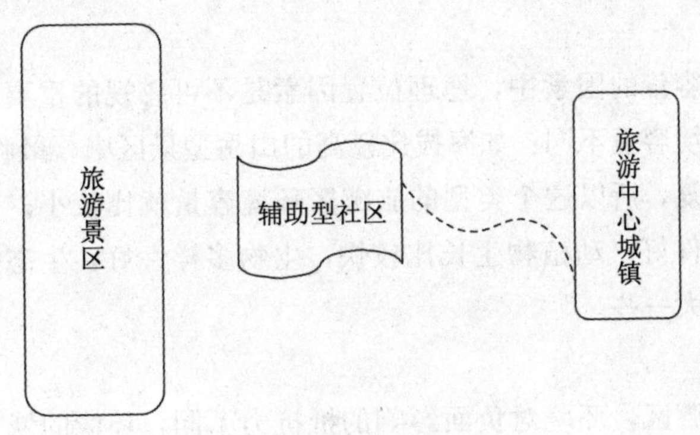

图 4-4　双核布局模式

【案例 4.1】

加拿大贾斯帕国家公园分区布局

加拿大贾斯帕国家公园实施分区的主要目的是把土地的使用类型和保护等级划分清楚，把公园分成五个区。

(1) 特殊保护区。面积为总面积的 1%，用来保护那些特殊的、稀有的或者受到威胁的资源。这些地区是禁止或者严格限制进入的，不允许汽车通行，不许搞任何建设。具体的保护内容包括古代森林、马利捏喀斯特地貌、德沃纳考古风景区。

(2) 原始环境区。占整体公园面积的 95%，保持原始状态，允许少量简单设施和旅游活动。限制游客的人数，对旅游采取分散游览的管理方式。

(3) 自然环境区。占整体公园面积的 1%，设有一些休息点，配备最低限度的设施，但不能对自然环境造成严重破坏。

(4) 游览观光区。占地 1%，用来开展游览、教育活动，并配备相关设施，这些地区保持自然景观特点，允许汽车通行。

(5) 公园服务区。占地 1%，这里为游客提供各种服务。

四、严格控制旅游开发强度

任何增长均存在着一个极限，人类对资源、环境的利用不可能永无止境。为保证社会发展的可持续性，必须保证经济的增长不能以生态系统的破坏、环境质量的下降以及使子孙后代的生存与发展受到威胁为代价，环境容量即是指示发展极限的重要指标。环境容量，是在不破坏当地环境和生态平衡的前提下，景区所能承受的最大旅游接待人数，或者说是在可持续发展的前提下，景区的最大开发强度。我们需要根据实际情况，确定旅游景区的环境容量，把旅游开发严格控制在这个范围之内。

（一）影响环境容量的因素

1. 地理位置

影响旅游环境容量的因素中，地理位置因素是不可忽视的重要方面。不同位置的旅游目的地旅游环境容量不同：如海拔比较高的山岳型景区中，最脆弱的是高山草甸，一旦破坏，很难恢复，所以这个类型的旅游区环境容量就比较小；而如靠近赤道的低纬度地区，水热条件好，动植物生长比较快，生物多样性好，生态恢复能力也强，所以旅游环境容量就大一些。

2. 旅游区类型

不同类型的旅游区，环境对负面影响的抵抗力不同，环境的恢复能力也不同。有些景区是有抵抗能力，没有恢复能力，这样的地方可以在一定程度上开发利用，但如果处理不好，一旦产生负面影响，就会持续很多年，比如高原旅游区和荒漠景观旅游区。另外一些旅游区，没有抵抗能力却有恢复能力，开发利用后，很快就会产生负面影响，但也能比较快地恢复，比如风景河段，海滨旅游区等在规划与开发的时候要结合实际情况具体问题具体分析。如对一些游客量比较大，使用频率高的地区，需要建一些永久使用的旅游设施，所以要首先考虑它的环境抵抗能力；而对一些使用频率不太高的旅游区，恢复能力就比抵抗能力重要（见表 4-1）。

表 4-1　不同景区旅游环境容量（人/公顷）

荒野	国家公园	野餐郊游	森林公园	垂钓
5	15～70	300～600	15	5～30
滑水	滑雪场	快艇	露营	
5～15	100	5～10	300	

3. 时间节律

时间节律因素有两方面的含义：一是一些旅游地旅游景观随着时间的推移，景观有所改变，对旅游者吸引力不一样；二是旅游活动本身也有一个季节变化。这样，旅游地往往只是在旅游旺季的时候，或者是某一类景观最精彩的时候，才达到饱和的状态，其他的时间一般都在环境容量之内。所以，旅游环境容量的确定，既要考虑高峰期旅游者的人数和活动强度，也要考虑淡季、旺季的设备设施使用等问题。

4. 管理技术

确定旅游环境容量的根本目的是为了加强旅游区的管理，保护旅游区环境和生态。有人认为，既然要通过环境容量来保护生态，那么这个容量值一旦确定，管理者就一定要严格按照这个标准来控制游客数量，不许有任何更改。实际上，如果我们运用科学的规划和管理手段，环境容量也是可以改变的。

（二）环境容量的计算方法

旅游地的环境容量是可以测量的，但测量并不是件容易的事，环境容量的测量是旅游研究中的一个难题。目前常用的测量方法有如下几种。

1. 面积计算法

面积计算法通常适用于自然保护区以及一些历史文物保护区。一些面积比较大的旅游区的环境容量，也可以用这种方法。比如，承德市的旅游环境容量就是用的这种方法计算。这种方法中的一些系数，是通过反复讨论和研究得出的。

取旅游发展用地的10%作为可游憩用地；在可游憩用地中，再取30%作为可开展游憩活动用地，计算公式为：

$$C=ELR/S$$

式中：C——环境容量；

E——旅游用地面积；

L——游憩用地率，取10%；

R——游憩活动用地率，取30%；

S——游客人均占地面积，取1000平方米。

一般城市公园中，S可以取100平方米，较大的旅游地或自然景观旅游区，要求一个让环境可以自净的空间，所以取人均占地1000平方米。全年容量可以按7个月、210天测算，确保有5个月的时间可以让自然环境恢复生息。承德市木兰围场和丰宁草原的环境容量计算如表4-2所示。

表4-2　承德市各景区环境容量

区域	旅游用地面积（km^2）	游憩用地面积（km^2）	游憩活动用地面积（km^2）	环境容量（人次/天）	环境容量（万人次/年）
木兰围场	1561	156.1	46.83	46830	983.43
丰宁草原	948.2	94.82	28.45	28450	597.37

2. 线路法

根据游客在游览线路上人均占用的长度，以前后两人的游览活动互不干扰为原则，进行测算的一种方法。这种方法适用于旅游沿途的景区景点的容量测算，或者以游路为串联的旅游区的环境容量测算。通常线路测算的基本标准为人均占线长度4～10米(游路的宽度为1米)。黄山的线路人均单位占地长度指标为4.4米；宝鸡天台山的西岔河景区，人均单位占地长度为5米；江西弋阳龟峰景区人均单位占地长度指标是5米。

一些河流水域也可以用线路发测算，尤其是一些漂流活动。武夷山竹排漂流就用了这种方法。河流景区线路测算法可以用船体的长度和载人数作为测算的基本点，以前后两船在游览过程中互不干扰为测算值。另外，两船的间距还要受水流流速的影响，尤其是一些山地的河流，相对落差大，河流速度快，两船之间的间距要适当长一些，这样才不会造成漂流过程中的碰撞。

3. 瓶颈法

瓶颈法的关键是确定瓶颈处单位时间内通过的合理游人量。旅游区的某些每个游客都会光顾的景点，它们的承载压力是非常大的，这些地方就成为景区的环境容量“瓶颈”。比如北京的故宫，黄山的飞来峰等。对于这些地区就可以采用瓶颈法，测算这个景点的最大容量，并以此为标准确定景区的环境容量。

如宝鸡天台山的鸡峰山顶景区，是天台山的主景区，山顶风光秀丽，但面积不大、容量有限。登鸡峰山顶，比如经过牛鼻洞，这是个狭窄的通道，一次只能过一个人，每个人通过又需要1分钟左右，一小时只能过60人。利用这个瓶颈点，就可以测算峰顶景点的容量：全天6小时，全年8个月，年环境容量为606×240＝86400人/年。

(三) 旅游环境饱和、超载的调控

在理论上，旅游地承受的旅游流量呈活动量达到其极限容量，称之为旅游饱和；而一旦超出极限容量值，即是旅游超载。在日常的旅游管理工作中，有时视旅游地域接待的旅游流量达到其合理容量为饱和，越过合理容量值为超载。旅游超载必然导致旅游污染或拥挤，例如旅游地域长期连续地或间歇地饱和与超载，其结果将是旅游资源被破坏，旅游地域的生态系统遭到损伤，旅游者与旅游地域居民的和谐关系破裂。从国际上看，这种例子屡见不鲜，尤其在发展中国家发生的数量居多。换言之，长期的旅游饱和与超载，将对旅游业造成致命的消极影响。

1. 旅游环境饱和、超载的类型

根据旅游饱和与超载发生的时间和空间特点，可以将其分为以下几种情况：

(1) 周期性饱和与超载和偶发性饱和与超载。

周期性饱和与超载就是季节性饱和与超载，这是旅游饱和与超载中最常见的现象：它源于社会经济生活以及自然气候的周期性变化。一般在每年的夏季，发达国家居民大多外出度假，欧亚非之交的地中海沿岸地带和中美洲的加勒比海地区旅游者人如潮涌，许多旅游地出现饱和与超载的现象；随着滑雪运动的日益普及，冬日的欧洲阿尔卑斯山区和北美的落基山区出现越来越多的滑雪爱好者，有的滑雪胜地人满为患。

偶发性饱和与超载常是由于旅游地或其附近发生了偶然性的事件，这些事件在较短时间内吸引大量旅游者，如冬季奥林匹克运动会的举行，自然环境中某种或几种动物的大量聚群，稀有植物大量开花等。在一般情况下，偶发性的饱和与超载造成的环境影响易于消除，而周期性的饱和与超载则是一个危险信号，这时旅游对于环境的影响可能是无法挽回的、毁灭性的。

(2) 长期连续性饱和与超载和短期性饱和与超载。

实际上，短期性饱和与超载的现象为绝大多数，它又分为周期性与偶发性两种情况。如上所述，长期连续性旅游饱和与超载的情况多发生在大城市或城市郊区。为了保护旅游资源和保持旅游的环境质量，通常做法是，在发生长期连续性旅游饱和与超载的地域，实行严格的旅游分流和管理措施。

(3) 空间上的整体性饱和与超载和局部性饱和与超载。

这里所指的空间范围是旅游地或包含有若干旅游地的旅游区域。旅游地局部性饱和与超载是指部分景区承受的旅游活动达到且已超出景区容量，而另外的景区并未饱和。旅游地的整体性饱和超载则指所有景区设施承受的旅游活动量皆已超出各自的容量。

旅游区域的局部性饱和与超载指区域中部分旅游地旅游流量已达到或超出其容量，整体性饱和与超载则意味着区域内各旅游地皆人满为患，已无剩余的容纳能力。

2. 旅游环境饱和、超载的调控

由于旅游饱和与超载常常导致严重的环境破坏，对旅游业本身也产生很大的消极影响，因此，设法消除旅游饱和与超载成为旅游管理和规划中的重要工作。在旅游管理和规划中，解决旅游饱和与超载的措施分两方面。

(1) 从旅游需求方面着眼，减低旅游旺季的高峰流量，使旺季的旅游流量在旅游地域饱和点之内。该措施采取的有效方法一般是通过大众传播媒介，向潜在的旅游者陈述已经发生过的旅游超载现象及其环境后果，并预测当年旺季可能出现的旅游流量和超载情况，从而影响旅游者选择旅游目的地的决策行为。多年来的经验证明，传播媒介所提供的信息与建议，对旅游者的决策行为有非常重要的影响。因此，从控制旅游需求着眼来避免旅游饱和与超载的发生，是一种行之有效的办法。

(2) 提高旅游供给能力，或调控旅游供给的内部结构并辅之以对旅游需求的引导措施。这一方法的着眼点在于对旅游者实行空间上的分流。旅游地的局部性超载分为两种情况，对应的则有不同的空间分流措施。第一种情况是旅游地内的部分景区超载，而其他景区并未达到饱和，这些景区的剩余容量完全可以满足超载景区超载部分的旅游流量；相应的旅游空间分流措施为内部分流，即在超载景区人口地段设置限流设施，一旦景区达到饱和则停止进入，或在景区入口地段根据景区内的旅游流量与景区容量值的差值情况，收取附加的景区使用费，旅游流量越接近景区的容量值，收费越高，达到饱和则停止进入。第二种情况是景区内部空间分流之后仍然超载，在这种情况下，如果旅游地容量仍有扩大的潜力，则当尽快予以扩建；如果旅游地已无扩建潜力或扩建后仍不能避免超载，则必须采取与旅游地的整体性超载相应的外部空间分流措施。

【案例 4.2】

丹霞山阳元石景区旅游开发总体规划

一、现状

（一）地理概况

阳元石景区位于广东省丹霞山主山西北部，与丹霞山隔锦江相望，东、南两面临锦江，规划面积6.77平方千米，景区入口处距仁化县城4千米，南距韶关52千米，对外交通以106国道为主。地貌以丹霞地貌为主，丹霞地貌是景区构景主体。

（二）环境

阳元石景区现主要为农田、果园、山林和村庄，居民较少，景区内无工业，环境质量好。

（三）行政隶属关系与人口

阳元石景区土地分属3个村：双合水村、断石村和上廖湾村。景区内居民点有2个：双合水村和断石村，人口300余人，村民每年人均收入300多元。

二、阳元石景区旅游资源评价

（一）旅游资源类型

阳元石景区旅游资源主要包括：

(1) 丹霞山造型地貌。主要景点有阳元石、睡美人、天生桥、将军寨等。

(2) 山。景区内除小面积的平地外，绝大部分是丘陵和低山，有开发价值的山主要是细美寨（阳元山）、狮子岩、羊头寨。

(3) 洞。景区内有很多丹霞地貌岩洞，主要有狮子岩洞、鹞婆洞、将军寨洞。

(4) 风景河段。景区内有3千米锦江河段，锦江两岸竹林果园遍布，风光秀丽。

(5) 回音壁。景区内很多丹霞陡壁形成回音壁，有的可形成多达3次回声，最奇妙的一个位于阳元石东北250米处。

(6) 名木古树。阳元景区拥有一些名木古树，尤以白桂木、秀丽椎、丹霞梧桐著名。具有观赏价值的植物有桂花、九里香、南天竹等多种。

(7) 农耕文化、田园风光。双合水村和断石村是两个背山面河的自然村落，环境宁静优美，与城市喧闹的环境形成强烈对比，沿乡村小道两旁，水田、菜田、果园、鱼塘交错分布，加之锦江河中成群的鸭子，构成一幅优美的田园风光画卷，形成良好的农耕文化，这对久居都市的人来讲，富于新鲜感。

(8) 古寨堡遗址。景区内有两处古寨堡遗址，一是细美寨，它是明末崇祯年间为避战乱，由车头村吴德彰创办的，至今仍留有道路和寨门遗址；二是文幢寨，位于将军寨腰部，利用岩洞建成，现残存古山寨建筑面积150多平方米。

（二）旅游资源的特点

阳元石景区旅游资源具有奇、险、秀、幽四大特点：

(1) 奇：阳元石天造奇观，天生桥鬼斧神工，回音壁神秘有趣。阳元石景区有四座天生桥，有水平拱桥，也有斜桥。造型最美的一座位于细美寨之北，为一水平拱桥，内跨度达35米，桥面平坦可行人。著名地貌学家、丹霞地貌权威研究者黄进教授考察后称之为“岭南丹霞第一桥”。回音壁位于阳元石东北250米处的水沟旁，此回音壁奇特之处是在回音壁前可以听到80米外山上的窃窃私语，而山上却听不到回音壁前人们的讲话声。

(2) 险：细美寨海拔286.4米，相对高差175米，顶部平坦且窄，正面看似一堵墙，侧面看似一根柱，从西边爬细美寨，过一天门、二天门、三天门（细美寨门），有华山西峰之险，令人叹为观止。

(3) 秀：阳元石景区从入口双合水到断石一带，锦江环绕，树竹婆娑，群峰林立，山水交融，有漓江之秀。

(4) 幽：细美寨与雷公石之间的沟谷，千云岩与玉女拦江之间的沟谷，沟深狭窄林密，封闭幽静。

（三）阳元石景区旅游资源组合特点

阳元石景区除具有上述四大特点之外，景点空间组合更是锦上添花，可以因势利导，设计出张弛结合的游览线路。游客从双合水入口处一下车，映入眼帘的便是一幅优美的山水风光画，一路行车的疲劳随之而消；从双合水顺舟而下或步行至断石，秀丽景色，农耕文化尽收眼底，一路松弛。绕过断石村，看到天下奇石阳元石，“岭南丹霞第一桥”，精神为之一振，再爬细美寨险峰，情绪达到高潮，这是一条非常理想的旅游路线，构成一个完整的游赏系列，能给游客留下深刻印象和美好回忆。

（四）阳元石景区环境容量

阳元石景区面积6.77平方千米，其容量主要是线路容量，规划第一期开发6.2千米，按每米1个游客计算，可同时容纳6200人，景区游览6小时，日周转系数为1，即每天可接待6200人，每年可接待226万余人次。景区内有多处平坦宽谷，绿草如茵，可作为分散休息之地，容量潜力巨大。

三、规划范围、性质及指导思想

（一）规划范围、面积

阳元石景区规划范围为：东以仁化河与丹霞山主山分界，南至凉伞石，西至东坑迳山塘，北至玉女拦江北面谷地。在比例尺为1：5000地形图上量算出面积为6.77平方千米。

（二）景区性质

阳元石景区以丹霞地貌为主体的丹崖—碧水—绿树互为结合的整体景观特征，兼有宗教文化景观和历史胜迹，可开展以观光旅游为主，以宗教、娱乐、休养和气功养生等旅游为辅，兼有科学研究和科学普及等活动的国家重点风景名胜。

（三）规划指导思想

保护旅游资源，促进丹霞山风景名胜区旅游业发展上一个新台阶，逐步调整当地的产业结构，繁荣经济，使旅游资源—旅游活动—旅游商品—工农业生产这四个方面都得到健康协调的发展，从而提高仁化县的知名度，真正发挥丹霞山旅游经济在仁化县经济发展中的龙头作用。

四、资源保护规划及园林绿化规划

（一）造型地貌景观的保护

重点保护阳元石、四座天生桥和将军寨，特别要将阳元石列为特级重点保护，因为阳元石是阳元景区赖以发展的根本。

（二）沿江景观带的保护

从双合水以下至丹霞山仁化河（锦江）两岸景观带要保持自然风貌，并适当引种观赏植物，除规划用于服务设施的地段外，沿江两岸不许随便建造建筑，保持从双合水到断石村的农耕文化面貌，并逐步将水稻转种旱作、水果。细美寨、狮子岩、雷打石、将军寨等核心区规划为植被全封区，严禁乱砍滥伐、放火烧山。除全封区外，其余景区范围为半封区、缓冲区，可割柴草，不准乱砍乔木和幼树。疏林荒坡，要适当补种木荷、秀丽椎、亮叶猴猕环、杉木、湿地松等树种。落实保护古树名木措施，改善景区生态环境。宜开发种果的土地，要积极发展果园或其他经济作物。

（三）风景植被抚育规划

阳元石景区景观植被外貌特征是头戴绿冠，身穿花衣。地带性植被属亚热带常绿林，由维管束植物96科、142属、436种组成。必须特别保护的古树名木有11种：枫香、秀丽椎、木荷、乌岗栎、山刺柏树、樟树、板栗、朴树等，国家重点保护植物有白桂木、秀丽椎、丹霞梧桐。

（四）园林绿化规划

完善景区锦江河段两岸的风景护岸林。现状是竹林景观较单调，要增加色彩，使得河水倒映的物景多样化，水景、岸景更美。双合水锦江岸边景区口处建西式园林。

（五）花果园规划

花果园位于玉女拦江南面，规划面积198575平方米，规划建成以花为主的混合式花果园，分设花区和果区。

五、道路交通规划

（一）对外交通

阳元石景区有着良好的对外交通，106国道经过本景区入口处，其改造后主干道宽36米，可保证旅游车辆通畅出入。与之配套，可以在入口处建造一个停车场。

（二）内部游览道及水上游线

内部游览道的主要规划思路是：结合地形、利用现状，通过马车道、步行游览道以及水上游线系统将各景点有机地连接起来，同时还利用游线本身创造新景点和旅游内容。阳元石景区的内部游览道分为马车道和步行游览道，马车道从双合水村至断石村，道宽4米，全长136米；游览道宽1～1.5米，全长4846米，分为人行平路、缓阶梯路、陡梯阶路、栈道。水上游线主要利用锦江，在入口双合水和断石村附近修筑码头，这条水上游线既是水上游览线，也是水上运输线。

六、人文景物的维护与利用

阳元石景区的人文景物主要有两类：一是田园风光、农耕文化；二是古寨堡遗址。对以上两类人文景物的维护和利用，规划中分别采取相应的措施。对于现存的田园风光、农耕文化，原则上保留现状，并将之逐步纳入旅游活动之中，如增加果园种植，让游客到果园中吃果、摘果、买果，既增加了旅游乐趣，延长游览时间，又使农民从中得到旅游经济效益。景区内的古寨堡遗址主要是细美寨和将军寨，首期规划修复细美寨门，远期规划修复将军寨，并可考虑引入道士，增加旅游内容。细美寨有碑文记载修寨历史，也要落实保护好。

七、旅游服务和管理设施规划

（一）旅游服务和管理设施用地规划

（1）近期旅游服务和管理设施用地规划有五处，见表4-3。

表4-3　近期旅游服务和管理设施规划

地　点	面积（m^2）	用　途
106国道旁双合水景区入口处	36925	景区、大门、办公室、停车场、汽车旅馆、星级宾馆、商场、餐厅、公厕
双合水村南面沙洲	21275	民居式度假村、40座小楼
断石村服务点	3325	码头、购物、餐厅、公厕
天生桥南面平地	25475	烧烤、餐厅、小卖部、公厕
阳元石东山塘边	300	验票、保安

（2）远期旅游服务和管理设施用地规划有两处，见表4-4。

表 4-4　　远期旅游服务和管理设施规划

地　点	面积（m^2）	用　途
双合水村西	42825	别墅、星级宾馆
玉女拦江南	69850	度假村

（3）接待设施规模。

丹霞山内现有高、中、低档接待设施床位 588 个，按 75%开房率，人均住 1.2 天计算，每年可接待 13.41 万人次。当游客规模达到 50 万人次，若有 50%的游客平均住 1.2 天，以 75%开房率计算，总共需要 1096 个床位，扣除现有 588 个床位，需增加 508 个床位，当游客达到 100 万人次，仍以 50%的游客平均住 1.2 天，75%开房率计算，总共需要 2192 个床位。

（二）观景亭规划

规划兴建 5 座观景亭，依次是：观三景亭、阳元石亭、天生桥亭、细美寨亭、阳元山亭。

（三）卫生设施规划

（1）公共厕所。规划在入口区、双合水村南沙洲、断石村服务点、天生桥下建 4 个公厕，每个可同时容纳 8 人，占地 60 平方米，公厕带化粪池。

（2）垃圾箱、垃圾池。沿游览道每隔 100 米放置 1 个垃圾箱，总共放置 62 个垃圾箱。在服务点兴建垃圾池。

（3）污水处理池。在开发区污水处理厂没有兴建之前，在 3 个大的服务点分别建 3 个污水处理池。

八、电力、电信规划

（一）电力规划

电力规划与整个丹霞旅游经济贸易区总体规划一致，按照经济开发区总体规划，在旅游贸易区内设置 10kV 开关站 3 个，同时设置小区公用变配电所（10/0.22kV）及专用变配电房。风景名胜区开发规划远期待开发区 10kV 开关站设置后，阳元石景区设置小区公用变配电所，近期先就近从开发区引线。

（二）电信规划

远期待开发区建成市话分局后，从市话分局接线，设置小型程控用户交换机。近期先从县城接专线至双合水服务设施。景区内采用无线通信系统。

九、给排水规划

（一）给水规划

（1）规划用水标准（见表 4-5）。

表 4-5　　规划用水标准

项　目	单　位	用水标准	备　注
居民用水	升/人·日	400	主要是村庄居民用水
游人综合用水	升/人·日	30	包括餐馆、茶室和厕所用水
宾馆用水	升/床·日	400	/

(2) 用水量计算。

阳元石景区远期年接待游客 100 万人，以现在丹霞山游客高峰对比，最高日游客量为 5000 人，游客用水量 150 吨/日。远期规划住宿床位 1500 床，游客住宿用水为 600 吨，景区内居民 300 余人，居民用水量 120 吨，因此，风景区生活用水为 870 吨/日。其他用水占生活用水的 15%为 130.5 吨/日。阳元石风景区生活总用水量约 1000 吨/日。

(3) 给水规划。

远期待旅游贸易开发区水厂建成后，从开发区水厂引水；近期部分生活用水从县城水厂输水。景区内如天生桥南和断石村服务点充分利用地下井水和山泉水。

(二) 排水规划

在景区内比较重要，且污水量相对集中的几个地方——入口处、天生桥南、双合水村南，单独设污水处理设施，处理后的污水可就近排放。分散在景区内的公共厕所设置化粪池，在公厕附近的用水点可将污水排入公厕化粪池处理后排放。远期待开发区污水处理厂建成后，污水集中到污水处理厂处理后排放。

【案例 4.3】

黄石国家公园的启示

一、坚持以科学的规划目标与系统为引导

1872 年 3 月 1 日美国国会通过的法案规定，黄石国家公园设立的主要目标有两点：

(1) 此地区应致力于建设成为一处可提供民众享受福祉及快乐的公园及愉悦之地。

(2) 保护所有的林木、矿产、自然珍品或奇景，使其避免受到伤害或掠夺，并使其在最接近原始的状态下提供现代及后世子孙游憩、教育、文化及科学的价值。

这既说明了保存及维护自然价值的优先性，也强调了游憩、教育、文化及科学活动的提供必须在不违背保护的前提下进行。为维护这一概念，在 1916 年美国内政部正式成立国家公园署之后，其第一任署长便建立了解说服务和公园巡守员系统，强调国家公园将以此两大系统为特色，促使民众在使用公园、从事游憩的同时仍不忘保护公园的资源。这种“运用解说服务和公园巡守员系统，达到保护、游憩、教育、科学研究目的”的观念，成了近百年来美国国家公园进行系统规划与管理的指导性做法，也

是黄石国家公园规划始终遵循的目标和原则。

二、针对游憩冲击研究制订切实的保护规划

这一工作主要从五个方面着手进行。

1. 资源保护

游憩将严重干扰自然演替的行为，也将危害公园的整体资源生态。基于此认识，规划指出国家公园的资源保护应以维持其自然状态为主要原则，而对于维护黄石国家公园生态系统中很重要的两项因素——野火及昆虫，更应使其在不受人类干扰的自然状态下正常且不断地存在。

2. 需求研究

为提供可靠充分的规划依据以免造成公园管理的错误引导，公园规划对以下问题进行了长期研究：

(1) 公众交通系统的形态、经费、公众接受程度及经营管理等问题；

(2) 各功能分区的承载限制；

(3) 垃圾及污水处理系统的设立及其对生态系统的影响；

(4) 野火的监测及管理；

(5) 其他如自然资源、生物行为科学、景观设计、卫生及教育等经营管理上的问题。

3. 协调规划

国家公园的成立及公园内公共使用的部分开发行为，将对公园内外的自然、社会生态产生明显的冲击；相形之下，公园内外的游憩及食宿开发对公园本身更有极大的影响。因此，必须加强各级单位的协调规划，以互助性的步骤解决各项资源的经营管理问题。黄石国家公园即与邻近的大提顿国家公园及5个森林单位特别组成了一个国家公园署暨森林署联合协调委员会，统筹规划整体区域（亦称大黄石生态系统，是世界上最大的温带保护区）内的理想共同承载量，并尽可能将食宿及相关服务规划设置在公园区域之外，以减少游客对区域内自然生态的冲击。

4. 重新调整游客使用结构

国家公园内的游憩承载量应以不影响其原始生态为主要考虑因素，因此公园内的服务设施自然无法满足游客的需求。由于每年有大量游客涌入黄石国家公园，为保障原野地区的生态，规划重新调整了游客使用结构，即将主要服务区集中在黄石湖和格兰特村地区，其他区域的服务设施则予以减少或去除。为利于游客接受、配合，规划同时强调公园管理单位应运用解说的方法，让游客了解过度的服务设施将降低公园的自然性。

5. 道路与交通系统疏导

黄石国家公园的交通问题主要来自相当多的游客使用私人车辆去观赏公园。对此，

公园规划强调设立解说及观赏游览巴士的重要性。游览巴士使用于公园主要的道路系统，并通过设计使其尽可能舒适，甚至于免费。此外，专为过境车辆规划了绕行的过境道路，以减少中心区的车流量。

三、制订周全的游憩规划

为满足游客的旅游需求，黄石国家公园从三个层面进行了详尽的游憩规划。

1. 多样性的游憩活动、游憩设施与周全的活动管理规则

在不妨碍保护的原则下，黄石国家公园提供了多样性的游憩机会，除提供相对的地点配合外，活动、设施及具体的经营管理制度亦予配套。规划游憩活动包括公园解说、赏景、登山、健行、露营、野餐、钓鱼、骑自行车、汽车旅游、游艇旅游、划船、骑马、马车旅游以及雪地活动（含雪车、越野滑雪）等多种，并设有总长1200余英里的各式步道（含自行车专用道、自导式步道及骑马步道等）、12处汽车露营区、2000多个营位、6个游客中心、大量景观眺望点、各种解说设施以及许多特许项目的游具租售服务点。各游憩活动均订有相关的规则，有专人专责进行管理、维护和修缮。

2. 完善的游客服务及安全设施系统

为提供完善的游客服务，黄石国家公园内规划设置有15处餐厅、1043间旅馆客房、1159栋小木屋、60余座桥梁、3处饮水点及16处废水处理系统，另于主要景点设置解说牌、公用电话、自动饮水机、公厕等设施。为应付任何紧急突发事件，公园内设置医院、紧急电话专线及救护车等急救设施，游客中心及管理服务站均规划配备了无线电装置。此外，在危险区域设定警告牌，并将警告文字图案刊印于各类解说资料中，借以提醒游客注意安全。

3. 解说及宣传系统

黄石国家公园规划中建议解说工作的拓展应包括完整的软硬件规划与设计，除可利用已存在的公园电台提供游客有关公园的各项讯息与服务外，解说巴士也应担负起重要的沟通使命。规划同时强调一般的解说服务与设施应以简介性的说明为主，较深入的内容则利用印刷出版品或其他特殊设施辅助进行，但公园的解说设计也可根据实际情况借不同的主题或特色加以表达。

思考题

1. 什么是风景名胜区？它有什么特点？

2. 适合于风景名胜区的分区布局模式包括哪些？

3. 影响环境容量的因素有哪些？

4. 对于环境饱和、超载应如何进行调控？

5. 结合本章第三节中的案例，谈谈其对我国风景名胜区的旅游规划与开发有什么启示？

第五章　旅游度假区规划与开发

学习目标

通过本章的学习，了解旅游度假区的概念、特征与类型；掌握旅游度假区选址、设施设置、分区布局、产品设计的方法；了解旅游度假区开发的基本原则与注意问题。重点内容包括旅游度假区的选址、旅游度假区规划开发原则与注意的问题。

关键词：旅游度假区　度假产品　度假设施

第一节　旅游度假区概述

旅游度假区通常指以消遣、保健、娱乐为目的的为游客提供综合服务的旅游区。一般来说，旅游度假区应该符合三个条件：以休闲、保健、获得放松为主要功能；环境优美或独特；可以为游客提供较多种类的游憩设施和高质量的服务。

一、旅游度假区的特征

（一）客源市场特征

旅游度假区不同于风景旅游区，风景旅游区是以接待观光旅游者为主，顾客流动速度快，而旅游度假区的客源对象主要是休假旅游者和会议旅游者，平均停留时间较短。他们少则四五日，多则十几天，甚至成月地滞留在度假区。而且度假游客的重游率较高，许多度假旅游者喜欢在其熟悉的度假区多次重复度假，经常性地或连续几年到一个自己喜欢的度假区度过假期，甚至专门预订自己过去住过的房间、租用过去用过的同一号码沙滩椅。

（二）区位特征

一般的旅游接待设施，多集中于城市市区和市郊。如市区的饭店、景点、娱乐场所、车站及市郊的风景区、机场等，共同组成一个以中心城市为主体的旅游服务体系。而旅游度假区却不同，它一般远离城市，处于乡村、山林或海湖之滨。为旅游者服务的必需品及本可依靠社区提供的配套服务都必须自己解决，例如生活用品的供应、员工上下班的交通和住宿等，都需要专门安排，形成一个比较完善的综合服务系统。

（三）设施特征

在一般的风景旅游区内，旅游服务是由不同部门来共同完成的，例如饭店提供食、宿服务，景点提供观光游览服务，交通部门提供交通服务等。而旅游度假区则必须具备为旅游活动六要素提供服务的综合功能，建立综合服务体系。

（四）季节性特征

旅游度假地的季节性最为明显。从世界范围看，旅游度假区的营业旺季一般都集中在夏季和冬季两季。夏季营业的多是海滨、湖滨、森林度假区等，冬季为旺季的则主要是高山滑雪度假区。度假区的旅游季节性主要取决于两个因素，一是气候原因，亚热带、温带、寒带地区旅游度假区的气候季节性比较明显，而热带的就不那么明显；二是度假区本身的品位，品位高的度假区季节性就比较微弱，如坎昆和巴厘，度假区品位较高，季节性相对不那么明显，而处于和它们同一纬度的多米尼加的波多普拉塔就表现出明显的季节性，每年的 12 月到次年 4 月、7 月和 8 月是旺季，客房出租率超过 75％，而其他月份都低于 50％。

世界上大多数国家和地区的员工休假多安排在夏季，部分在冬季。而度假区也多选择在夏季气候宜人的海滨、湖泊或山地森林地区，以便能够为休假者提供戏水、日光浴、打高尔夫球以及狩猎等康体休闲活动环境，使旅游者能够在适宜的环境中，通过各种休闲康体活动，消除疲劳、强健体魄、愉悦精神。

（五）管理特征

由于旅游度假区是一个多功能的综合体，其管理也具有综合性特征。最为明显的是管理的内容具有综合性。由于其内部设施的种类很多，服务的内容齐全，所以要建立相应的管理组织和管理制度。可以说一个旅游度假区就是一个小社会或一个相对独立的经济区。在许多国家和地区，旅游度假区往往被政府规划为一个具有独立管理权限的行政区域或经济特区。

二、旅游度假区的类型

（一）按地理位置与环境特征划分

1. 海滨旅游度假区

海滨度假区是度假区中最常见的一种。它位于海滨，有宜人气候和迷人的海滩，适合开展日光浴、游泳戏水和船艇运动，还具有疗养、保健功能。随着全球旅游业的发展，海洋度假作为国际旅游的重要组成部分，呈现出蓬勃的发展态势。如新西兰通过对旅行社的调查发现，有 60％的旅行社以经营海洋度假包价线路为主，而且一般都已经经营了十年左右。一些著名的岛屿度假区唯一的经济来源就是旅游业，如塞舌尔的外汇收入 70％来自海洋度假，百慕大的海洋度假旅游收入占国民总收入的 40％左右。美国的一项调查也表明，海滨是美国人最喜欢的景区，迈阿密的海滨度假旅游收入比黄石公园、大峡谷、约瑟米帝公园收入的总和还要高。

2. 高山滑雪旅游度假区

高山滑雪度假区是以滑雪设施为主体或主要特征的度假区。滑雪是一种比较特殊、要求较高的康体运动，气候和场地条件要求都比较高。一般来说，滑雪度假区要具备的条件有：每一滑雪季节至少要有 5 厘米的降雪量或足以进行人工制雪的温度；场地的垂直落差要在 1500 米以上；场地面向北或东北，便于存雪；有适合于滑雪度假的基地设施，包括登山缆车、停车场、住宿设施、基地建筑等。

3. 内湖（河）度假区

内湖度假区是在内陆湖（河流）建设的度假区，有迷人的水上风景和温馨、朴素的乡村风貌，适合于开展游泳、水上运动、垂钓、水上观光等活动。

4. 山地森林度假区

山地森林度假区一般是以家庭度假为主要客源市场，位于山地或森林之中，向旅游者提供野营、狩猎、观光等康体娱乐服务。山地森林度假区要求的条件包括：清爽、宜人的气候；森林绿化覆盖率达到 85%以上；负离子含量高；环境保护好，周围没有污染。

5. 温泉度假区

温泉度假区一般是以一处温泉或矿泉开发并建造的旅游度假区。温泉中含有氢、氡、硅、钠、砷等有益矿物质，对人体的某些疾病具有治疗、康复作用，对健康人也具有保健作用。

（二）按度假区功能划分

1. 自然游憩度假区

如海滨度假区，以优美的自然环境辅之以人工设施，游客在大自然中开展各种游憩活动，就属于自然游憩度假区。

2. 理疗保健度假区

如以温泉为主的度假区，就是属于理疗保健度假区。当然还有一些其他类型的理疗保健度假区，如法国中部的“地乐飞”度假区，除了普通的设施，如游泳池，网球场，高尔夫球场以外，还有专门的理疗设备，如负氧离子浴设备，冲击法和潮湿疗法理疗，高压喷泉，超声波等。

第二节　旅游度假区规划与开发

一、旅游度假区的选址

旅旅游度假区的选址是一项复杂的系统工程，选址的正确与否直接影响着旅游度

假区的开发建设的成败。旅游度假区的选址主要从资源条件和区位条件两个方面入手，总体原则是，度假区应选择设立在旅游资源丰富、经济发达、交通便捷和有持续发展后劲的地区。旅游资源丰富是指具有较高质量的文化旅游资源和开展度假休闲的自然旅游资源，且资源品位高，开发利用价值大。经济发达是指对外开放程度高，商贸活跃、开发建设基础条件好。交通便捷是指可进入性强，航空、铁路、公路四通八达。有持续发展后劲是指旅游业已经发展到一定规模，并且有稳定的海内外客源市场基础，开展度假休闲旅游可以进一步拓展市场与产品的发展空间。

（一）度假区选址的资源条件

1. 适宜的度假气候

气候条件直接影响客源，进而影响淡季旺季的分配与长短，最终影响度假区的经济效益，因而气候是旅游度假区选址的首要考虑因素。欧洲北部居民到地中海沿岸度假，我国北方居民冬天到南方沿海去，都在很大程度上与相对适宜的气候条件有关。

2. 优美的自然风光

度假旅游不同于观光旅游的显著特点就是观光旅游是按照既定的路线全线巡游，对观光游览项目要求比较高，对住宿设施要和周围环境的要求相对低一些。而度假旅游是固定在一个地方，对住宿设施、康体休闲设施和住宿环境的要求比较高。旅游度假区所在地必须空气清新、环境优美、风光秀丽。从当今世界来看，旅游度假区多选址在海滨、湖畔、山区和森林地带。山区和森林地带自然景观丰富、生态系统完好；海滨和湖滨地带则以大面积水体构成开阔的游憩空间。在度假区选址时，要具体评价自然风景的数量和容量、风景质量、特异度和知名度以及风景组合情况，还要对周围生态环境进行评价。

3. 有丰富的可供开展特色室外活动的资源

当今国际旅游正处于消极观光型向积极参与型的转变时期，反映在度假旅游者身上则是他们既要休憩、娱乐，又要开展健身活动和体育运动。顺应这一趋势，世界各地的旅游度假区都力图集休闲、娱乐、医疗保健、体育运动为一体，把旅游度假区办成新型的多功能的综合体，目的是巩固传统中老年市场，同时大力开拓青年市场。这也促使度假区不断向海滨、湖畔、山区、温泉、森林地带等有利的区位集中。

4. 文化旅游资源

独特的文化旅游资源可以吸引特定类型的细分市场，因此，在其他类型资源不佳的情况下，依托文化旅游资源建立的旅游度假区要充分找准其所能吸引的特定细分市场。选址时主要考察、评价旅游度假区文物古迹、社会风情、风味特产、现代设施等典型特征与组合情况。

（二）选址的区位条件

由于旅游业综合性强、涉及面广，所以旅游度假区区位的影响因素较其他产业更为复杂，旅游度假区选址的区位因素包括以下几方面。

1. 区域经济水平

区域是经济的生长点和支撑点，建设资金的主要来源。区域经济发展水平的高低直接影响投资的大小和建设周期的长短，因而区域经济水平是决定旅游度假区开发区位的最主要因素。

2. 客源分布

旅游度假区的经济效益在很大程度上取决于度假区客源的充裕程度。通常从客源市场、客源类型、客源数量、消费水平四个方面来评价旅游度假区的客源分布。对国际度假旅游市场，主要评价大量产生度假旅游者的目标市场国及其与旅游度假区拟建地区的位置和贸易关系。对于国内度假市场，可以从区域人口密度、城市人口密度和职工家庭人均生活费收入三个方面具体评价。

3. 交通状况

交通是连接客源地和目的地的通道，其发展程度决定旅游度假区的通达条件与可进入性。可以从运输网密度、度假区与主要客源地通达条件、邻近旅游区连接条件这三个方面来考察交通状况。

4. 基础设施

主要评价度假区的水、电、暖、道路、通信、邮政等基础设施和宾馆、饭店、游乐等旅游专用设施的现状与水平。

二、旅游度假区的空间布局模式

旅游度假区的空间布局，尤其是宏观布局，直接影响到旅游区的客源市场和资源利用的充分性，而微观布局（功能分区）将影响旅游度假区的内部管理和空间—景观的合理构建。

（一）宏观布局模式

1. 环核式（围绕核心吸引物规划布局）

在一些情况下，一处天然吸引物，比如海滩、温泉、滑雪场地，被选为规划布局的中心，饭店、商店等服务设施环绕自然景观布局，各种设施之间的交通道路构成圆环，设施与中心景观之间也有便道连接，交通网络呈车轮形或伞骨形（如图 5-1 所示）。这种类型的度假旅游地，消遣是第一位的，居住是第二位的。我国海岸线漫长，拥有丰富的滨海旅游资源，我国现有的旅游度假区中有三分之一属于海滨度假区。沿海岸线呈一线式进行空间布局，也比较常见。

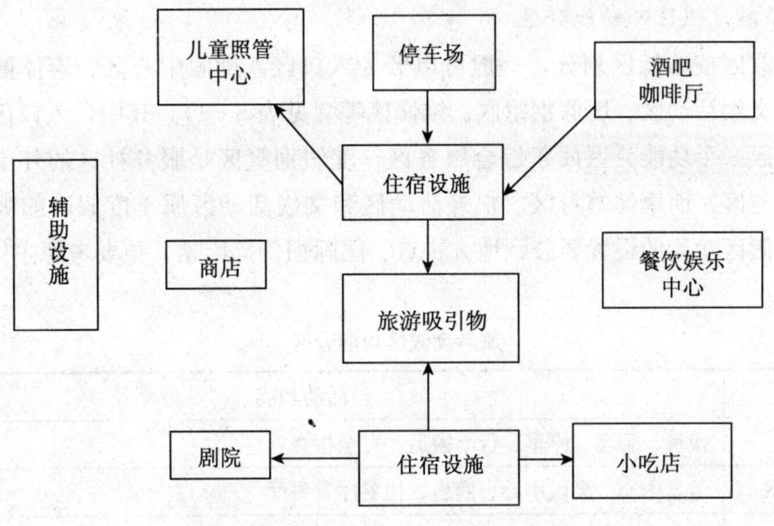

图 5－1　围绕核心吸引物的布局模式

2. 围绕中央饭店的规划布局模式

这种布局方式是指在度假区中心布置一个服务中心，在服务中心的外围地带布置吸引物，服务中心与外围吸引物之间通过道路连接（如图 5－2 所示）。在旅游资源本身缺乏特色的旅游度假区，一座服务周到的豪华饭店，也可以作为布局的中心，购物、餐饮、娱乐等辅助设施安排在饭店周围。同时用花园、人工景观等来提高这些建筑的吸引力。这种模式在我国一些大中城市周边地区运用较多，比如，以上海为中心，200 千米半径范围内，国家、省、市级的度假区不少于 50 个。另外，北京、广州等大城市周边都有一大批旅游度假区以这种模式分布。

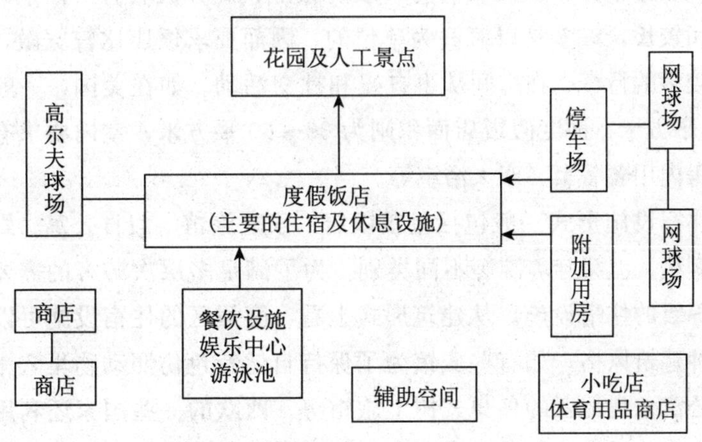

图 5－2　围绕中央饭店的布局模式

（二）旅游度假区的功能分区

旅游度假区按功能区划分，一般可以分为入口区、度假中心区、康体健身区、户外活动区、文娱活动区、度假别墅区、维修区等（见表5-1）。其中，入口区、度假中心区和维修区3个功能分区属于综合服务区，度假别墅区是服务社区的外围地区，也可以并入服务区。而康体健身区、户外活动区和文娱活动区属于度假区的吸引物集聚区。旅游度假区功能的设置要兼顾地方特点、国际惯例等因素，更要考虑主体的要求。

表5-1 旅游度假区功能分区

分　区	活动功能
入口区	接待、管理、停车、行李搬运、安全检查
度假中心区	信息中心、会议中心、商店、快餐厅、餐厅
康体健身区	运动场、游泳池、海滩、户外体育比赛场
户外活动区	通常具有优美的环境、视点和游览步道
文娱活动区	舞厅、夜总会、酒吧、剧院和晚间娱乐场所
度假别墅区	安静区、不受噪声影响，布置在视野开阔的风景优美区
维修区	储藏、机械、设备设施、工作人员住房

三、旅游度假区的设施与服务

（一）住宿设施

旅游度假区必须具有一定的与接待对象的人数、消费水平相适应的住宿设施，为度假旅游者提供住宿服务。度假饭店与一般的旅游、商务饭店有所区别。度假旅游者的平均停留时间较长，许多是以家庭为单位的，因而要求饭店比较宽敞，有足够的空间，以便存放较多的行李，在房间从事自娱和社交活动。如在美国，一般饭店的客房面积为20～31平方米，而度假饭店面积则为36～60平方米，室内要求有地方安放娱乐用桌和家庭房内用餐餐桌、双人浴室等。

度假区的住宿设施形式一般包括星级饭店、家庭旅馆、假日公寓、野营场所、青年旅馆、乡村客栈、温泉疗养院等不同类别。为了满足多层次游客的需要，度假区一般都配有不同等级的住宿设施。从建筑形式上看，度假区的住宿设施可以根据当地实际情况采取多种建筑风格，如有些旅馆为了保持自然特色仿照动物巢穴来建设，像墨西哥的蟹巢式公寓、肯尼亚的鸟巢式树上旅馆等。西欧的一些国家还利用古代的破旧驿站、客栈、磨房、城堡、宫殿改建成为旅馆，对旅游者有很大的吸引力。

（二）餐饮购物设施

购物饮食在旅游消费结构中占很大比例。旅游度假区内除设置一定档次与规模的餐厅、宴会厅、酒吧和咖啡厅外，还应设置一定数量不同档次、不同风格的餐厅、风味小吃店、快餐店等，以适应不同游客的需要。而一座星级度假宾馆，其餐饮设施应包括宴会厅、普通餐厅、特别餐厅、酒吧、咖啡厅、夜总会等。实际上，特色餐饮已经成为吸引游客的重要因素，如意大利那不勒斯发展海滨乡村度假旅游，大力推介比萨饼故乡的形象，规定乡村旅馆必须提供当地葡萄酒和地道的比萨饼；西班牙将美食作为海滨旅游多样化的重要内容大力推广，塑造有特色的餐饮形象，使餐饮也成为旅游项目，巴塞罗那的海鲜食街颇具规模；澳大利亚黄金海岸的餐馆多达500家，除了正宗的法式大餐、意大利美食、韩国烧烤、日本料理、中国菜以外，还特别推崇澳洲的海鲜、袋鼠肉和葡萄酒。

旅游度假区因远离城市，所以除了饭店内要设有必要的购物中心外，度假区内还应有一定数量的专门商店，包括各种纪念品店、服装店、保健品店、体育用品店等。较长的停留时间让度假游客有更为充裕的时间去购物。欧洲海滨城市开设的购物街既为当地人服务，又是外来游客的购物天堂，旅游购物占旅游收入的比例在60%以上。法国戛纳的十字大道精品街面向地中海，游客可同时尽享世界知名品牌和一览无余的美景；西班牙巴塞罗那的兰布拉斯大街连接港口和商业中心，各国游人密集，当地独有的旅游纪念品琳琅满目，大街两侧延伸的小胡同内小商店鳞次栉比，超市各具特色，当地旅游部门与市政部门协调，规范旅游购物区，特别编制了购物旅游线路；马略卡岛上的手工艺品制作中心，集手工艺品之大全，当地农民开办的各种手工艺作坊和摊点到处可见，香水作坊、陶器作坊、奶酪作坊等，既是旅游点，又是购物区。许多度假区还专门建设为游客提供一站式服务的综合性休闲购物场所，可以在此进行一整天的休闲式购物，如里约热内卢的一家大型休闲超市内仅电影院就有18家，超市内部还有轨道车供游客乘坐。

（三）康乐设施

由度假区的特殊性所决定，康乐设施应该是旅游度假区的重点设施，而具有特色的康体娱乐设施往往可以成为度假区的标志。康乐设施具体可分为以下几种类型。

1. 体育运动设施

主要包括冲浪、帆船、潜水、滑雪、滑冰、高尔夫球、网球、健身等设施。

2. 游乐设施

游乐设施是目前旅游度假区最重要的项目，最容易建立知名度、吸引游客。游乐项目的内容非常丰富，常见的类型包括：①机械娱乐类，指各种机械设备组成的有娱乐价值的动态机械，如游艇，过山车、碰碰车，射击游戏等。②游戏健身类，这类游乐项目是由儿童游戏场地发展起来的，是一种不仅适合儿童，也能吸引成年人的游戏健身活动项目。常见的游戏健身类项目包括：大地游戏，如滑沙、滑草；野外健身活动，如军训模拟野战；森林游乐活动，比如露营、野餐、爬山等。

3. 文化娱乐设施

文化娱乐设施既能为当地居民服务，又是旅游度假者经常光顾的大众性场所，能丰富游客的日常娱乐活动，特别是丰富区内的夜生活，具体包括：文化馆、电影院、剧场、歌舞厅等。

4. 休、疗养设施

如温泉浴设施、负离子氧吧、理疗中心等。

(四) 交通设施

所有的旅游度假区都应提供必要的交通工具和交通设施。交通工具包括大客车、中巴、豪华轿车等。交通设施包括停车场、码头、车站以及内外交通道路等。国外档次较高的度假区还建有为私人飞机服务的停机场和飞机跑道。旅游度假区的交通设施建设应从两个层面考虑：一是对外交通，有些度假区远离中心城市，交通上无法依靠中心城市的交通体系，必须建设专门的内外交通体系，特别是那些以远距离的高端游客为目标市场的度假地，需要考虑专门建设国际空港。如墨西哥的坎昆，是在一个偏僻小镇的基础上建设起来的针对高端游客的度假区，为开发这个度假区，政府不仅建起了专门的高速公路，还建设了专用机场。二是内部交通系统，连接不同的度假单元、各个服务设施之间的交通线路，构成度假区内部的交通体系，在度假旺季，度假地内部有大量的外地游客进行休闲活动，交通体系的设计必须考虑互不干扰而又使用方便的原则。

(五) 配套服务

与一般的饭店服务不同，旅游度假区的服务除了一般饭店、餐馆等服务外，还有三项专用旅游度假区的服务。

1. 导游服务

旅游度假区面积通常较大，有较丰富的旅游景点，为了有效地组织游客旅游、购物、娱乐，往往要配备导游服务。在旅游区以及相邻地区设计几日游的各种旅游线路，供游客选择。这种导游服务的典范是地中海俱乐部的文雅组织者，它是地中海俱乐部度假村的灵魂。俱乐部把在度假村度假的游客叫做“文雅成员”，文雅组织者与文雅成员在度假村住在同等客房，在同一餐桌用饭，共享度假村各种活动的乐趣，文雅组织者熟悉体育活动、娱乐活动、景点介绍与管理方面的基本技巧，他们代表一种精神：随叫随到，有求必应，举止文雅，机智幽默，富有创造力。

2. 教练服务

许多娱乐活动，尤其是体育活动需要较高的专业技巧，像高尔夫、冲浪、帆板、垂钓、赛马、滑雪、独木舟等都需要专业技巧，还有一定的危险，而且这种活动多属于青年和中年人的活动，人员更新较快，对于初学者必须要有教练培训指导。这样，一来可以提高运动水平，提高参与者的兴趣与经历，二来可以避免意外伤害。教练要

有广博的专业知识，具有教授各级水平参与者的能力、良好的从业背景、管理能力与比赛知识，有些项目还要有陪练员。

3. 托儿服务

许多度假区都设立了托儿中心，旅游市场呈现年轻化趋势，大量夫妻携子女出外旅游，为了真正使游客无忧无虑，许多度假区都提供托儿服务。如拉斯维加斯某一度假区的希尔顿饭店就经营了一个全球性教育及消遣综合机构，名为青年饭店，这个饭店为3～16岁的儿童及少年提供有人监护的消遣活动。对于不同的年龄级别，活动与服务不同。年龄大的有台球、拳击、篮球、周末少年舞会等，对于学前儿童则组织小组游戏、做手工艺、玩益智玩具等。地中海俱乐部设有照管四个月以上婴儿的婴儿俱乐部，照看两岁以上幼儿的迷你俱乐部，专供10岁以上儿童活动的儿童俱乐部，各种年龄的孩子均有专人陪伴。大人不受拖累，孩子不受限制，让游客无牵无挂，无忧无虑。

除了上述主要设施外，还应有一些必要的基础设施，包括供水系统、供电系统、通信系统、排水系统和保健医疗设施等。

四、旅游度假区的产品

（一）旅游度假区的产品体系

作为一个能够提供全方位服务的综合性旅游功能区，度假区的旅游产品应该丰富多彩。从度假旅游的功能性要求上看，旅游度假区的产品体系应主要包括：休闲产品、观光产品、娱乐产品、康体运动产品、购物旅游产品、其他专门性产品等。

其中，休闲产品应成为度假区产品体系中的主导性产品。同时，为适应度假市场多是以家庭为单位的特征，度假区在产品规划开发过程中，应比较注重旅游产品对细分市场的适应性，针对不同年龄段推出不同特点的产品。例如，当前的海滨度假区开发，许多地方为增强海滨度假旅游的吸引力，不断丰富旅游产品，逐步形成了由海滨浴场、水上运动、文化观光、民俗参与项目和专项旅游活动等组成的海滨度假旅游产品体系，满足了游客在某一地方较长时间休闲度假的消费需求。

近年来运动旅游产品也成为旅游度假区游客热衷的项目。如西班牙国家旅游局宣传促销的口号之一是阳光下的高尔夫，全国平均每2000平方千米就有一个高尔夫球场；夏威夷有77家高尔夫球场，许多酒店有自己的球场；马略卡岛将帕尔玛港建成帆船港，一年四季举办帆船比赛，参赛选手和随行的人员每年达到10万人，当地政府还资助足球队和自行车队，承办自行车赛，参加比赛的选手每年有8万人到岛上度假；马耳他着力塑造水上运动的天堂，开发游泳、潜水、划船、航海、冲浪、钓鱼、滑翔等运动项目，同时举办高尔夫、网球、赛马、古典式汽车等高规格赛事，从而使运动度假成为马耳他海滨度假旅游的突出特色。

度假产品的多样化还体现在与历史文化的结合上。各个旅游度假区充分发挥历史文化资源优势，将文物古迹、博物馆、民俗风情、人文景观等纳入度假产品系列。蓝色海岸是法国的艺术圣地之一，法国推出“蓝色海岸博物馆通票”，可以用于阿尔卑斯滨海省 65 家博物馆、历史古迹和植物园；意大利最大的港口城市那不勒斯是罗马皇帝的避暑地，近郊的庞贝古城遗迹、苏连托等名胜与海港风光融为一体，为突出地方特色，那不勒斯重点开发历史文化资源，以庞贝古城为背景，夏夜组织露天大型演出；西班牙推出朝圣之路、堂吉诃德之路、葡萄酒之旅、自然之旅、艺术之旅、民间建筑之旅等主题鲜明的旅游产品，赋予度假旅游丰富的文化内涵；里约热内卢将巴西的桑巴舞、足球文化与海滨度假旅游结合起来；坎昆将周边的玛雅文化遗址纳入度假者一日游的范围；夏威夷全面继承和再现当地土著文化等都是度假产品与历史文化相结合的典型例子。

各旅游度假区丰富多彩的专项活动使度假旅游充满活力。地中海蓝色海岸各城市大型旅游活动长年不断，春季有玫瑰节、电影节、一级方程式汽车大赛，夏季有爵士乐节、茉莉花节，秋季有小村庄举办的栗子节、葡萄节、蘑菇节，冬季有杂技节、柠檬节、狂欢节等，可谓一年四季，激情无限。其中，尼斯的国际狂欢节、戛纳的国家电影节、摩纳哥的一级方程式汽车大奖赛享有国际声誉。

度假旅游就是在旅游目的地进行的观光、休闲、娱乐、运动等综合性的消费过程，是多种消费的集合，旅游度假区的开发应力求提供多元化的产品，满足游客全方位的需求。

（二）旅游度假区产品开发趋势

旅游度假区发展的初期是疗养康复阶段，第一阶段的主要产品是海水浴、温泉浴、医疗保健和少量的娱乐活动；第二阶段是疗养和游乐相结合阶段，在传统的医疗保健产品基础上增加许多参与性的体育运动和娱乐项目，如划船、网球、保龄球等；当度假旅游发展到近代，便进入了第三阶段——游乐度假阶段，这一阶段的旅游产品出现了多样化、高科技化等特点，如众多大型的旅游度假村，度假俱乐部以及大型的度假娱乐设施出现（见表 5-2）。

表 5-2　　当今受欢迎的休闲度假活动

钓鱼	训练耐力的休闲活动，装备简单
登山	时尚运动，既锻炼意志和体魄，又可欣赏美景，呼吸新鲜空气
击剑	中世纪欧洲贵族爱好的一种武艺训练活动
耕田	返璞归真的时尚活动
冲浪	时髦的海上运动，讲究技巧的运动

续 表

骑马	在翠绿的草地上奔驰
跳舞	陶冶性情，愉悦身心，促进人际交往
驾机	翱翔蓝天
高尔夫	贵族运动
琴棋书画	高雅又怡情

度假区发展到今天，其趋势表现为以下几方面。

1. 度假产品类型创新

旅游者的需求不断变化，所以度假产品的设计必须密切关注旅游者求新、求异的心理变化，生产满足度假客人现实需求和潜在需求的后续产品。

2. 度假产品功能创新

度假旅游产品的功能主要涉及观赏、休闲、娱乐、康体等方面，如对产品功能进行划分，可以分为主导功能、支撑功能和辅助功能。其中主导功能是度假、休闲；支撑功能主要包括康体、健身、娱乐；辅助功能为观赏、观光。在开发度假产品时应当做到分层次、有重点。但总体来说，度假产品的核心功能是享受和休闲，为游客提供一种宜人的环境、提供物质和精神享受，这是度假产品不同于观光产品的特色所在。

3. 度假产品开发手段创新

度假产品的创新离不开科学技术，自动控制技术、生物工程技术、新型节能技术等开始运用于度假旅游地的建设，这些都是高科技成果向现实生产力转化的表现。在未来产品的设计上，还应该继续吸收计算机技术、数字技术、光电技术、无线通信技术的先进成果，推出更多的高品位、高质量的度假产品。

五、旅游度假区规划与开发原则与注意问题

（一）旅游度假区规划与开发的原则

1. 生态原则

良好的生态环境是度假区赖以存在和发展的基础，生态原则要求在保护和培育生态稳定性的前提下进行适度开发。

2. 系统原则

即规划的系统性和综合性。要求在规划中对项目系统的不同层次以及度假地与周围地区的关系进行全面周密的考虑。

3. 动态原则

每一个度假区的规划开发都是受特定的条件所制约，不可能永远尽善尽美，因此规划应该成为不断调整的动态过程。此原则要求在规划时严格控制用地和建设规模，

同时，在建设目标和时间等因素上要有一定的弹性和开发的时序性。

4. 市场原则

旅游度假区要获得市场的认可，必须充分了解和把握市场需求，不断调整项目，使自身处于市场竞争中的有利位置，实现度假区的可持续发展。

(二) 旅游度假区规划中应注意的问题

旅游度假区规划与开发应遵循旅游规划的一般规律，做好各项工作，并根据度假旅游的特点，侧重抓好以下几点。

1. 以开发、提供优质旅游度假产品为宗旨

我国的旅游度假区开发建设，目的是为了促进国内旅游产品由单一的观光型转向观光与度假结合型的发展，增强旅游业发展后劲。所以，度假区的开发应该尽量符合以下要求：有优美的天然吸引物、热情好客的社区环境、舒适的食宿条件、受欢迎的消遣娱乐活动、令人满意的购物设施和物有所值的旅游商品等。也就是说，度假区能够充分满足客人度假期间的各种要求，内容丰富，充满人情味，使游客享受到家庭式的温暖。为了实现这一目的，规划的指导思想、原则、区域划分、项目配置等都必须围绕提供优质度假产品这一基本宗旨来进行。

2. 突出度假区的特色，增强吸引力和竞争力

特色在旅游开发中始终居于重要的地位。在度假区旅游开发中，只注重共同项目开发、忽略特色会降低吸引力和竞争力。这里所指的特色反映在旅游度假区的自然环境、人文环境、民俗风情、娱乐活动等旅游度假项目的内容和形式上。度假区的特色确定，主要把握两点：一是旅游资源的特色；二是度假项目的特色。各项目在突出自身个性的同时，还要形成度假区整体的氛围，并从建筑物、标志物、环境设施、环境品质上反映。如墨西哥的坎昆是以玛雅文化为特色的大型热带海滨旅游度假区；夏威夷以海滨、火山风光、水上运动著称；澳大利亚的黄金海岸以各种休闲设施和冲浪者的天堂闻名；青岛石老人是以山海风光和啤酒文化为特色的暖温带海滨度假区；海南的亚龙湾提出“生命的乐园”主题，围绕自然、生命、运动和健康做文章，追求海滨度假与东方养生保健相结合。

3. 目标市场一般确定在毗邻地区

度假旅游者一般是近距离旅游者。因为假期时间有限，旅游者不能把大部分时间和花费用在路途上，并且要尽量减少时差的影响，这就决定了旅游度假区的客源圈在乘飞机1～2小时距离的地区，即近距离毗邻地区。例如墨西哥坎昆度假区主要吸引美国游客；西班牙加纳利群岛主要目标市场是欧洲旅游者；大连金石滩主要海外目标市场是日本游客；青岛石老人主要海外目标市场是韩国游客等。

4. 营造良好的度假环境

旅游度假区要有高质量的自然环境。度假区内要求周围无噪声，水体、空气、饮

用水无污染；新建的酒店、别墅、餐厅、公厕等设施要有排污、净化工程，防止出现新的污染；绿色植物是改善质量和美化环境的基本要素，度假区内绿化标准要高，植被覆盖率尽可能达到75%以上。

旅游度假区内要有优美的视觉效果。在度假区，除了大片绿地外，应选择山水较好的地段建设多处观赏性的花园，增加游览观赏空间。一些单体建筑应本着人工美和自然美高度统一的原则，与自然景物协调、融合为一体；建筑占地面积占度假区面积以15%～25%为最佳，体量不宜过大，尽可能体现民族风格特色。

度假区内要有和谐的社会环境。度假区内要搞好治安保卫工作，使游客有安全感；度假区内的员工要提供各种优质服务，使游客感受到家一般的温暖和舒适。

【案例5.1】

韩国波门湖旅游度假区开发

韩国庆州拥有韩国最著名的遗址，锡拉王朝古都的壮丽辉煌沉淀了庆州深厚的历史文化底蕴，吸引着众多国内外朝圣者，每年10月举行的锡拉文化节是韩国最著名的节庆之一。这些因素使庆州天然具备开发成国际一流旅游目的地的资源优势，隐藏旅游开发的巨大潜力。韩国波门湖是韩国著名的中型内陆湖之一，其优美的湖面、迤逦的两岸景色可以满足人们亲水、戏水、休闲、度假等旅游需求。度假区周边垄断性的文化资源使度假区的开发隐含着巨大的旅游市场，波门湖自身优美的自然资源为其开发成为一个休闲、度假、娱乐、商务的旅游目的地提供了物质载体，因此，波门湖旅游度假区开发的巨大成功也是在情理之中。

度假区的开发从开始就被看做全景区开发之中的一个元素，是庆州地区整体规划的一部分，而庆州市则被认为是度假区的服务镇。度假区的基础设施建设也具有高度的地区综合性，公路、供水、电力、电信等既是地区基础开发的一部分，又是国家基础设施的一部分。度假区本身的规划就包括开发庆州市供水排水系统，这种开发使庆州市和度假区同时受益。同时，度假区的开发还对周边历史、文化和宗教遗址进行了投资和保护，这样不仅保护了韩国的文化遗产，也是保护稳定客源的良好举措。

所谓旅游度假区主题，即是旅游度假区发展的主要理念或核心内容，其主要目的是强化度假区特色，增强旅游度假区竞争优势，满足旅游度假区核心客源市场的度假需求。度假区从建设伊始就确立了其鲜明的主题：娱乐性、康体性、商务性。为此，度假区建设了大量的娱乐、康体、商务设施，这包括饮食购物娱乐中心、会议中心、庆州潮山饭店、庆州协和饭店、庆州希尔顿饭店、宽吴饭店、韩国综合公寓楼（私人公寓）、三家韩式酒店、东图拉世界游乐场、波门乡村俱乐部（十八洞高尔夫球场及俱乐部）、庆州潮山乡村俱乐部（三十六洞俱乐部成员专用高尔夫球场及俱乐部）、游客休息地庆州新带饭店、韩式酒店、希拉民俗村、东图拉世界主题公园等。

众多的娱乐、康体、商务设施为游客提供了丰富的娱乐、商务场所，其鲜明特色吸引了国内外众多游客。人类喜欢亲水、戏水源于人类的自然本性，这是众多湖泊、海滨成为著名旅游度假区的重要原因。波门湖的旅游设施充分考虑了人类这一自然本性，许多设施都建在湖滨或可以眺望湖水的地方，使波门湖成为度假区最引人注目和活动项目最丰富的景观地带，另外波门湖还有钓鱼、划船和众多的水上娱乐活动，这些都极大地满足了人们亲水、戏水的旅游需求。

度假区许多建筑都体现了传统的韩式建筑风格，采用了韩式庭院布局，显示了浓厚的地域特色，也是对当地文化的有效传承，这种别具一格的建筑风格对国外旅游者具有非凡的吸引力，成为度假区景观的组成部分。如三十八洞高尔夫球场俱乐部的建筑和饮食购物娱乐中心的建筑采用的都是韩式风格，值得一提的是这种韩式风格的造价比现代建筑更高。

大众旅游的兴起使度假旅游市场不再局限于富裕阶层，国内和国外度假游客在旅游消费上也存在着较大差别，因此一个旅游度假区的消费市场不可能局限于国外旅游市场和富裕消费阶层，只有针对不同的游客提供不同层次的需求才是一个旅游度假区的生存之道。韩国波门湖在开发之初就意识到，由于韩国经济迅速发展，人们的储蓄和假日不断增多，度假区需要建设一些韩式酒店、青年旅舍等面向国内游客的旅游设施。因此，三分之一的饭店被改为面向国内游客的饭店，三分之二仍为国际标准，这种措施为度假区不同的游客提供了不同层次的需求，收到了良好的效益。

任何度假区的开发建设都不可避免地要承担社区发展的责任，但我国部分旅游度假区在开发时，曾经把区内村镇看做一种负担，让农民迁出居留地。这种没有把村镇作为旅游资源和合作伙伴来对待的方式，一度造成了度假区经营成本增高、旺淡季游客悬殊的后果。而且农民失去土地后，缺乏进入旅游业的机会，收入减少，如玉溪抚仙湖禄充风景区，失去土地的农民缺乏其他经济来源，只靠少量农田维持生活，全村1600名村民中，有65%的村民人均年收入才300元。相反地，波门湖度假区却非常注意自身和周边村镇的和谐一致，主动承担起社区发展的责任，从而使自己最后受益。度假区没有搬迁居民，主动修建了附近五个村庄的基础设施，考虑到市区和村庄的双重利益，制订了对村庄扩展的限制措施，并允许村民在度假区的非技术工种内就业，直接或间接的就业机会提高了村民的经济地位。基础设施和社会环境的改进使度假区周边村民的生活环境大大改变，使他们对度假区的开发与建设表现出极大热情。波门湖度假区的村镇成为了削弱度假区季节性游客变化的调节器，旅游旺季时游客可以居住家庭旅馆，缓解宾馆酒店的压力，旅游淡季时村镇居民仍有诸多传统的节庆活动，这对于保持度假区的人气、吸引游客都起到了良好的作用。

波门湖的基础设施均按国际标准建设，庆州市的污水收集和处理系统也是度假区

规划的一部分，度假区还专门建立了固体垃圾收集和处理系统，包括垃圾分离、再循环，不能再循环的垃圾或火化，或弃入垃圾坑。波门湖机动船只的限制使用，使水污染和噪声污染得到了有效控制。度假区主要饭店限高为45米，饭店建筑离湖边距离最小必须收进各10米，户外广告牌被禁止，只允许挂标示牌和法律标牌，以避免造成对游客的视觉污染。良好的环保理念，严格的开发和设计控制，使度假区没有环境污染，保证了度假区的长期稳定发展。这与我国不少度假区空喊环保口号，却对环境污染视而不见的做法形成了巨大反差。

【案例5.2】

博鳌旅游度假区发展规划

海南，这个中国最大的经济特区在经历了若干年尴尬的发展历程之后，曾有相当长的一段时间停滞不前，留在海岛上的人们都认为，特区几乎已经成为过去。那机会是否还会重新到来呢？1996年以前，谁都无法回答这个问题。然而，1996年1月，博鳌水城的破土动工，特别是2001年2月博鳌亚洲论坛落户于这个曾经是再平凡不过的小渔镇之后，博鳌因此名扬天下，整个海南也因此又一次迎来了蓬勃发展的春天。

一、概况

（一）自然风貌

博鳌旅游度假区位于中国海南省琼海市博鳌镇，濒临南海，是著名的万泉河入海口所在地。这里的地形、地貌可与澳大利亚的黄金海岸、美国的迈阿密、墨西哥的坎昆媲美。这里的自然生态保护得近乎完美，被外国专家称为世界河流入海口自然环境保存得最完美的处女地。博鳌旅游度假区总面积15平方千米，区域内融江、河、湖、海、山麓、岛屿于一体，集椰林、沙滩、奇石、田园等风景精华于一身。东部海滨一条狭长的沙洲“玉带滩”把河水、海水分开，在万泉河、九曲江、龙滚河汇合处的水域之中，有东屿岛、鸳鸯岛、沙坡岛三个岛屿，河水、海水相汇处便是博鳌港，西部有三座山岭：龙潭岭、文阁岭、田贡岭，三河、三岛、三岭、一港与南海浑然一体，组成了度假区独一无二的丰富内涵。

（二）博鳌镇基本情况

博鳌镇位于琼海市的东部、万泉河与南海交汇处。其东临南海，南与万宁市交界，西与琼海市朝阳、上甬两乡相邻，北与潭门镇接壤。距琼海县城约18千米，距海口市约134千米，距三亚约217千米。现有土地面积约4.6万亩（约31平方千米)，其中耕地面积约1.1万亩，荒地及其他地约1.5万亩，园林地约1万亩，水面0.8万亩。农业总人口9294人，非农业人口1295人，现有行政机关、企事业单位31个，6个村民委员会，66个村民小组。总人口10589人，为半渔半农集镇。

（三）博鳌的发展契机

博鳌水域拥有独特的地形地貌，得天独厚的自然生态资源，无与伦比的优质海滨温泉。毋庸置疑，这对中国国内游客具有极大的吸引力。但博鳌若想成为一个国际知名的旅游目的地，必须面向国际市场，创立博鳌特色。对于国际市场的游客，尤其是欧美游客，仅有阳光、海水、沙滩是远远不够的。具有浓郁民族特色、传统文化内涵，反映风土人情、社会民俗的建筑、饮食、服装、歌舞、手工艺品、生活习俗等这些最本质的东西才是最富魅力、经久不衰的，也是最具吸引力的。

二、总体发展规划

2001年6月22日，海南省政府在琼府函〔2001〕47号文件《关于博鳌亚洲论坛开发建设有关问题的批复》中明确规定，博鳌开发规划实行省政府、琼海市政府和博鳌控股公司三方会审制度，经三方同意，由琼海市政府批复，没有小区详细规划或不符合小区详细规划的单体建筑不得开发建设。

（一）开发博鳌的整体构思

（1）要求：博鳌水城将按照智能型、信息化水上城市的目标进行建设。规划区内不但要实现程控电话、移动通信、宽频网络和有线电视网络的全方位覆盖，而且规划区内的管理、保安、服务系统将全部智能化。

（2）目标：在未来的8～10年，使博鳌水城成为亚洲最重要的以国际会议产业为主导，旅游度假、文化娱乐、体育教育等方面共同发展的、天人合一的现代水上城市，使之成为21世纪最优秀的居住、工作和会议中心。

（3）构想：使博鳌成为世界性的亚洲品牌。

（4）定位：将博鳌建成21世纪世界级国际旅游度假城市。

（5）总体风格：南国风光、异国情调。

（6）开发方针：统一规划、统一管理、招商引资、分期开发。

（二）建设规划

（1）开发面积：41.8平方千米（其中水域面积8.5平方千米），此外还有23.5平方千米的绿色生态控制区。

（2）开发区域：①博鳌广场；②太阳城；③千舟湾；④林克斯高尔夫球场；⑤山水岭勒克其高尔夫球场；⑥千儒湾高科技农业园；⑦龙潭岭酒店别墅区；⑧东坡岛；⑨月光岛。

（3）功能区：博鳌水城共分为9个功能区，即①太阳城中心接待区；②东屿岛国际会议区；③玉带滩海滨度假区；④九曲江温泉度假区；⑤龙潭岭山景度假区；⑥千儒农业生态示范区；⑦沙美内海生态游览区；⑧大灵湖滨度假区；⑨万泉河水上观光游览区。

（4）配套项目：①万泉河旅游开发；②九曲江温泉资源开发。

根据规划，到2010年，博鳌将以东屿岛亚洲论坛会址为中心，在41.8平方千米区域内建设5个四星级以上酒店、5～6个高尔夫球场，成为一个年接待能力约300万人次的生态化、智能化、国际化的会议旅游度假胜地。

（三）远景目标

(1) 致力成为亚洲最具特色的国际会议总部和会议组织的聚集地。在西半球，20世纪的日内瓦和达沃斯以世界级的国际组织和会议总部所在地而蜚声世界；在东半球，21世纪的博鳌水城将成为新的蜚声世界的国际组织和会议总部所在地。

(2) 致力成为亚洲最著名的文化艺术中心和影视制作基地：举办各种形式的文化节、电影节、艺术节等主题活动。不同种族、不同国家、不同表现形式的文化精粹在博鳌交汇、沟通，并共同创造足以流传后世的文化产品。

(3) 营造世界最著名品牌的酒店管理集群：引进、筛选全世界最著名的酒店管理集团参与经营管理，为前来博鳌参加会议和度假的人们提供最好的酒店服务和其他增值服务，共同打造"博鳌"品牌。

(4) 高起点、高档次的投资平台：成为世界知名企业投资置业的理想场所。

(5) 营造亚洲最大的购物天堂：建成后的博鳌水城将拥有亚洲最大的免税商场。

(6) 建设一流的运动基地：博鳌冬季的优越环境及气候使博鳌具备了成为许多体育项目训练基地的可能性。目前规划中的项目有6个18洞的高尔夫球场群，国家冬季水上训练基地和亚洲最具人气的足球等项目的冬训基地。

（四）招商引资

招商引资必须符合三个条件：生态化、智能化和国际化。其中生态保护区相当重要，投资者必须认同、遵守博鳌水城的生态规划，才能够参与建设。现在"博鳌投资控股"有三家大股东，除了博鳌水城之外，还有许多其他的投资领域。投资者和合作伙伴的进入首先要符合总体规划和生态大纲，这是一个重要的前提。现在博鳌水城的开发模式是，控股公司前期以经营、投资、建设为主，将来会拿出部分项目与合作伙伴共同建设。

（五）居民安置

博鳌水城有41.8平方千米的开发区域，该区域内的原住居民有1万多人。怎样安置这些人，使其保留原有的浓郁民族特色、传统的文化内涵、丰富的社会民俗，并使之融入新开发的博鳌水城，是规划开发人员必须要慎重考虑的问题。因此，博鳌水城的开发理念是：尽量避免大规模的拆迁，7个建设区域将保留大部分自然村落，使之成为有文化特色的自然村落，对农田做也同样保留，和谐共生地开发水城。

（六）环境保护

在博鳌如此美丽而脆弱的生态环境中开发建设，如何谨慎处理人工建筑对自然环境的影响以减少对自然环境的损害，是对水城开发商品位衡量的标准之一。按照博鳌水城的规划目标，必须考虑以后若旅游业过分发达，是否会破坏原有的自然生态。开发与保护的确具有矛盾的两面性，所以在规划定位时，博鳌首先是一个国际会议、度假中心，旅游业则放到第二位，目的就是为了保护现有的生态环境。

三、发展阶段规划

博鳌开发区面积41.8平方千米，是聘请澳大利亚设计师设计规划的。1996年1月正式破土动工，被海南省政府列为重点开发的旅游项目，1998年7月又被国家旅游局选为全国“旅游发展优秀项目”之一。博鳌水城的规划总投资额为300亿元人民币，所有规划项目的开发和建设分三期进行，总共约需10年时间。

（一）一期工程

一期工程围绕“博鳌亚洲论坛”项目进行博鳌水城首期工程项目的开发建设。重点区域为500亩太阳城和沙坡岛高尔夫球场，建设重点项目有太阳城区域内博鳌金海岸温泉大酒店（五星级）、锦江博鳌温泉酒店（四星级）、别墅区、办公区、宿舍区、游艇码头、友谊桥、海鲜广场、区域景观工程、市政基础工程、沙坡岛高尔夫球场、南强桥、球场会所等。外围的建设包括高等级公路、供电、供水及温泉供水、通信等工程。第一期项目完成后，博鳌水城将形成内外交通畅通，融酒店住宿、会议接待、别墅度假、高尔夫运动、温泉疗养、水上旅游观光等功能于一体的初期规模。同时，为“博鳌亚洲论坛”第一次筹委会的召开提供多方位的服务保障。

经过建设者们的不懈努力，博鳌亚洲论坛一期工程已经于2001年2月胜利竣工。现在博鳌已经建设成为一个专门为论坛设计的集生态、休闲、旅游、智能和会展服务为一体的国际化综合度假区。这将为国际会议及其交流提供十分适宜的空间和舞台。目前，博鳌水城内已建成超五星级的博鳌金海岸温泉大酒店、四星级锦江温泉大酒店、亚洲唯一的全岛型林克斯风格高尔夫球场以及别墅、专家楼、休闲娱乐设施等。

（二）二期工程

从2000年11月至2002年9月为第二期工程，计划总投资共50亿元人民币，将重点开发建设论坛主体项目及配套项目。重点区域和重点项目有东屿岛国际会议区、论坛酒店、别墅区、高科技通信智能化系统，龙潭岭山景度假区，玉带滩海滨浴场和玉带滩海河高尔夫球场，千舟湾区域内的河畔酒店、运河酒店、国际友好村，博鳌水城西部主干公路及市政建设，万泉河跨河大桥。此外，还将进行民俗文化村及商业、娱乐业的开发和建设。第二期建设完成以“博鳌亚洲论坛”为中心的金融国际会议、高尔夫运动、旅游度假于一体的中期规模。住宿接待能力将达1500间客房，两个高尔夫球场，完善和满足2002年9月“博鳌亚洲论坛”第一次正式年会的需要。

博鳌水城二期工程将新建一条高等级的旅游公路、三座桥梁，并对万泉河口水域进行综合治理，同时对博鳌亚洲论坛会展中心所在地东屿岛进行全面的开发建设。东屿岛是万泉河入海口三座岛屿中最大的一座岛，岛的面积1.72平方千米，海岸线长

6.52千米。岛上遍布红树林、椰树、桉榔、野菠萝等热带植物，地形平缓，植被繁盛，环境幽静，水田纵横，石路蜿蜒，民风古朴，自然景观和人文景观保存极好。开发后的东屿岛，将建成一座国际一流水乡特色的高尔夫球场和尽览水景山色的三个别墅群。此外，博鳌水城的二期工程还特别对吉尼斯世界纪录玉带滩的南端进行开发，在那里兴建一个大型海滨浴场、一个河海相望的高尔夫球场和一座五星级的海滨温泉酒店。

（三）三期工程

第三期工程是从2002年9月到2010年，为期8年，重点建设龙潭岭山景度假区和中原乡村高尔夫球场、九曲江温泉酒店度假区和九曲江温泉高尔夫球场、农业生态示范区、沙美内海生态游览区等，全面建设和完善多功能的旅游设施、市政基础设施和服务设施，形成整体年接待能力300万人次的规模，从而最终完成博鳌水城三大主题的目标定位，跻身世界一流的旅游度假胜地。

规划中，万泉河水上观光游览区，将充分地利用全长163千米、横贯琼海东西的这条著名河流。从琼海市乘船顺万泉河而下，可到达博鳌水城万泉河河口，直至大海。这一河段全长24.5千米，将开发水上旅游观光游览、水上娱乐运动、海上休闲垂钓、海底潜水观光等项目。更为吸引人的是，水路将是未来水城交通方式的一个补充。

龙潭岭一侧，是博鳌水城北部的大灵湖。它承天地之灵气，地形地貌丰富，给开发建设带来更多的想象空间。它与龙潭岭一道启动建设，主要项目有：龙潭岭会所、亚洲研究院、山谷酒店、河岸酒店、乡村酒店、影视基地、艺术中心、儿童游乐园和论坛会员公寓以及山顶豪宅与3个各具特色的高尔夫球场。

第三期工程完成后，将进一步完善博鳌亚洲论坛基础配套设施，完善博鳌水城整体功能配套设施，将水城全面推向世界。

思考题

1. 旅游度假区的特征有哪些？

2. 旅游度假区应选址于什么样的地方？

3. 适合旅游度假区的旅游产品有哪些？

4. 结合本章中的案例，谈谈韩国波门湖旅游度假区对我国旅游度假区的规划与开发有什么启示？博鳌旅游度假区开发中有哪些经验可以总结？

第六章　城市旅游规划与开发

学习目标

通过本章学习，了解城市旅游的功能与特点、城市旅游的产品类型，掌握城市旅游规划与开发的原则和基本内容，了解城市游憩系统的空间布局模式及城市景观的设计方法。

关键词： 城市旅游　中央游憩区　环城游憩带　城市旅游景观

第一节　城市旅游

城市是人口集中、交通便利、工商业发达、居民以非农业人口为主的地区。城市具有综合的、多方面的功能，是一个地区的政治中心、文化中心乃至军事中心等。同时城市的历史、文化、形态、发展方向等各有不同的特色，形成了以不同特征闻名于世的历史文化名城、艺术之都、商业都会、经济中心等。从现代旅游业的发展规律来看，一座城市无论在经济、文化或政治等方面只要具有突出的特点，都可以作为发展旅游业的卖点，而旅游功能作为城市诸多功能之一，在现代社会发展过程中所发挥的作用也越来越大，城市的旅游功能越来越为人们所关注。城市旅游指发生在城市中的部分游憩活动和全部旅游活动及其引起的现象。城市旅游的本质是发生在城市的旅游活动，即以城市为旅游目的地的旅游活动，这既与人们的需求导向有关，也与城市本身所具有的旅游功能有关。

一、城市的旅游功能

目前，随着现代旅游业的飞速发展，越来越多的国家和城市管理者开始重视城市的旅游功能，有的已经取得相当显著的效果。如法国巴黎所吸引的游客占法国旅游人数的一半左右，意大利的罗马，美国的纽约和华盛顿，日本的东京，中国的北京和上海等城市的旅游业在本国都占据了举足轻重的地位。

（一）城市是旅游活动的中心

重要的城市或大城市，往往也是旅游资源比较丰富和集中的地方，因此城市也往

往成为旅游者最为集中和活动最密集的地区，即是旅游消费的集中地。同时城市又是一个地区政治、经济、文化的中心，旅游者众多的与之有关的活动要在这里开展完成。旅游者主要在城市里游览观光、购物、娱乐、社交及从事商务考察、经济洽谈、贸易往来、公务会议、学术交流等一系列活动。这些活动大多只能在生活和服务设施完备的城市进行，因此城市也就自然成为旅游者的活动中心。

(二) 城市旅游供应基地

大部分城市各类基础设施相当完善，交通、通信、医疗、金融及生活供应等都比较便利，可以为旅游者提供所需的各方面服务，满足旅游者的旅游需求。这既表现为城市对旅游者的直接服务，又表现为城市对周围旅游区的服务辐射；既表现为对旅游需求的供给，又表现为对周围其他旅游区旅游服务的补充。

(三) 城市是旅游交通枢纽和旅游集散地

车站、港口、码头、机场等往往都建在城市或与城市互为依托，交通线路网络也都是以城市为起点、终点，贯穿和连接城市而成，因而城市也就自然而然地成为交通枢纽，成为旅游者的集散地或中转站。实际上，具有良好的交通条件也是旅游开发的必然要求。

(四) 城市旅游业是区域旅游业的主体

正因为城市是政治、经济和文化中心，是交通枢纽，所以城市便成为创造旅游收入的主要基地，城市旅游产业成为旅游业的主体。旅游者的主要活动区域在城市，城市便建立了各种旅游服务设施，诸如旅行社、饭店、娱乐、医疗保健、金融汇兑等。这些设施和服务便成为一个地区旅游业的主体，成为旅游收入最重要的组成部分。

二、城市旅游的特点

由于城市的综合性功能，使城市旅游成为长盛不衰的热点方向之一，城市旅游的特点包括以下几方面。

(一) 旅游吸引的整体性

所谓吸引的整体性，是指城市旅游不是以某一方面的资源优势为主要吸引要素，而是以整个城市的综合吸引为特征。城市的吸引力既来自城市独特的自然景观、人文景观、诱人的美食、多彩的夜生活，也包括安全的社会环境、高效运转的城市交通等。当然，在现今信息时代，旅游吸引力与城市形象的关系越来越密切，因此很多城市都以某一突出的特征作为塑造自身形象的重点，以求吸引旅游者的注意力，但这并不影响城市吸引力的整体性特征。

(二) 旅游资源丰富，以人文景观为主

由于城市在政治、经济和文化生活中的重要作用，使城市和它周边地区形成了数量众多、内容丰富的历史文化遗产，成为今天重要的旅游资源。同时城市是人类文明发展的产物，它所体现的主要是人类的文化成就，这也决定了城市旅游资源主要是人文旅游资源，具体包括文物古迹、文学艺术、特种工艺、民俗风情、风味佳肴等。而现代社会发展和经济建设成就体现着现代科技和文化文明水平，更属于人文旅游资源范畴。

（三）旅游功能的综合性与旅游活动的多样性

城市是文明的载体，是人类物质文明和精神文明的集合，这就导致了城市旅游不同于单纯的自然观光旅游或休闲度假旅游，而在旅游功能上表现出多元化、综合性的特点。城市可以满足旅游者的多种需求，包括商务、会议、购物、修学、美食等。同时，城市的基础设施完备、服务项目齐全，具有综合性功能，能为旅游者提供多种服务，满足旅游者的各种需求。正是由于城市具有综合性的功能，才使旅游者能够在城市中开展多种多样的活动，诸如游览、住宿、美食、休闲、购物、娱乐、健身、业务洽谈、学术交流、公务会议等。城市旅游内容丰富的特点，也造成城市旅游者的构成比较复杂，旅游淡旺季区别不是很明显的特征。

（四）对旅游者的宽容性

城市比较开放，居民的知识水平、文化修养相对较高，对外来旅游者和外来文化则具有较大的宽容性。当地居民和外来旅游者一般不会产生尖锐的矛盾，关系比较融洽。这种宽容并不是心理、情绪上的忍让，而是精神、观念上的包容或一种涵养。这种宽容的态度，本身也是一种无形的旅游资源。当然，如果旅游者数量过大，也会产生某些问题，如交通紧张、治安混乱、环境污染等，会给旅游目的地带来一定压力，所以要正确认识城市旅游发展的利弊，正确引导城市旅游发展的方向与速度。

三、城市旅游产品的种类

从旅游产品的功能和主导特征角度来看，适合于城市的旅游产品主要有以下几种。

（一）文化旅游产品系列

文化旅游产品系列是指与城市的历史、艺术、科学和文化遗产相关的旅游活动。文化旅游强调文化体验，被认为是改善城市形象和提高城市知名度的有效举措。很多城市把博物馆、艺术馆、剧院等公共设施作为城市中重要的文化游览场所，如加拿大多伦多皇家博物馆的扩建，罗尔托马森大厅、北约克表演艺术中心和多伦多科学中心的建成，都是促使多伦多城市旅游快速发展的重要原因。

（二）体育旅游产品系列

观赏型体育比赛成为当前许多城市旅游和经济发展的重要项目。大型体育赛事的举办在给城市带来丰厚经济效益的同时，也使城市在国际上的形象和声望迅速提升。所以，各种世界著名的大型赛事成为各大城市争相角逐以成为革办地的目标。

（三）会议会展产品系列

会议、会展被人们称为“城市的面包”。大城市，尤其是国际都市都认识到举办会议、会展为城市的旅游业和城市经济的好处，会议、会展旅游者的高消费模式也引起了城市管理者和旅游开发人员的重视。

（四）城市游憩产品系列

城市游憩是城市建设和城市旅游发展过程中的新生事物，也因此产生了“中央游憩区”和“环城游憩带”的概念。中央游憩区的空间要素主要包括大型的购物中心、特色休闲购物步行街、旧城历史文化改造区、新城文化旅游区等。目前，在城市规划中，绝大多数大中城市都把中央游憩区作为城市的核心区域来对待。环城游憩带是环绕在城市外围、处于近城乡镇景观之中、与中心城市交通联系便捷的游憩活动空间，环城游憩带具有观光、休闲、度假、娱乐、运动等不同功能，很多城市居民利用周末前往。

（五）城市度假产品系列

与传统的海滨度假和乡村度假相对应，城市度假也是备受欢迎的，城市游憩受到文化旅游者、青年文化爱好者和乡村富裕阶层的欢迎。在城市中的度假，一般是“文化体验型度假”，即在一座城市较长时间停留，通过参观各种文化设施，探访历史街区，参加社区活动和休闲、购物等活动，深度体验城市的地方文化和传统艺术。

四、开展城市旅游的作用

（一）优化城市的产业结构

发展城市旅游，对优化产业结构、提高城市产业层次具有重要作用。城市旅游是一种“注意力经济”，它将人们的注意力视为稀缺资源，通过吸引人们的注意力来聚集大量的人流、物流、资金流和信息流，从而推动第三产业的规模化和现代化。城市旅游呼唤环境革命，这也将推动第一产业和第二产业向高新技术和生态优化的方向转化，如大连市就是通过经营城市环境、发展城市旅游走上复兴之路的。大连是我国老工业基地之一，过去工业布局不合理，造成城市污染严重，经济增长速度缓慢。自20世纪90年代初期以来，大连开始精心营造城市环境，发展城市旅游，从而带动了商贸、金融、会展等第三产业的迅速发展，使城市的产业结构趋于合理。

（二）对其他相关产业具有强力的关联带动性

发展城市旅游能够带动相关产业的发展，从而促进整个城市经济甚至区域经济的发展。如美国城市奥兰多，本来是一个典型的以种植业为主的小城镇，产业结构单一，经济发展缓慢。1972年迪士尼建立之后，形成了以旅游产业为主的经济发展特点。同时城市内各种游乐园的建造，带动了其他产业的发展，每年来这里的游客超过4000万人次，贸易额600亿美元，带动了整个地区经济的发展。

（三）增强城市的环境竞争力

发展城市旅游能够增强城市的环境竞争力。从软环境方面讲：旅游具有开放性，发展旅游就要切实提高环境质量，使城市的综合环境显示出充分的好客性，给旅游者留下好印象；旅游注重营造城市文化氛围，使城市文化得到保护和弘扬；旅游呼唤整洁无污染的自然环境，这不仅有利于创造优美的旅游环境和良好的投资环境，还有利于改善市民的居住环境。从硬环境方面讲：发展城市旅游能够把城市的某些相对劣势转化为优势。如重庆市，山城的地形给经济发展和城市建设带来了很多困难，但恰恰是这种不便的地形造就了少有的电梯缆车文化，同时也是山城灯海形成的必备条件之一。另外，通过旅游规划可以赋予城市旅游资源以旅游功能，盘活城市中那些没有价值的有形资产；发展旅游要求城市具备宽松的政策环境和公开、透明、平等的竞争环境，这也有利于招商引资，促进城市经济发展。

（四）推动城市规划和城市设计水平的提高

发展城市旅游能够推动城市规划的人性化发展。当代的城市规划总是在强调“以人为本”“人居环境”等观念，而发展旅游的目的就是要创造一个适宜人居住并对外地游客有强烈吸引力的环境，为此就要花大力气整治城市环境，如优化生态环境、改善交通、完善基础设施等，这些不仅有利于吸引投资者和游客，同时也造福了当地的城市居民。

发展城市旅游有利于增强城市规划的个性。发展旅游主要以吸引外来游客为主，而对游客具有强烈吸引力的主要是城市特色，这就要求城市不遗余力地保护城市历史文化、民间风俗、独特的风景等。而发展旅游将保护与开发结合起来，以保护促开发，以开发促保护，两者形成良性循环。通过旅游发展，不但发挥了城市的历史文化和特色风景的价值，也唤起了人们尤其是当地人保护城市的意识，增加当地居民对城市的归属感，增强文化凝聚力。

发展城市旅游有利于增强城市规划和城市设计的外向性。城市旅游以吸引外来旅游者为主，所以在城市设计、建设和管理等方面注重为外来旅游者和投资者创造良好的环境，特别注重对外宣传，这就会无形中增强城市的知名度，吸引大量的资金、人才、信息，从而使城市成为名副其实的开放性城市。

第二节　城市旅游规划与开发

一、城市旅游规划与开发的原则

（一）中心地原则

中心地原则是运用“中心地”学说的理论思想，要求城市旅游开发规划不仅要促进本身走可持续旅游发展的道路，而且还要以城市中心地来带动区域旅游的发展。首先，城市作为一个旅游空间中心系统组织，面对国内和国际市场，在正确预测客源的

前提下，具有满足游客住、食、游、娱、行、购的条件，基本设施的数量和质量能体现该城市的性质和时代风尚，并能辐射周边区域旅游业发展；其次，城市是个开放系统，其规划的实施能体现城市在国家或地区旅游发展中的中心战略地位，在区域旅游业中能承担极大部分旅游物质、旅游设备的生产与供应任务，能承担旅游信息的搜集和传递任务，能培养旅游经营和旅游服务人员的任务，并能加强城市间的相互协作与联系。

（二）城市旅游吸引营造的原则

1. 注重城市整体塑造

以整体形象造成吸引，不能只考虑旅游发展而进行规划开发，需要结合城市经济、社会、文化、环境的全面与综合塑造；城市旅游活动、旅游设施等具体的吸引内容之间，要有整体性、协作性，密切联系，合理组合。

2. 形成主题特色

主题是突出城市个性、强化吸引力与加深游客记忆的基本要求。虽然城市形象、旅游吸引物以丰富性、复合性为特点，但同样需要一定的主题。城市主题特色的确立一个是要突出最具有地方特色的方面，从而体现差异性；另一个是必须利于吸引游客，如广州主题为“华南商都”以强调其商业文化，而深圳的主题为“最开放的城市，最靠近香港的城市，最能梦想成真的城市”。

3. 突出核心要素

通过核心要素表现主题，可以从三方面着手：①标志性建筑及代表性区域，如广州的环市东路、天河新城，表现广州现代化商务中心的特征；②特色性项目，开辟独特性、新颖性与个性的项目，让游客身临其境，尽情享受并留下深刻印象，如深圳“世界之窗”“锦绣中华”“中国民俗文化村”三大项目展示主题公园之风采；③购物，它是城市吸引的特色，也是城市旅游收入的源泉。

（三）优化结构原则

城市旅游规划的优化结构原则是指旅游业的发展方向要同城市旅游性质相适应，同旅游客源市场相协调，对旅游业规模结构、水平结构进行优化。首先，旅游业作为一个独立的行业从国民经济分出来，应在其产业构成中占有相应的地位。其次，旅游业的发展规模要和城市发展水平相适应，与旅游资源相匹配，并能带动相关行业的发展。最后，旅游设施布局的空间结构合理，拥有完善且强大的旅游服务体系和相应的纵向管理系统：旅游服务体系是由直接和间接为旅游服务的部门和企业组成的综合体系，它体现旅游业的综合接待能力；管理系统能对旅游业发展起到计划、决策、组织、指挥、协调和监督等作用，以保证旅游经济活动的顺利开展。

（四）阶段发展原则

城市旅游开发规划要体现阶段性。具体表现在近期开发规划要尽可能现实、可靠，具有可操作性；远期开发规划重点要体现战略性，以适应未来各种可能的变化，并表现出一定的灵活性。

（五）挖掘特色与创新原则

在城市旅游规划中创新是灵魂，特色是生命所在，这是城市旅游扬长避短的必然选择。因此，要突出每个城市的特征，从维护和发展城市旅游的文化完整性、连续性及其风貌出发，充分挖掘其固有的文化历史积淀，合理地选择其发展的主导模式，制订科学的旅游发展规划。在自然条件、空间组织、园林艺术、建筑等诸多方面形成自己独特的风格和鲜明的形象，形成城市的个性。旅游的本质属性是文化差异，没有文化差异就构不成旅游吸引力，把独特的东西挖掘出来，这个城市才会凸显起来。比如上海、大连、深圳3个城市都是国内都市旅游体现比较充分的城市，这三个城市的共性是沿海城市，传统意义上的旅游资源不是很丰富，经济发展水平比较高。但各个城市所创立的旅游特色各不相同，上海曾经想过要不要发展主题公园，但认为走这条路容易与其他城市雷同且不具备上海特色，所以确立了都市旅游的模式，而且按这个模式来发展。大上海展现的是都市旅游比较完整的内涵。大型会展活动，繁荣昌盛的商贸活动，繁华的都市街道，各种各样的国际交流活动，包括每幢新建筑的产生，都构成了独特的吸引力。现在上海以商务、会展旅游为主的都市旅游效应已经体现出来，而深圳体现的是人造主题公园的发展。大连的优势是总体的城市风貌，虽然不像其他城市那样可以数出一批知名的景区景点来，但游人的感觉就是大连的城市不错，很漂亮。生态、休闲的公园城市构成了大连城市独特的吸引力，城市本身就形成了一个终极目的地。一个城市，只要研究透彻，它一定有其独到的地方，把其独到的东西挖掘出来，才能站得住、立得久，也才能真正成为城市的品牌。

（六）开发与保护相协调原则

首先，城市旅游开发必须与保护相协调、与整治环境相协调。保护是为了更好地开发，开发要促进保护，二者之间能够统一，也必须统一。

其次，城市建设要与保持城市风格相同步。在城市建设和旅游开发中，都会出现旧城改造与保护历史文化的矛盾，怎样用科学的方法保护历史文化，把开发建设同保持历史文化名城的风格同步，是城市旅游开发规划和实际建设中必须重视的问题。旧城改造、新城建设在规划中应强化功能分区，这是城市建设与保持风格同步的重要途径。从实践上看，老城保护最好的方式是“新老分离”、一分两地，一块老城、一块新城，凡是这样做的城市都很有特色。城市的特色应该体现在文化的积淀上，老城保留不了，可以保留一条街；一条街保留不了，可以保留几所房子；让人们感觉到这个城市有点味道。老的建筑保留不下来，就应该保留民俗，古代民俗保留不了，那也应该体现现代民俗。

最后，要突出时代的风貌，把城市现代景观作为城市旅游的游览内容之一。一般

来说，城市旅游的建筑物在高度、色彩、式样、建筑密度等方面，应该结合附近风景区的格调给予适当的规定和限制，使之成为风景区的“借景”，防止视觉污染，并强调建筑景观与自然景观的和谐，以产生良好的观赏效果。在合理布局的前提下，可以适当发展高层建筑，否则不可能改变城市居民日趋增加、居民住房紧缺等问题。即使是历史文化名城，也应该体现这个伟大时代的风采，不仅要让现代旅游者看到社会主义物质文明和精神文明的成果，也要为后代旅游者留下我们这个时代的文化遗产、时代足迹。

二、城市旅游规划的内容

城市旅游发展规划的主要任务是明确旅游业在城市国民经济和社会发展中的地位与作用，提出旅游业不同阶段的发展目标，优化旅游业发展的要素结构与空间布局，安排旅游业发展优先项目，促进旅游业持续、健康、稳定发展。其主要内容包括综合评价城市发展旅游业的资源、基础和区域条件；全面科学地进行市场分析、市场预测，确定城市旅游的发展目标；确定城市旅游产品的开发重点及时序安排和空间布局；确定旅游环境保护的原则及相关措施；提出城市旅游发展的保障体系。具体可以包括以下一些内容。

（一）全面分析城市旅游业发展历史与现状、优势与制约因素

主要包括对城市的自然旅游资源、人文旅游资源、社会旅游资源、城市的文化和特色进行全面分析，并结合与周边地区的旅游特色的比较，分析出城市自身发展旅游的优势、劣势所在，为科学制订旅游规划做良好的准备。

（二）全面科学地进行市场分析、市场预测

对城市旅游的客源市场需求总量、地域结构、消费结构及其他结构进行全面、细致地分析，并对规划期内客源市场需求总量、地域结构、消费结构及其他结构进行预测。由于城市作为人类生产、生活的聚居地，其本身的市民也有巨大的休闲、游憩及近程旅游需求，因此在做旅游市场分析时必须考虑城市其自身市民的需求。

（三）提出城市的旅游主题形象和发展战略

城市旅游可以包括多种类型的项目，但是城市旅游的最大特点是它往往以一个整体的旅游形象出现。如“看五千年中国——西安”“看一千年中国——北京”“看一百年中国——上海”“深圳——最开放的城市”“珠海——最适宜人类居住的城市”等。因此，在进行城市旅游规划时，确定城市旅游的整体主题形象是十分重要的，它也是城市树立独特旅游形象和独特魅力的关键。在此基础上围绕着确定的主题形象制订合理的发展战略。

（四）提出城市旅游业发展目标及其依据

根据制订的城市旅游发展战略，并结合城市发展旅游的条件来制订城市旅游业发

展的目标。根据规划时限的长短，将整体的发展目标进行分解，确定各阶段的发展目标，并给出提出该目标的相关依据。

（五）明确旅游产品开发的方向、特色与主要内容

根据对城市旅游资源的分析，在城市旅游的主题形象和发展战略的指导下，要对城市旅游产品的开发方向、特色及主要内容作进一步的明确和细化，作为今后项目策划、安排的指导意见。

（六）提出旅游发展重点项目，对其空间及时序做出安排

作为可操作性的体现，城市旅游规划需要对城市旅游的不同发展阶段提出相应的重点项目。这些项目必须对该阶段的城市旅游发展起关键的作用，也是城市旅游今后标志性的项目。同时，这些项目的空间布局及建设时序安排也是旅游规划中所应该包含的内容。

（七）关于城市旅游环境的保护措施

城市旅游虽然不像纯自然旅游区那样对生态环境有着极高的要求，但是良好的城市环境也是发展城市旅游的有利条件。在不少城市旅游规划中往往会提及“美化”“绿化”“亮化”工程。对城市中那些依托自然、人文旅游资源的旅游目的地也要按照可持续发展原则，注重保护与开发利用的关系，提出合理的措施。

（八）城市旅游配套设施的规划

城市发展旅游在配套设施方面要较一般的旅游区完善得多，但是对城市旅游目的地周边的交通、接待、餐饮等配套设施也需要进行相应的规划。同时城市作为一个整体，对特色餐饮、接待设施也需要进行整体的安排与规划。此外对一些具体项目的投资分析，如旅游设施建设、配套基础设施建设、旅游市场开发、人力资源开发等方面的投入与产出关系也需进行一定的分析。

（九）提出城市旅游规划实施的保障措施

城市旅游是一项综合的产业，城市旅游的发展涉及许多相关部门的配合与协助。城市旅游规划也势必会涉及许多相关部门，这就需要城市各级管理部门为城市旅游规划的顺利实施提供必要的政策、制度的保障，并最好能成立一个高级别的机构进行协调处理，为城市旅游的发展提供必要的保障。

三、城市旅游规划的要素

由于旅游活动是一个涉及多个行业的经济活动，城市作为既是客源地又是目的地的特殊空间，其旅游主体更为复杂，归纳起来主要包括以下要素。

（一）旅游吸引物

城市旅游吸引物包括一切能够吸引游客前来城市旅游以及为城市居民提供游憩目的地的自然资源、文化资源、各类娱乐设施等有形的资源以及各类旅游活动、事件、

节庆等无形的旅游资源。

（二）旅游配套设施及服务

旅游配套设施是旅游业发展的重要保障。其主要包括宾馆、度假村等住宿设施，餐馆、美食街、茶坊、酒吧等餐饮设施，旅行社、旅游信息服务中心、旅游纪念品商店等其他旅游服务设施以及银行、医疗卫生、公共安全、电信等公共配套设施。

（三）基础设施

一般而言基础设施主要包括道路交通设施以及给排水、电力、废弃物处理等方面。城市发展旅游一般在基础设施方面比其他景区有一定的优势，城市已有的基础设施能为城市旅游的发展提供相对便利的条件。

（四）社会因素

社会因素主要包括为了城市旅游的发展而需要的良好社会环境的组成因素。例如与旅游有关的法规、政策、制度、旅游的促销计划、旅游人才的培养计划，提高公民的素质、优化城市环境来改善城市的旅游形象等方面。

四、城市游憩系统空间布局

根据旅游城市本身的资源分布特点，结合城市结构，城市旅游空间的布局可以描述为下列结构。

（一）中央游憩区

1. 中央游憩区的概念

中央游憩区是城市市区中最全面体现和展示城市风貌和特色，具有综合影响力的特定区域，能够满足城市居民和外来游客游憩、旅游活动需求。中央游憩区提供多元化的功能设施，集中大量的旅游、休憩活动，是城市旅游开发的优先区域。中央游憩区是人们体验城市、认识城市的最主要区域，与城市旅游的形象有着密切的关系，中央游憩区往往成为城市旅游形象的光环效应区，这突出表现在其标志性和地方感两方面；标志性即中央游憩区具有鲜明特点；地方感即中央游憩区反映城市的地方传统和历史内涵。

2. 中央游憩区的空间要素

一个中央游憩区主要包括以下几个因素：一个或一个以上的社区、开放空间、特色步行街和游憩中心，这些要素的不同组合方式构成了形态各异的中央游憩区空间。

（1）步行街

步行街往往是城市中央游憩区的重要组成部分，步行街是城市开放空间的一种形式，是城市公共属性的重要象征。它是随着城市社会生活的进步商业活动的高度发展，在历史的演变过程中形成的公共空间。这里所谓的步行街实际上是商业步行街的简称，由传统的商业街发展而来随着社会的发展，商业竞争的加剧以及人本主义的盛行，营造一个良好的购物环境成为许多城市经营者的共识。正是基于这种共识，才导致了步行商业街的诞生。事实证明，一条设计巧妙的步行街，其功能往往超出了购物的功能，而成为休闲、游憩的好去处。

由于步行街独特的功能定位，在设计时往往非常重视以人为本的原则和体现城市文化底蕴、营造文化氛围的原则。因此，步行街的建设除了能提供良好的交通秩序、刺激经济发展以外，还有改善环境的功能，如机动车在步行街区的被限制，大幅度地降低了大气和噪声的污染，通过改善地面铺装，安装街道照明，布置绿地、街头小品等，为人们创造舒适、高品质的游憩、购物环境。

目前，国内外一些知名的步行街，如德国市政厅马瑞姆广场、英国科芬特花园步行街、上海南京路步行街等都将购物与娱乐、观光结合起来，其纯粹的商业功能通常只占 20%以下，取而代之的是多种多样的休闲娱乐功能，各种功能之间相互协调使人们能够在较短时间内达到需求的最大满足。据调查，市民一般一次花在步行街上的时间不会超过 2.5 个小时，但如果有合适的娱乐设施，大部分青年人在一条街上的活动能超过 5 小时。可以说，购物已不再是人们到步行街的主要目的，取而代之的是带有浓郁游憩性质的逛街，购物只是一种附带的行为。但值得注意的是，由于步行街购物环境良好，往往会激发人们更大的购买欲望。

(2) 游憩中心

游憩中心泛指各类主题相对较为单一的游憩场所，如俱乐部、博物馆、游艺室、健身中心、度假村等。游憩中心大多以点状的空间形态出现，其规模可大可小。在空间分布上可以相对集中，也可以分散于城市的不同等级的公共空间内，以满足不同层次、不同区位、不同年龄、不同性别等具有不同的经济、社会特征的社会群体和个人对不同游憩内容的需求。游憩中心可以是商业性质的，也可以是公益性质的。游憩中心所涉及的游憩主题极其丰富，所涉及的参与群体的面也非常广泛，因此可以认为游憩中心是城市游憩的重要组成单元。

在点状的游憩空间中，大型游憩购物中心成为不少大都市的新宠。随着现代购物理念的改变以及购物行为内涵的延伸使得购物已成为人们重要的休闲、游憩方式之一。除了商业步行街外，许多大型的综合购物中心也由此应运而生。如美国明尼苏达州的美利坚商场内含 800 家商店、18 家电影院，此外还有夜总会、健身中心、高等级的宾馆和约 21 米高的人造山体。总面积达到 950 万平方英尺，人们在其中待上两三天也不会感到厌倦。这种大型的游憩购物场所实际与游憩商业区具有同样的性质与功能，某种意义上是游憩商业区的表现形式之一。

(3) 社区

城市中央游憩区内往往包括社区，既包括随着中央游憩区的发展不断更新的现代化社区，也不乏代表城市独特文化的传统社区。这些传统社区往往是中央游憩区内历史文化积淀最厚重的地方，文化的形成与其历史的悠久程度、城市的规模地位及所处的地理环境都有十分密切的关系，必然成为中央游憩区中最有吸引力的地方。社区是中央游憩区旅游发展的依托，不仅为旅游业提供必要的基础设施保障，而且是旅游者了解异地文化的一个最真实的窗口。

（4）开放空间

在城市中央游憩区内，开放空间的质量直接影响到中央游憩区的整体环境效果。开放空间有很多形式，主要包括绿地空间、广场空间及自然开敞空间（山体、水体）等。不同形式的开放空间创造出多样化的环境景观，给中央游憩区带来生气和活力。

（二）环城游憩带

1. 环城游憩带的概念

环城游憩带指发生于大城市郊区，主要为城市居民光顾的游憩设施、场所和公共空间，特定情况下还包括位于城郊的外来旅游者经常光顾的各级旅游目的地，一起形成的环大都市游憩活动频发地带。环城游憩带包含四个要素：“环”表明了区位；“城市”体现的是市场；“游憩”指的是所提供的产品；“带”表明分布形式，不是圈，也不是点，而是一个不连续的带，之所以以“带”的形式出现，一方面是由于环城游憩带需要比较大的规模，而不是孤立的、比较小的旅游点；另一方面也表明环城游憩带要因地制宜，适度发展，而不是一定要发展成一个封闭的圈。

城市周边地区环城游憩带的形成主要基于以下因素：首先，市民对近距离游憩消费的需求。随着闲暇时间的增加，形成了市民近距离高密度的游憩需求。这种需求频繁指向城市周边地区，在市场的激励下，郊区的旅游业取得了较快的发展，一批新的景点不断涌现，刺激了城市环境游憩带的形成和发展。其次，城市游憩资源创新的需要。城市旅游开发一般需要建立在良好的资源基础上，但有时城市内部的资源不充分，而市场需求又很大，往往需要资源创新。大城市人口基数大，庞大的出游群体使得在大城市周围，这种资源创新的需求尤为强烈，刺激了环城游憩带的发展。最后，土地租金与旅行成本的相互作用。环城游憩带的形成，是在土地租金和旅行成本的双向作用下，投资商和旅游者达成的一种妥协或默契。从供给方面来看，距离城市越远，土地租金越便宜，投资商压力越小，所以资金投向逐步推向了城市郊区。从需求方面看，距离城市越远，旅游者的旅行成本越高，出行的意愿和实际出游率越低，城市居民的经济能力和区域经济水平决定了出游目的地还主要是城市周围，从而在城市郊区和附近游憩区形成了较密集的游憩土地利用，形成环城游憩带。

2. 环城游憩带旅游开发方向

环城游憩带主要是以满足市民周末旅游参与性休闲度假式需要的园林、森林和农业观光为基调的综合开发、远郊区的观光农业开发、各具特色的郊野公园建设、郊区乡村保护区和郊区生态文化建设等旅游开发方向。总结近年来我国大城市郊区的旅游开发，主要的旅游景观建设和旅游目的地类型包括以下几个方面。

(1) 旅游度假区。改革开放以来，我国许多大城市利用良好的自然环境，兴建了一系列旅游度假区，如上海的佘山度假区、太阳岛度假区，武汉龙阳湖度假区、盘龙城度假区，西安曲江度假区等。这些旅游度假区以优美的自然风景、名胜古迹、文化遗址观光区为基础，以功能性开发区建设为目标，综合规划，成片开发，集宾馆以及相关的商贸服务为一体，建设了现代化的娱乐设施和舒适完美的疗养和康体保健设施。这些度假区占地面积较大，一般为几到几十平方千米，成为郊区土地开发利用的一个重要方向。

(2) 主题公园。旅游开发者在郊区利用丰富的土地资源和相对便宜的地价，通常会建设主题公园以弥补中心城市旅游吸引力不足的局面。北京、上海和深圳等城市的主题公园开发已经具备了相当规模。由于主题公园投资巨大，占地面积大，因此，需要较高的门票价格和庞大的客源市场才能维持其运营，应慎重行事。

(3) 乡村度假休闲旅游开发。城市周边的农村地区，具有和城市迥异的景观和生活方式，因此，城市郊区近几年来兴起的“农家乐”“渔家乐”“做一天农民”等旅游项目受到旅游者的欢迎。这种乡村旅游的开发突出了地方文化特色，对其他地区的旅游者和城市的大、中、小学生具有强大的吸引力，其关键是搞好旅游配套服务设施的建设。

(4) 产业旅游。产业旅游是指以城市郊区工农业的成就和建设成果、生产过程、市场网络作为旅游吸引物，选择典型的融知识性、趣味性、观赏性甚至参与性于一体的市场和经营场所。以观光农业的开发为例，如农业示范观光、高科技农艺观光、果园采摘、钓鱼等都是近年来大城市周围兴起的对市民有很大吸引力的旅游项目。

五、城市旅游景观设计

旅游城市景观设计是城市旅游开发规划研究的重要内容。城市旅游景观既要满足旅游者的行为和观赏要求，还应该满足居住者的要求。城市旅游景观是由建筑风格、市区入门景、建成区侧景、街景、广场、市中心、城市绿化、风景点和游览区、城市交通等多种景观因素构成的景观系统。它们从整体上反映出城市旅游文化背景、精神风貌和物质文明的程度。旅游城市景观结构设计就是要优化景观因素在空间上的相互联系，达到自然美、人工美、艺术美、社会美的和谐统一，展示城市旅游的个性与魅力，从而提高居住者的生活质量和旅游者的游览质量。

(一) 城市绿化系统

一定数量的绿化面积和合理的空间组织，是城市绿地景观设计的基本问题。我国《城市绿化条例》规定：城市绿地分为城市公共绿地、居住区绿地、单位附属绿地、防护绿地、生产绿地、风景林地等六类。国家建设部关于园林城市评选暂时标准共 12

条。其中城市规定绿化覆盖率不低于35%，建成区绿地率不低于30%，人均公共绿地面积不低于6平方米。市区干道绿化带不少于道路总用地面积的25%。全市形成林荫路系统，道路绿化、美化应具有本地区特点。江、河、湖、海等水体沿岸绿化良好，具有特色，形成城市特有的风光带。

深圳市在进行绿地系统规划时，深入分析了深圳特区依山傍海、气候条件优越、生态特点复杂多样、环境空间奇异纷呈、具有“山—海—河—城—绿”的景观优势。除通常的居住区绿地和专用绿地按照有关指标确定其面积和分布外，还提出了生态绿地、公园绿地、道路绿地、旅游绿地等方面的系统规划。南京城市绿地系统规划在充分剖析南京的环境风貌和资源特色的基础上，提出了具有南京特色的“绿心（主城绿地系统）、绿网（都市圈生态防护网）、绿带（道路、水系）”的城市绿地系统总格局和实施方案。

城市旅游绿化系统既要起到改善环境的作用，还应该增强观赏性。研究表明，绿化系统必须达到一定的面积定额要求，规划成一个均匀分布彼此相连的绿化系统，才能使郊区的新鲜空气通过绿地上空不断地输入城市内部。

合肥市在老城内，工业区与老城区间，工业区与工业区之间，有计划地长期保留大片蔬菜地，加强绿化，采取点（小区绿化、四旁绿化）、线（街道绿化、内环路林荫道、沿河绿化、防护林带等）、面（公园、郊区风景区等）相结合组成的绿化系统，效果较好。近年来海滨城市大连市在城区改造拆建中，市中心区预留较大面积的空地，不建高楼建绿地，收到了很好的社会效益和环境效益。在构景中主要是通过选择适合当地的树木花草，合乎植物群落生长发展的自然规律，又富于季节变化的人工植物群落和人工诱导的复合植物群落，以提高观赏性。

（二）市区入门景观

入市交通线路、交通设施与市区边缘景观的和谐是市区入门景观结构设计的基本问题。市区入门景观是旅游者对城市观赏的第一印象，对提高游览兴趣有很重要的作用。处在边境交通线上的城市，动人的入门景还可以吸引路过的游人下次专门到此一游，提高旅游吸引力。城市入门景观规划设计应考虑城市在其主要交通入口边缘应有较大的变化，或者就设在水陆交界的地方，或者以建筑来增强这种变化，以形成壮丽或秀丽的大门景。这种大门景包括铁路和主要干线公路的入门景、飞机在机场降落的鸟瞰景、河港城市的沿江侧景、海港城市的向海全景等，使旅游者尚未入城便为这种大门景所吸引。

（三）市中心景观

市中心景观的结构设计主要是突出城市最具有象征性的标志。一个城市常有一个市中心，这个中心可以是商业中心，也可以是一个绿化良好具有特色建筑风格、景观宜人的地区。市中心最好有突出标志，以使旅游者和居民对该城有一个所谓代表性的标志认识，或者一提起这个市中心（或标志性地段），或者电影一映出这一地段的景色，便使人意识到就是那个城市。某些标志景色有时还可以作为市徽。市中心、标志性地段、市徽这三者对某一个具体城市来说可以是相同的，也可以是不同的。随着社会历史的发展，具体地段也会发生变化。例如，上海市中心是商业性的南京东路，而标志性地段则是外滩一带；南京的市中心是新街口，自从修了长江大桥后，其标志性景色便是长江大桥的南岸从公路引桥到桥头堡一段；郑州自从建了二七纪念塔，二七广场便成了市中心及标志性地段。

（四）城市建成区侧景、街景和市内广场景观

城市建成区侧景空间范围大，在规划中往往注意不够。我国不少城市外围都被棚户区、仓库区、交通用地，甚至垃圾场所包围，因此，谈不上什么建成区侧景。在城市旅游规划中，要把建成区侧景纳入规划范围，要能恰当地利用地形地物合理布局，展示城市的个性特征。对于街景而言，加强绿化是改善街景面貌的一个重要方法，另一个方法是注意景深，即在规划时让有些建筑适当地后退，并在其前面绿化或修建一定的小型园林，增设喷水池等。在交叉路口点缀若干建筑小品，也可丰富街景。

我国许多城市都有纪念性或交通性的广场，一般城镇广场还是游览观赏的重点景点或景区。但绿化水平都不高，常常为水泥地面所占满。建筑物的体量和广场面积大小之间协调感差，往往顾此失彼，使广场的艺术性不强，因此应在广场建设上下工夫。

（五）城市建筑风格

建筑艺术是物质文明和精神文明相结合的产物。城市建筑风格是城市物质文明程度、城市个性及其艺术特征所能展示给游人的重要载体。在欧洲，人们称建筑是“石头写成的书”。观赏不同时代的建筑，可以领略生产方式的变化；观赏不同历史时期的建筑，可以把握历史发展的脉搏；观赏不同民族、不同风格的建筑，可以了解民族文化特征。城市建筑风格通过建筑数量、质量、形式、体型、体量，单体建筑和群体建筑及其相互关系等因素反映出来。

城市的建筑及其布局的要求应高于一般城市。必须注意建筑景观与风景游览区协调，注意直接为旅游服务的建筑在数量与用地选择方面能满足旅游事业的发展需要。例如著名风景游览城市杭州，由于多种原因，20 世纪 80 年代以前，市区新建筑少，而且在布局上没有做到成片改造或沿着主要街道进行新建。市容改变不大，可供旅游者活动的场所有限，甚至在外宾必经之地也多属破旧房屋，致使杭州这个百万人口的大城市给人留下“美丽的西湖，小小的城市，矮矮的房子”的印象。这说明市区的建筑景观与西湖风景很不相称。在我国 20 世纪 80 年代，这一状况在许多城市具有普遍性。

随着经济的迅速发展，城市人口的增长，城市建筑数量激增。在城市旅游规划中，必须注意以下几个方面：①要认真研究适合当地环境的建筑基调与尺度，即每一座建筑物的平面布置、体量、立面设计、色彩等方面都要与周围环境相协调。例如杭州市

区与西湖连成一体，是“一城山色半城湖”，不能处处高楼，座座大厦。尤其是近湖的街区和环湖一周要特别注意处理好建筑技术现代化与中华民族传统建筑风格的关系，使这些建筑给人们以西湖的“借景”“助景”与“添景”的感觉。居住小区的组织手法要灵活，要造成活泼生动的城市景观，尽可能腾出较多的面积用于绿化。②据有关资料表明，旅游者的花费约有60%用于购买商品，因此旅游城市与旅游关系密切的商业服务设施的布局应采取集中与分散相结合的方式，商业服务设施的定额指标也应高于一般城市。③宾馆、饭店选址应与旅游城市的主要游览区保持一定距离。这样可避免旅游者在高层建筑物上对邻近的主要景区一览无遗，影响游兴，降低游览价值，还可以减少在景区内的建筑用地，避免生活污水、废弃物对景区的污染。

为了发展旅游事业，我国的大批著名风景区将大力修整。如何处理古典建筑和现代建筑的关系问题不可回避，应采取分区布局、分区发展的方法。各个时代风格的建筑景观和环境气氛都应该保留。新风格的建筑景观可以另外开辟新的地点来营造，不要与古典建筑景观相混杂。

（六）城市风景点和游览区

城市旅游风景点和游览区最为引人入胜。过去认为城市应该修建相应的游览公园，现在人们认识到城市应该建设在园林中，城市本身便应成为一个游览公园。目前，中国总体处于工业化的中期，它对城市的要求就是聚集效益，这种聚集效益直观的体现就是水泥森林，高楼峡谷，这在欧美发达国家已被淘汰。欧美发达国家已进入后工业化时期，追求的目标是个性化，是田园诗意、园林城市、山水城市、生态城市、悠闲城市、优雅城市。

（七）城市雕塑和小品

城市雕塑和小品也是城市景观体系中不可缺少的因素，是指设置在城市公共环境，如道路、广场、公共绿地、公共建筑等地的各种艺术雕塑和小品，这是与城市宏观和微观环境相统一的环境艺术，能赋予城市个性和美感、城市环境节奏与韵律，成为构成城市环境的显而易见的文化要素和精神文明追求的反映。如青岛的东海路上建设了集思想性、艺术性、观赏性于一体，展现中华传统文化和青岛海洋文化特色的雕塑23组共48座，营造出现代城市文化风情的氛围；又如兰州黄河畔的“黄河母亲雕塑”，已经成为该市的标志之一。

（八）城市旅游的道路交通

城市的对外交通关系到区域规划以至全国性的交通运输干线的布局，城市旅游规划应为旅游事业发展的需要，提出建设安全快速的交通系统的建议，取得交通运输部门协作和支持。城市旅游的市内道路交通布局应十分重视道路功能的明确分工，过境交通必须避开风景游览区和市中心；开辟足够的商业观光游览步行街道；在新建、改建道路时，尽可能使道路系统具有比较活泼的格式，以便风景区通过道路引入市区，并设置必要的立交桥解决铁路与市区内道路交叉口和闹市区道路交叉口的人流车流拥挤现象。

（九）城市轮廓线的起伏控制

天际轮廓线给游人一种壮美感、神秘感和诱惑感。一个城市的天际轮廓线的起伏控制决定于多种因素，地貌起伏有一定影响，古建筑分布也影响城市天际线的起伏控制。为了不使新建筑有损于古建筑形象的完整，要求做到下列两点：①在主要观赏点上看主体建筑，18 度或 27 度的视角都要尽可能看不到新建的建筑背景，因为 18 度视角是观看建筑群体全貌的基本视角；27 度可以比较完整地观赏建筑整体，若同时看到不协调的建筑背景，便有损于古建筑形象。②为了使建筑群体有一个完整的印象，从群体的配殿、回廊大体上看不到新建筑的天际轮廓。运用观赏线和主要观赏点（入门、大门、山门），又借助于视角的图解分析，可以得出这个古建筑的最低保护范围。

（十）其他要素

工业生产是城市经济发展的重要支柱，城区的工业生产应尽可能是非污染性或轻度污染的工业部门，以利于保护旅游生态环境。对旅游环境和旅游气氛有影响的工业要远离景点和游览区。

【案例 6.1】

襄樊城市旅游概念规划

概念规划提要

（一）襄樊发展城市旅游的两个目标

1. 重要的区域旅游目的地之一

自古以来，襄樊因地处我国中部，为我国南北交通的要道和汉水流域的重要物资集散地，隶有“南船北马”“南襄隘道”“亡省通掏”之称。在近 2000 年间，襄樊一直是区域性的文化、政治、经济中心。东汉、三国、两晋南北朝、隋、唐、宋、元、明、清历朝历代，襄阳一直是州、郡、路、道、府的治所，其辖境曾广及今湖北、河南、陕西、四川、湖南等省境内。2800 年的悠久历史和得天独厚的地理环境孕育了襄樊丰富的旅游资源。在襄樊已成为国家历史文化名城、全国重要的交通枢纽、鄂豫渝陕毗邻地区中心城市的今天，如何使襄樊成为鄂、豫、渝、陕毗邻区域重要的旅游目的地之一，是襄樊发展城市旅游的首要目标。

2. 湖北省旅游发展布局中一个承东启西的重要枢纽

襄樊是湖北省的第三大城市，拥有着南北交会、承东启西的区位优势，在全省旅游发展的空间布局中承担着重要的角色。襄樊大力发展城市旅游的最终目标是，要使襄樊成为湖北的一个重要的旅游中心地之一，鄂北豫南的旅游城市中心，即在具有相当的集聚效应的同时，兼有辐射作用与中枢功能。

（二）城市旅游的发展规划

1. 城市旅游的空间布局

襄樊总体呈现“一城一江一环”的城市旅游空间布局。一城为襄阳古城，主要包括襄阳古城墙、护城河、环城公园等。一江主要指汉江两岸及江洲，包括月亮湾公园、沿江西路、中山前街街、解放路、人民公园、人民广场、鱼梁洲、长丰洲。一环主要包括古隆中三国文化区、新樊城科学考察区、鹿门山风景区、习家池郊野景区等组成的环城游憩带。

2. 一城

建阳古城地处汉江南岸，与北岸的樊城隔江相望。古城三面环水、西南群山如屏，形势雄伟险要。因地处中原，建阳自古为“南襄隘道”门户，“其险足固，其土足食”，历代是鄂西北政治、经济和文化的中心，更是战事连绵的古战场。春秋战国时期楚国王曾在此建都；三国时襄阳成为魏、蜀、吴角逐之地；晋灭吴、元伐宋以及明末农民起义均激战于此。古代兵家称：“以天下言之，则重在理阳。”故襄阳向为重兵驻守之城、兵家必争之地。同时襄阳也是历代文人俊杰聚集和寓居之地，如诸葛亮、孟浩然、李白、杜甫、欧阳修、苏轼、米芾等名士或出生于惠阳，或居留涉足于建阳。古代诗人曾以“天上有英雄，建阳有伏龙”的诗句来赞美这座古城。

建阳古城具有2000多年的历史，丰富的人文资源有着重要的历史价值。其中主要保存的有：气势恢弘的古城墙；号称“华夏第一城池”的护城河；面临滔滔汉江、庄严雄伟的临汉门（小北门）和拱定门（大北门）；位于古城西北角，充满古代军事气氛的夫人城；古城东南隅有我国古代建筑雕刻艺术珍品、约2000年历史的绿影壁；具有传统建筑风格的老北街等。作为历史文化名城襄樊的精华所在，古城襄阳是襄樊发展城市旅游的核心所在。

（1）古城旅游空间的视觉轴线组织

古城需要通过一定的观赏视野来展现它的感染力和观赏价值。古城北立面，从长门遗迹一大北门一小北门一夫人城自东向西展开，它是古城最重要的一个外立面。为此建阳城北门外应严禁建设新建筑，古城沿汉江的滨江地带要以绿化为主。

古城东立面的欣赏视点在环城东路和焦柳铁路，从汉江铁路大桥建阳桥头至沈家大路之间、铁路以西的带状地段应控制为低层建筑，并相间留出绿地，以保护古城东南立面和护城河的外围视廊通畅。

古城西立面应从西门桥和长虹公路大桥桥头对夫人城划定视廊保护区，使游人从多方位、多角度观赏夫人城。同样，以南门外和环山路烈士陵园为视点廊规划。

（2）环古城游憩带

环古城游憩带包括城墙、护城河和城墙内外环带地段。该地段的控制和规划建设，对保护古城在地域上的独立性和完整性、突出军事重镇风貌特色、展现古城立面造型、加深观光第一印象至关重要。因此，规划要强调其用地的统一性和公共性，把该地带规划为以公共绿地为主的环城游憩绿带（范围原则上从城墙内侧规划自行车道至城外环路内侧）。其基本要点为：

①维护古城墙的连续性和完整性，沟通东、西、南三面的护城河，改变目前所形成的割据状态。

②环城绿带规划成各具特色的公园。现东门以外襄阳公园为综合性公园；东南面阳春门公园护城河宽100～180米，可发展为水上公园；南护城河可考虑作为文化公园；西护城河结合夫人城可以规划为滨江文化公园；北临汉江以城墙内外绿化为主，其中大北门以东城内滨江路作林荫道，大、小北门沿江地段适当规划旅游码头、小型滨江绿地和水面游乐设施，以与汉江北岸米公柯和沿江大道绿带呼应联系。

③保持城墙古风貌。强调水面（护城河、汉江）、岸线和城墙三级标高构成的立体环境；强调以绿化为主，建筑和艺术小品适量。绿化和建筑的配置，其选址、体量、色彩、造型等均应以完善景观、衬托古城墙和保护古城外围景观为原则。增加为游人服务的相关配套设施，如电话亭、小卖部、垃圾桶、座椅等。

(3) 古城的空间尺度和建筑风貌

古城空间尺度是维系古城氛围的重要因素。以建筑高度分区和重点地段体量规划为主要内容的古城空间尺度规划，应以襄阳城的长度（南北长1600米，东西宽1400米）、城墙城楼的高度为基本比例，控制范围涉及主次干道、街巷宽度、外部公共空间及公共建筑的规模、体量、高度等。在现实的基础上，襄阳古城空间尺度控制在环城地带保护范围内，其建筑高度不超过4层或14米；北街传统特色步行街在规划范围内不超过3层，街面以2层为主；城内其他建筑高度应控制在6层或19米以下；应严禁高层建筑和大体量建筑。

(4) 古城特色游憩商业区

襄阳街是古城内十字街至临汉门的一条传统街道，全长840米，由于它囊括了昭明台、铜缀巷、单府、杨家花园及临汉门等名胜古迹，具有非常高的旅游开发价值。根据襄樊市总体规划，北街已被改造为襄阳古城内传统特色的商业文化步行街，基本的面貌已呈现出来。需要补充以下几点：

①所有北街的相关改造工程都应遵守“修旧如旧”的基本原则。如北街人行道的改造，在建筑材料的使用问题上没有遵循“保存原有建筑材料”的原则，把原有的青石换成了现代商业街常用的面砖。

②对北街上占用古旧民居的单位进行搬迁，恢复原貌。可用做民俗博物馆等以增加传统街区的文化氛围。

③有选择地维修北街的以及相通街巷上的古旧民居、宅院小巷，如单家祠堂、单

府、许指巷等，使游人能够充分感受到世代相传的历史文化信息。

④调整丰富北街临街店铺的经营内容，主要以特色餐饮、风味小吃、地方特产、民间工艺品、传统产品、特色旅游商品、文化用品等为主，开设专业商店如古籍店、书画店、乐器行、邮品店、古玩店、染织铺、中药铺、酱园、糕点行、小吃园、柳编行、茶馆、酒楼等，恢复老字号，突出“古、朴、纯、土”的经营特点。

⑤加强管理，严惩污染环境的经营活动。如夜间烧烤摊档等，避免出现对环境、设施造成的污染和损坏。

⑥增加为游人服务的旅游服务配套设施。

⑦另外，除了北街区域之外，可以开发的还有绿影壁区域。全面整治绿影壁四周的环境，强化人口的引导性，调整周围商铺的经营结构，凡和文化氛围不协调的商铺应予以搬迁。

3. 一江

襄樊有近3000年的历史，是汉水流域的一颗明珠。古人将“江淮河汉”列为四大名水，汉即指汉江。王维在《汉江临眺》中这样写道：“楚塞三湘连，荆门九派通。江流天地外，山色有无中。郡邑浮前浦，波澜动远空。襄阳好风日，留醉与山翁。”可见，发展襄樊旅游必须做好汉江的文章。

(1) 滨江地带旅游开发的战略目标

战略目标主要包括以下几点：保护滨水区的自然生态环境，维持滨水区的生态平衡，保护生物的栖息环境；严格控制滨江地带的景观建设，滨江临界面的建筑密度和形式不得损坏城市景观轮廓线和视觉上的通透性，建设中要保持与自然环境和城市文脉的有机延续性；保护滨水区现有的文化遗迹，塑造有特色的城市旅游空间和形象；满足多元化的城市旅游需求，在有限的区域内提供多样化的自然环境、活动空间和各种功能设施，保持滨水区的活力。所有的人包括行动不便者均可通过步行或各种交通设施安全抵达滨水区和水体边缘，不为道路或建筑物所阻隔；再现滨水区的发展潜力，吸引公众和社会各界的关注，并寻求旅游业主、企业家的合作和投资。

(2) 旅游开发的时空布局

近期（2002—2005年）主要目标：全面整修滨江地带的文物古迹，如米公祠、抚州会馆、黄州会馆、清真寺等；以长虹大桥和汉江大桥之间的滨江地带为重点加强滨江道路的绿化、亮化工程以及长虹大桥、汉江大桥的亮化工程；调整修建林家巷码头和人民码头，使之成为游客码头；按照《襄樊市樊城沿江区段控制性详细规划》深入整治樊城沿江老街区的环境；开展长丰洲的生态旅游项目；按照《鱼梁洲控制性详细规划》继续开发鱼梁洲。

中期（2006—2010年）主要目标：开设沿江水上游览航线；恢复樊城沿江街区商贾云集的历史风貌；形成滨江游憩商业区，范围从解放路一直到江边；解放路以商业、邮政邮电、娱乐中心为主；后街和瓷器街为步行商业街，集中布置中小型商店及餐厅；定中街集中为小商品市场，沿街采用骑楼，底层为小门面商店，楼上为住宅；全面建设长丰洲，大力开展水上游乐活动，使之成为城市中颇具特色的江心公园。

远期（2011—2020 年）目标：把鱼梁洲建设成为城市旅游度假区。

4. 一环

一环主要包括古隆中三国文化区、新樊城科学考察区、鹿门山风景区、习家池郊野景区等组成的环城游憩带。

大力发展环城游憩带，一方面，可以给市民提供一个周末、节假日近距离出游的场所；另一方面，增强襄樊城市旅游的综合吸引力，使以人文资源为主的古城旅游和以自然资源为主的环城游憩带相映成趣、相得益彰。

(1) 古隆中三国文化区

古隆中三国文化区包括古隆中、七里山、承恩寺、襄王墓等主要景点。古隆中三国文化区是襄樊市现有的唯一 4A 级景区，可以说，它是环城游憩带中的最重要的景区。

近期，2002—2005 年，开辟隆中新的人口游线，建设新的人口通道，改变目前进入隆中景区人口通道的交通混乱现象，新通道的大致走向为隆中文化广场到广德寺再至古隆中核心景区；修缮广德寺。

中期，2006—2010 年，完善七里山森林浴场、修缮襄王陵墓。

远期，2011—2020 年，全面完善景点建设。

(2) 新樊城科学考察区

新樊城科学考察区主要包括邓城旅游景区、科技园旅游景区和汽车城旅游景区。

近期，2002—2005 年，在邓城遗址的重点保护区和建设控制区内，严禁兴建与文物保护无关的工程，实施护城河维护工程；开展汽车城工业观光旅游项目。

中期，2006—2010 年，完善邓城遗址公园、科技农业观光园、工业观光走廊和车城湖公园。

远期，2011—2020 年，组建工业旅游观光走廊。

(3) 鹿门山风景区

鹿门山风景区主要包括鹿门山森林公园和老营村。

近期，2002—2005 年，完善鹿苑；维修老营村的老街古井，恢复原有街区风貌。

中期，2006—2010 年，增加神鹿亭、森林度假村景点；开展老营村观光旅游。

远期，2011—2020 年，全面完善相应的配套设施。

(4) 习家池郊野景区

习家池位于襄阳古城凤凰山南麓的汉江西岸，为襄阳侯建于东汉建武年间所修建，距今已有 1900 多年的历史。明代著名造园家计成在其著作《园冶》中，习家池被誉为郊野园林相地的典范。除了习家池外，习家池旅游景区还包括观音阁景点和砚山群峰。

近期，2002—2005年，复建习家池郊野名园，保护和恢复植被，完善观音阁景观，进一步绿化砚山山体。

中期，2006—2010年，恢复部分砚山的名胜古迹。

远期，2011—2020年，全面开辟和组织习家池旅游景区的旅游路线。

（三）组织接待中心的建设

组织接待中心的建设过程就是实现“使襄樊成为湖北省旅游发展空间布局中的一个承中转西的重要中枢之一”的过程。主要从以下几个方面入手。

1. 城市旅游信息系统及网络工程

建设城市旅游信息系统及网络工程应是襄樊发展城市旅游的重要举措。襄樊城市旅游信息系统由两个部分组成：一个是原信息模式，它将襄樊以旅游产品的形式介绍给顾客；另一个是市场—管理信息模式，向当地旅游部门及供应商提供相关市场的信息。

2. 城市标志系统工程

城市标志系统的完美设计应体现出城市对人的关怀，即旅游城市的“人本精神”。襄樊要实现发展城市旅游的两个战略目标必须做好这项工作。首先要做好城市出入口如火车站、汽车站、码头的双语标志，引导和帮助旅游者方便、快捷地完成旅游活动。其次要加强景区、景点的双语标志，帮助解释旅游地的感知环境。再次要做好城市道路、街巷、旅游线路停靠站的双语标志，制作周边区域相对位置图，有利于形成游客对城市的亲切感。最后必须健全餐饮、住宿、娱乐与购物场所的双语标志工作，有利于旅游者在旅游地的消费。

3. 城市组织接待能力

城市组织接待能力主要体现在宾馆饭店、餐饮购物、咨询服务、安全救护等方面，应建立与之配套的管理部门。

(1) 宾馆饭店

襄樊市现有的宾馆、饭店、招待所、疗养院、家庭旅馆等共有床位30000余张，客房总量已达到了较高规模。目前除了涉外宾馆饭店的客房利用率较高外，大多数饭店都处于入住率不高的困境中。因此，近期应在现有基础上对宾馆饭店的软硬件设施进行完善，转换原有的经营管理模式，统筹规划，寻求发展，而不宜再增加宾馆饭店的数量。随着整体宾馆饭店经济效益的提高，游人总量的增加，在行业协作与联盟的基础上再考虑扩大规模。

(2) 餐饮购物

襄樊市的餐饮服务网点基本上可以满足近期游客的需要。随着游客的增多，小吃街或特色餐饮街的建设需要提到日程上来。需要指出的是，餐饮服务网点应符合国家关于食品卫生的相关规定，同时要展示地方特色，形成系列化产品，以此满足游客的多层次需求。

特色旅游商品在襄樊有着良好的资源条件，但开发的深度和力度还不够。因此，政府应对特色旅游商品的开发实施鼓励政策，适时加以引导，把襄樊的食品、饮品、土特产、中药材、旅游工艺品、纪念品等系列产品的文章做足做好。

(3) 咨询服务

咨询服务是发展城市旅游软环境的重要方面。在城市游客集中的交通口岸、宾馆饭店及旅游景区景点内要有为游客提供信息、咨询、游程安排、讲解、休息等的设施和服务功能的专门场所。同时，应配备专职的服务人员，为游客提供多样化的服务。

(4) 安全救护

安全救护设施是城市旅游健康发展的重要保障。首先是各旅游景区景点及城市内的公共活动场所要配备安全防护设施，如水上救护设施、室内防火设施等。同时，应加强城市的紧急医疗救护能力，强化医疗机构的救护机制，建立不同级别的医疗服务单位。

【案例 6.2】

上海城市游憩系统

一、上海城市游憩系统总体配置

上海游憩地（设施）的分布从总体上看与城市人口的分布状况联系较为紧密。上海市的人口密度以黄浦区、虹口区、静安区、卢湾区和闸北区最高；杨浦区、普陀区、徐汇区、长宁区、浦东新区、宝山区次之；金山区、闵行区、嘉定区、南汇区随之；松江区、青浦区、奉贤区及崇明县最低。各类游乐场所和公园为代表的游憩设施分布基本与人口密度的分布相一致。至于依托特殊自然、人文资源的游憩地由于受到城市自然、人文资源空间分布的约束，相对而言与城市的发展历史和其他依托的自然环境联系得更加紧密一些。

根据上海市游憩地及游憩设施的空间分布现状，将上海市的游憩系统空间分布按星系状布局划分了4个圈层。其核心区为上海市的中心城区，该区包括了外滩等一批上海知名景点以及上海市首批6个获国家级“4A”级旅游区（点）殊荣中的4个：东方明珠、上海博物馆、金茂大厦88层观光厅以及豫园，它们是上海现代都市的魅力所在，具有强劲的吸引力。近程游憩圈距市中心的游程因交通工具与道路的情况不同而在0.5～1小时。近程游憩圈包括环球乐园、锦江乐园、植物园、中央公园等游憩景点，与建设中的环城绿带在不少地段都是吻合的，该圈层主要为市民提供近程的生态、户外娱乐、单车健身等游憩功能；中程游憩圈距市中心的游程为1～1.5小时不等，包

含野生动物园、长兴岛橘园、秋霞浦、太阳岛度假区、方塔公园等游憩景点，其中上海野生动物园也是上海首批获国家级“4A”级旅游区（点）的景点之一。中程游憩圈由于距离适中，并且受大都市的影响已相对较小，因此是居民双休日一日游的主要目的地，对于上海而言还存在一个跨省的远程游憩圈。随着私人汽车的普及，道路条件的改善，宁波、杭州、无锡等在2小时路程内的城市都可以被纳入到上海的远程游憩圈中来。这些城市以及上海的崇明县共同构筑了上海的远程游憩圈。在这些游憩圈之间，还有一些相对独立的游憩区，如近程游憩圈和中程游憩圈之间的佘山国家旅游度假区，中程游憩圈和远程游憩圈之间的大观园、周庄等游憩景区等。一般而言，这些游憩区往往都有着较为突出的特色和品位。

为了加大游憩地的可达性，有效地将各圈层的游憩地联系起来，上海市开辟了10条都市旅游专线。其中1号线（上海体育场—佘山、松江区各景点），全程35千米，全程时间约60分钟；2号线（上海体育场—南汇县各景点），全程56千米，全程时间约125分钟；3号线（上海体育场—浦东新区各景点），全程42千米，全程时间约90分钟；4号线（上海体育场—青浦县各景点），全程65千米，全程时间约90分钟；5号线（上海体育场—崇明县各景点）；6号线（上海体育场—嘉定区各景点），全程41千米，全程时间约105分钟；7号线（上海体育场—人文历史景观点），全程19.2千米，全程时间约90分钟；8号线（上海体育场—市内观光），全程25千米，全程时间90分钟；9号线（上海体育场—无锡各景点），全程时间约180分钟；10号线（上海体育场—都市购物），全程18千米，全程时间约80分钟。这些旅游专线，在整个城市游憩系统中扮演着游憩廊道的角色，通过连接游憩点、游憩区，使整个游憩网络形成一个有机的整体。

二、上海城市中心区游憩系统格局

上海城市中心区主要包括黄浦区、虹口区、静安区、卢湾区、闸北区、杨浦区、普陀区、徐汇区、长宁区、浦东新区等11个区。在区内健身苑（点）、游乐场所、公园等居民日常游憩场所的分布总体相对均匀。一些规模和级别相对较高的游憩场所形成了级别不同的游憩区（RBD）。在城市中心区内我们划分了1个市级RBD，6个区级RBD。1个市级RBD即为包含陆家嘴、东西外滩、南京路、人民广场、豫园在内的区域。该区拥有大量体现传统上海和现代上海风貌的建筑和景点，如反映上海殖民文化的外滩“万国建筑博览”；有展现老上海风情的豫园；有位于市中心人民广场周围，被誉为上海三大艺术殿堂之称的大剧院、博物馆和美术馆；有展现现代国际都市风貌的东方明珠、金茂大厦等。这些游憩资源中的精品共同构造了该区域市级RBD的地位。

在市级RBD的周围，依次划分了6个区级的RBD：①中央公园游憩区，该区主要有世纪公园、世纪大道、上海科技馆以及正在建设的上海音乐厅等游憩吸引物，同时，地铁二号线的开通使得浦西市民访问该区的可能性大大增加；②龙华游憩区，该区有龙华古寺、龙华烈士陵园、新建的龙华旅游城以及徐家汇地区，一些传统的节庆如龙华庙会、新年撞钟、龙华桃花会等极大地增加了龙华游憩区的吸引力；③上海动物园游憩区，上海动物园俗称西郊公园，有着悠久的历史，目前虽有上海野生动物园对其构成一定的竞争威胁，但由于其悠久的历史、良好的区位、相对低廉的票价等优势，每年仍吸引大量的市民前来游玩；④长风公园、中山公园游憩区，该区虽以公园为主，但中山公园便捷的地铁、轻轨交通，长风公园独特的湖光山色美景以及一年一度的国际花卉节使该游憩区在上海市游憩系统中占有了不可忽视的地位；⑤鲁迅公园游憩区，该区有具有相当知名度的鲁迅公园、全国足球甲A联赛上海申花队主场——虹口体育场、著名商业街四川北路及其周边的多伦路文化街等游憩场所；⑥江湾游憩区，该区包括江湾体育场、黄兴绿地、共青森林公园、复兴岛等游憩场所。这6个区级游憩区虽然不是按六边形的规律均匀地分布在市级游憩区的周围，但在一定程度上也说明了中心地理论对游憩区分布的指导意义。

除了游憩区以外，上海城市中心区内还有两条重要的游憩廊道。一条是黄浦江的游憩观光廊道，另一条是苏州河市区段的游憩廊道。城市河道在城市游憩系统中具有重要作用，上海这两条游憩河道虽然已经做了一些开发，也取得了一定的成效，但其游憩功能的潜力还远远没有发挥，需要对其进行进一步的改造和深层次的开发，以求使其生态、游憩的功能得到最大限度的发挥。

思考题

1. 城市旅游的特点、功能包括哪些？
2. 简述城市旅游规划与开发的原则和基本内容？
3. 中央游憩区、环城游憩带的含义分别是什么？
4. 结合本章中的案例，谈谈其可以总结的经验、存在的问题。

第七章　主题公园旅游规划与开发

学习目标

通过本章的学习，了解主题公园的概念与特点；掌握主题公园开发设计的基本原则；主题公园区位选择、主题选择的方法；了解主题公园的设施构成及规划开发中应注意的问题。

关键词： 主题公园　区位　主题

第一节　主题公园概述

一、主题公园的概念

由于自然和历史人文景区分布的不均衡，造成很多景区距离人口密集的城市比较远，于是人造景区就成为满足人们日益增长的经常性旅游需求的替代景区。和大部分自然、人文类景区不同，这类景区一般都由私人机构投资，以追求利润为主要目的，一般都分布在靠近目标市场的区域，也就是靠近消费水平高、人口密集的大中城市。近年来，由于人们休闲旅游需求的旺盛，使人造景区在数量和种类上不断扩张，其中主题公园是最常见的形式。主题公园是为了满足旅游者多样化休闲娱乐需求，建造的一种具有创意性游园线路和策划性活动方式的现代旅游目的地形态。

二、主题公园发展过程

主题公园的起源在西方可以追溯到古希腊、古罗马时期。当时设计、狩猎、竞技的专门游乐园已经出现，在古罗马达到高峰。17 世纪初，欧洲兴起了以绿地、广场、花园与设施组合再配上背景音乐、表演和展览活动的娱乐花园。在以后的发展中一些机械游乐设施逐渐加入，1937 年维也纳世界博览会展示了名为 ride 的机械娱乐设施，使世界游客感到非常新鲜，随后各地纷纷效仿，使气氛温和轻松的娱乐花园最终变成了以机械游乐为特色，追求喧哗刺激的游乐园。

随着 19 世纪后期机械工艺技术的突飞猛进，机械工业大举进军娱乐业，使游乐园彻底抛弃了表演和游客自娱自乐的形式，开始完全依赖机械设施来满足游客对刺激的需求。美国成为世界游乐园发展的先锋，新的游乐园随处可见。1910—1930年是机械游乐园的黄金时期。

第二次世界大战以后，美国游乐园开始出现危机。由于科学技术的发展和经济的繁荣，生活方式日趋多样化，人们的游乐偏好也开始发生改变，一部分人开始厌倦被动的机械游乐方式。汽车工业的发展促进了交通方式的改变，私人汽车的增加使人们可以到更远的地方去度假，机械游乐园的游客数量开始急剧下降。游乐园主为了保持赢利，只好减少设备更新、裁员，甚至停开机械、缩短营业时间，由此造成的恶性循环更使游乐园品质下降。同时随着城市不断向外扩展，地价和相应的税收也在增长，这导致许多游乐园主纷纷把位于城市郊区的游乐园改建成购物中心或者住宅。到20世纪50年代中期，美国只剩下非常少的游乐园还在苦苦支撑。

机械游乐园的衰落孕育着新的游乐方式的诞生。美国电影动画师沃尔特·迪士尼，针对20世纪30年代游乐园以儿童为主要服务对象这一存在的缺陷，开始构思父母和孩子可以共同娱乐的方式。他认为游乐园应该是让所有人都能感到快乐的地方，不管是成人还是孩子，都能在这里体验到生活的惊奇和冒险。经过几年的构思，他在1955年成功地在加利福尼亚建成了世界上第一个现代主题公园——迪士尼乐园，把以前制作动画电影时运用的那些手段，色彩、魔幻、刺激、惊悚和游乐园的特点结合，使游乐以一种戏剧性的、舞台化的方式表现出来，它是一种万花筒式的娱乐形式。在主题公园的发展过程中，迪士尼乐园无疑是一座里程碑，它的意义不仅在于它是一个占地76公顷的乐园，更在于它是世界上第一个大型主题公园，从这里开始，主题公园风靡世界，成为现代旅游的重要一族。

1971年，迪士尼公司在佛罗里达州的奥兰多市建立了迪士尼世界。他们开始应用激光、电子等科技手段来创造效果，设施和服务也日趋综合化，公园周围有很多宾馆、网球场、游泳池、高尔夫球场、餐厅和购物中心。迪士尼世界确定了20世纪八九十年代全球综合性主题公园的发展模式。

美国式的主题公园概念逐渐推广到世界其他国家，并结合各国的文化传统、自然特色和经济状况，产生了很多新的类型。它还影响了许多传统意义的博物馆、展览馆和动植物园，使它们的表现主题和表现手法开始丰富起来，产生了以展示动植物和它们的生存环境为主题的主题公园，也产生了让游客参与劳动和收获为主题的农业主题公园，其中以小人国和民俗村最有影响力。

1950年，荷兰的马都洛夫妇为了纪念他们死在第二次世界大战纳粹集中营里的儿子，以相对实物1∶25的比例，把荷兰一个典型的城镇缩小，建成了世界上第一个小人国，或者称微缩景观——马都洛丹。它本来纯粹作为纪念之用，但这种建筑模型的集合很快成为主题公园发展利用的素材，因为它的浓缩形式便于在很短的游览时间、很小的范围里展示悠久的历史和广阔的空间，主题情节的贯穿使本来独立、冰冷的模型变成了有生命、能给人讲述历史和描绘自然风光的情景空间。由于手段简单而效果又很好，小人国这种形式在世界各地风靡一时，成为主题公园营业模式中非常受欢迎的一种。

民俗村最早源于早期的野外博物馆，最初用于专门保存和展出历史建筑和局部环境。如日本1965年开辟的明治村，就是把明治时代遗留下来的有保存价值的或者重要的文物都迁到名古屋北的一片大约1平方千米的丘陵上，经过复原后展出。随着主题公园概念的普及，一种综合娱乐和展览的新类型——民俗村诞生了。它利用野外博物馆的方式来展示民俗风情或者是过去的生活情境，游乐成为主要的目标，展品也摆脱了必须完全是文物的限制，而只是作为一种背景道具。民俗村和小人国一样，也具有浓缩历史和风情的特点，而且加入了人的活动，更容易表现主题。

三、主题公园的特点

主题公园有不同于传统旅游景区的特征，只有对这些特征有一个清醒的认识，才能正确总结主题公园在实践中的经验教训，才能在主题公园的规划设计中自觉地处理好投资者、大众旅游者和设计人员之间的关系，使主题公园设计更合理更规范，同时做到雅俗共赏。

（一）强烈的个性与普遍的适宜性的有机结合

每一个成功的主题公园都具有强烈的个性，也就是旅游业常说的“特色”，有的甚至具有不可模仿的独特性。强烈的个性和鲜明的特色是主题公园成功的必要前提，如迪士尼乐园是高科技的体现，常变常新，个性强烈；好莱坞“宇宙制片厂之旅”之所以长盛不衰，是因为它代表了好莱坞影视娱乐文化，具有世界上不可模仿的独特性。主题公园如果缺乏个性，处处模仿建设，则必然会分散客源，最终难以逃脱失败的结局。在突出个性特色的同时，主题公园的活动内容对游客来讲，还要具有普遍的适宜性，能够满足不同年龄、不同职业、不同文化层次的游客的心理、娱乐需要，这样才有可能吸引更多的游客。

（二）景观环境的虚拟性与主题活动的多样性

景观环境是主题公园着意营造独特旅游氛围的关键。主题公园用虚拟的构思表现一个非日常的舞台化的世界，其发展主流就是最大限度地满足特定人群在虚拟环境的情感体验、生理体验和心理体验。因而在景观环境的营造过程中，应围绕主题尽一切可能与众不同、别出心裁地烘托艺术气息和塑造文化氛围，赢得旅游者的共鸣、认同和喜爱，形成主题公园与旅游者之间的双向交流与沟通。如果只是简单生硬地模仿、抄袭，或者照搬一些习惯做法的套路去仿造景观，就是纯粹的人造景观了，当然就不能形成主题公园的品位效应和品牌形象。因此主题公园的景观环境具有极强的整体性、连贯性和复杂功能性，必须由规划、设计、建筑、艺术等多方面的专业人士根据独立的、完整的、专业化的景观环境理念去创造性的完成。

主题活动是主题公园的活力源泉，是主题公园提高品位档次、创造个性、树立形象、建立名牌效应的至关重要和无法或缺的内容，缺乏游乐功能的主题公园不能算作主题公园。赢得旅游者满意度的基础是游乐主题活动的多样性，它主要由活动形式的多样性、项目内容的多样性、接待服务的多样性等多个方面决定。活动形式的多样性表现为人造仿景观—人造真景观—真景观与仿景观的组合和景观静态性展示—表演动态性娱乐—项目活动性参与的共轭形式。项目内容的多样性主要表现为以虚拟环境如时光倒流、回归自然、进入太空、走进未来和梦临仙境等超时空氛围的情感体验；以特殊物理状态如高速运动、骤然变速、失重、超重和太空环境模拟中的生理体验；在虚幻环境中对恐惧、冒险和梦幻等非常态条件下的心理体验。接待服务的多样性主要表现为导游、餐饮、购物、表演、乘骑、活跃气氛等景区服务。主题公园的主题活动多样性特征构成了满足旅游者多样化休闲娱乐需求和选择的基本条件和内涵基础。

（三）高投入，高消费

要让游客逗留较长时间，必须有较大的活动范围和活动项目，这样自然就会增加主题公园的投入，扩大占地规模。由于投资巨大，为了还本付息，维持经营并赚钱，伴随着高投入的是高门票与景区内的高消费。

（四）生命周期的延长靠项目不断更新

与自然遗产旅游资源（如武陵源、九寨沟）和文化遗产旅游资源（如故宫、长城、兵马俑）相比，主题公园由于游客重游率低和可以模仿重建（如迪士尼世界上有五家），其生命周期一般较短。延长生命周期的办法是不断更新游览项目，迪士尼乐园长盛不衰就是项目常换常新，不断增强吸引力和强化旅游形象，以提高游客重游率。

（五）成功的主题公园对邻近地区影响巨大

一个大型主题公园开发成功后，将使整个区域受益，其中受益显著的是交通运输、宾馆酒店等行业，同时，周围地产也会迅速升值。例如深圳锦绣中华、世界之窗、中国民俗文化村和欢乐谷等主题公园的成功，不仅提高了华侨城周围宾馆的入住率，而且带动了房地产的开发，房地产现已成为华侨城的支柱产业之一。同时，四大主题公园的成功开发也极大地提高了深圳的人气和知名度，吸引了大量的国内外游客甚至国家领导人前来惠顾。

（六）经营管理的企业性

主题公园的创意、策划、投资、经营、管理等行为和过程都应该遵循市场经济规律，因此，主题公园必须由一定的经济组织来从事经营活动和负责管理工作。这种经济组织决定了主题公园的企业性。主题公园的企业性特征与城市市政公园的公益性（事业性）特征是有本质区别的。

四、主题公园的类型

主题公园的类型可以从多方面进行划分，但一般以主题内容、吸引范围以及规模大小进行划分。

（一）以主题内容划分

中国已建的主题公园按主题内容可以分为：①以传统文化、民族文化为主题，如深圳锦绣中华、中国民俗文化村、北京中华民族园、昆明云南民族村、珠海圆明新园等；②以童话幻想、科学、宇宙为主题，如广东中山宇游科幻城；③以动物观赏为主题，如深圳野生动物园，广州番禺香江野生动物园；④以异国地理环境和文化为主题，如北京世界公园、无锡世界奇观欧洲城、深圳世界之窗等；⑤以文学文化遗产为主题，如北京大观园、无锡三国城、无锡水浒城、河北正定等地的西游宫；⑥以影视文化为主题，如无锡唐城、广东南海影视城。

（二）以吸引范围划分

主题公园按吸引范围划分为可以分：①具有国际吸引力的主题公园，如迪士尼世界；其标准是：年游客量1000万人次以上，10000～20000名固定员工，初期投资超过15亿美元。②具有区域吸引力（美国概念）或国家吸引力（欧洲概念）的主题公园；其标准是：年游客量100万～400万人，100～300名固定员工，旺季增加300～700名临时工，初期投资5000万～1亿美元，年营业收入1500万～5000万美元。③具有地方吸引力的主题公园；其标准是：年游客量10万～50万，50～100名员工，初期投资500万～1500万美元，年营业收入200万～500万美元。

（三）以规模大小划分

根据主题公园的投资和占地规模可将主题公园划分为大型主题公园和小（微）型主题公园。美国将投资在8000万～1亿美元、占地约0.81平方千米以上的主题公园称为大型主题公园；将投资在1000万～3000万美元、占地约0.4平方千米的主题公园称为小型主题公园。参照国外标准，结合我国实际情况，在我国可将投资在2.5亿元人民币，占地0.25平方千米以上的主题公园称为大型主题公园；将投资在5000万元人民币以下，占地规模相对较小的主题公园，称为小型主题公园。

第二节　主题公园的规划与开发

一、主题公园规划与开发的原则

主题公园的开发和建设，要想取得成功，必须经过科学的策划。主题公园策划在遵循一般策划原则以及景点策划原则之外，必须重点遵循以下几个原则。

（一）市场导向原则

主题公园项目在开发建设之前，必须要对市场进行充分调研，了解市场需求，进行准确的市场细分和定位，预测市场未来，分析市场动态，并认真分析同类项目的市场竞争情况，以市场需求作为策划的基本出发点。纵观我国主题公园发展历史，凡是比较成功的主题公园，都是在对客源市场进行充分分析论证之后才兴建的，而大量的重复建设项目往往都是“拍脑袋”工程，一味地去模仿别人，而不考虑市场的需求和变化，结果只会造成巨大的资源和资金浪费。因此，投资者必须对旅游客源市场进行充分调研（包括客源地、客源规模、客源消费能力、客源的消费心理特征以及兴趣和爱好等），然后根据市场需求，确定主题公园策划的主题和内容。

（二）主题鲜明原则

主题是主题公园的核心和灵魂，是主题公园区别于其他商业娱乐设施的根本特征。成功主题公园的运作经验表明，主题公园的主题必须鲜明，必须针对特定的细分市场，满足特定客源的需求。主题结构可以是一个主题和多个次主题，也可以是一园多个主题。但不管是一个或几个主题，都必须要有鲜明的地方和民族特色，能够和当地的文化、历史相结合，具有深刻的文化内涵。此外在主题公园策划时，要根据市场的需求特点和当地文化特色选择主题，而且主题要鲜明、有创意，能够体现主题公园的核心精神，公园内的所有活动项目、表演内容、建筑设施及环境塑造都要围绕园区的主题展开，以期给游客留下深刻的印象，塑造鲜明的主题形象。

（三）交通导向原则

主题公园所在区域必须有良好的交通条件，即可进入性要好，能够保障游客便捷、快速地进出，否则，将影响主题公园的效益。已有的交通线路对游客的旅游行为决策具有一定的导向性。因此，在进行主题公园策划时，必须注重选址的合理性。

（四）经济基础原则

主题公园的兴建往往耗资巨大，因此，必须要有雄厚的经济基础做后盾。区域经济发展水平一般在两方面制约主题公园的发展，一方面是投资规模，另一方面是游客的消费水平。只有在区域经济比较发达的国家和地区才具备较大规模的投资能力，因为在经济较为发达的地区，人们的消费能力相对较强，能够保障主题公园的客源规模和营业收入达到一定的规模。因此，主题公园的开发，一般要选址于人口密集、经济发达的地区，其建设规模要和当地的经济发展水平相适应，做到因地制宜，量力而行。

二、主题公园的区位选择

（一）区位选择原则

区位选择在这里主要指的是项目地址的选择，也就是主题公园在经济市场中的地理位置。包括公园区位和微观区位。

1. 宏观区位

主题公园适宜选在经济发达、流动人口多的大城市或特大城市里。目前世界上大型的主题公园基本都建在人口密集的地区，如欧洲的主题公园多分布在人口集中的西欧和北欧国家，北美地区的大型主题公园主要分布在美国的东北部、中西部地区。

主题公园适合建造在市场型地区（旅游资源非优区），不适合建在自然旅游资源和人文旅游资源丰富的地区，也就是资源型地区。一个地区和城市是不是适合建造主题公园，关键在于其经济发展水平，这是选择宏观区位最重要的条件。另外，如果当地传统旅游资源非常丰富，这对主题公园的客源就会产生影响，是一个不利因素。

主题公园的区位选择还要受周边旅游地位置的空间影响。以上海为例，它的客源市场就要受到苏州、无锡、杭州等地的分割，反过来也一样，上海也会分割这些地方的旅游客源。一般来说，不受其他客源市场干扰或分割的区位，是理想的地方。

2. 微观区位

微观区位是主题公园在市县建设中所处的地理位置。选择微观区位主要考虑：

（1）客源市场的大小。这就需要考察当地的旅游业发展前景、周围是不是有同类的作品、竞争情况如何等，要避免重复建设和恶性竞争，以免瓜分客源，两败俱伤。

（2）是否有便捷的大交通，即绝大多数游客能够方便使用的公共交通工具，例如平价的公共汽车可到达。这样，游客的流入才会方便、快捷。微观选址的时候，应该同时考虑游客在主题公园停留的时间和往返交通所需要时间的关系，一般选择乘坐公共汽车等交通工具往返不超过2～3个小时的距离为好。所以，一般主题公园都要建在交通要道旁。

（3）市政基础设施较好，即能享有大市政的方便。大市政指供水、供电、供气、排水、通信等完善的市政配套设施。

（二）适宜主题公园的区位特征

1. 市场区位

美国华盛顿城市土地研究所研究指出：一个大型主题公园必须位于没有强烈市场竞争的地区。对于主题公园来说，其一级客源市场最少需要200万人口，市场范围在80千米或1小时汽车行程距离内。一级客源市场为旅游主题公园的支撑市场，是旅游主题公园赖以生存的基础。二级客源市场也要有200万人口以上，在240千米或3小时汽车车程距离内，这个距离内的旅游者可以在1天时间内往返。二级客源市场属于有开拓潜力的基本市场，二级客源市场之外以及流动人口属于三级客源市场，三级客源市场交通费用太高，不能过分依赖，三级客源市场是机会市场。就美国而言，中小型主题公园客源市场半径为240千米，大型主题公园支撑客源市场半径为320千米，这种市场分布规律，导致了主题公园大多数集中在经济发达地区。

2. 交通区位

华盛顿土地研究所认为，主题公园用地选址要考虑以下几个重要因素：

(1) 位于交通主要干线旁或附近，有次级道路作辅助或紧急出入口；

(2) 视野开阔，可以向经过的汽车乘客展示标志性景点；

(3) 有足够的水、电、污水处理等设施；

(4) 附近居民不反对发展主题园；

(5) 充足的用地，一个大型主题园至少需 0.8 平方千米的土地，地形平坦或略有起伏，理想的用地为长方形，其长宽比以 3∶2 为佳。

深圳锦绣中华、中国民俗文化村和世界之窗取得成功的一个因素就是选址比较好，都位于深南大道旁，驱车从深南大道路过，三个景区的标志性景点“长城”“石林”“埃菲尔铁塔”尽收眼底，这无声的广告给三个景区带来了良好的形象效应。同时，深南大道公共交通十分方便，游客来去自由，缩短了感知距离，对游客决策行为有积极影响。

小型主题公园为保证最低门槛客流量，必须依附知名度较高的、成熟的旅游胜地以分享客流，或建在市区以吸引附近居民和城市流动人口。

3. 地价区位

旅游主题公园占地规模一般都比较大，地价的高低直接影响到旅游主题公园投资、经营的成本和收益，所以，地价是影响旅游主题公园区位选择的一个重要因素。一方面，由于交通和市场的约束，主题公园不能远离大城市，也不能位于非常偏僻的地方；另一方面，由于市区内的地价高昂，主题公园一般也不能位于城区，在地价的作用下，主题公园一般位于郊区交通方便的地段。

4. 环境区位

旅游主题公园作为一项战略性投资，必须进行经营环境分析。就迪士尼乐园的经验来看，在美国本土的加利福尼亚州迪士尼乐园条件优越，有适合全年开放的气候，充足的扩张土地空间，自主的经营策略，政策约束性比较小，临近主要客源市场和交通便利，所以其经营成功。日本东京的迪士尼乐园忠于美国本土经营管理风格也取得了成功，而在法国巴黎的迪士尼乐园却遇到了经营管理上的困难，这就说明了经营环境十分重要。已建成的主题公园区位具有不可移动性，因此要充分考虑气候、土壤、河流、地质等自然环境因素，同时要考虑是否会破坏名胜古迹和国家文物，是否与周围环境相和谐等人文环境因素。

三、主题公园主题的选择

(一) 主题选择原则

主题是旅游策划的灵魂，是贯穿旅游策划方案始终的一条主线。它统率着整个项

目策划的创意、构思、方案、形象等要素，使策划的各个要素有机地组合成一个完整的策划作品。主题公园的主题策划是其开发成功的关键所在。一个主题公园，只有首先选择一个独持、有创意的主题，才能在竞争激烈的市场中立于不败之地，并且充满活力，不断发展。在选择主题公园主题时，应该注意以下几个原则。

1. 主题鲜明，具有地方和民族特色

鲜明的主题和独特的文化内涵是主题公园吸引游客的核心和灵魂，也是主题公园成功的关键。世界上成功的主题公园都有其个性鲜明的特点，或者具有不可模仿的独特性，这样独具特色的主题能够削弱旅游产品之间的竞争关系，有效避免别人的模仿或复制。我国的主题公园之所以成功者少，其关键问题之一就是主题重复或雷同，仅是模仿和移植，缺乏文化内涵。因此，在同一区域内发展主题公园切忌模仿和抄袭，要突出地方和民族特色。

为了吸引更多的游客，保持较为稳定的客源和一定的重游率，主题公园策划的任务就是突出主题，使之成为最易被感知、最具辐射力的信息。公园内所有的景物，所举行的活动、表演甚至包括员工的服装都应体现主题，与整体环境协调。

2. 主题要具有丰富性

现代主题公园兼具娱乐休闲、科普教育、文化展示等不同功能，围绕这些功能，我们可以从巨大的社会生活、历史文化等宝库中精选出要展现的主题。但不管是哪一类主题，其内涵都要丰富、易于展开，以充分展现主题公园的优势和卖点。目前，我国主题公园的主题选择方式主要是以文明轴为核心的线型选择。时间、空间、文明三轴的交叉组合，构成主题选择的立体集合，可形成千变万化的主题内容和形式，如前面所述的中外名胜、历史古迹、民俗风情、神话传说、休闲娱乐、科普教育、未来科幻等主题。在充分展示主题的同时，主题公园还要做到常建常新，围绕特定主题，不断丰富和完善旅游项目，使主题公园保持长久的生命力。

3. 主题选择要考虑市场需求

主题公园主题的选择，不仅要考虑当地的文化和特色，还要考虑目标市场的需求。主题选择是否符合当今市场的需求，是判断主题概念成功与否的关键。那些不能激发旅游者兴趣的主题概念，不考虑市场需求变化和发展趋势的主题概念，最终都会断送项目的前景，以失败而告终。因此，主题创意与策划应紧紧围绕旅游者的需求，突出休闲娱乐的特性，表现旅游新形态。主题的选择应遵循人文关怀、把握文脉、突出形象、体现意境等原则。

4. 主题选择要有创意

随着时代的发展，国内外的主题公园越来越多，有成功的，也有大量失败的。总结其成功的经验或失败的教训，就是主题公园的主题一定要有创意，要新颖、独特，使人有眼前一亮的感觉。如果不注意创新，只是一味地模仿照搬，主题选择平庸乏味，缺乏新意和独创性，那么迟早会被市场所淘汰。

结合上述原则，针对目前我国主题公园建设中暴露出的主要问题和主题公园发展新趋势，在主题公园主题策划中应着重考虑以下因素：一定的地域范围内，避免雷同项目的建设，减少市场风险；经济的可承受性；符合市场的兴趣取向；确保主题的健康性、鲜明性；注重家庭旅游项目的设计和开发；主题具有一定的延展性，吸引人们的重复消费；为争取游客的重复消费，延长主题公园的生命周期，在主题的选择上要有较大的扩展余地，能够不断以新的内容来丰富和变换主题公园的内容，有利于进一步延展开发关联的商品和相关旅游项目；在强调知识性、教育性的同时，要加大娱乐性、参与性和文化性；扩大和完善主题公园的功能。

（二）主题选择框架

根据主题选择的基本原则，旅游主题公园的主题具有三种选择策略：一是沿单一轴线方向的线型选择策略；二是沿两个轴线构成的平面型选择策略；三是沿三个轴线构成的立体型选择策略。时间、空间和文明是主题选择的基本轴线，三个轴线的有机组合构成了旅游主题公园的主题选择框架。

1. 时间轴

时间轴是一个由时间单位决定的时间系统，如由地质年代决定的太古代、远古代、中生代、新生代；由纪年决定的史前时代、古代、近代、现代、当代；由流年决定的过去、现在、未来。不管怎么说，时间轴是由超短期（瞬间）、短期（一个时间段）、中期（可以用年代来表示的时间段）、长期（可以用纪元来表示的时间段）、超长期（可以遥想的过去或未来）等时间尺度决定的系统。旅游主题公园在时间轴线上选择主题，一定要处理好时间尺度与旅游者的相互关系，不管采用哪一种时间尺度，选择的主题都要通过特定的时间隧道缩短与旅游者认知的距离，形成旅游者容易辨认的特质和游园的线索。

例如，深圳华侨城欢乐谷内的“走出侏罗纪”景区，盘根错节的迷宫让儿童游客不知所措，而通过使用计算机设计的智力游戏，把4亿年前侏罗纪时代恐龙生活的景象表现出来，少年儿童游客走进这里仿佛置身“侏罗纪时代”，在神秘、惊险、刺激和有趣的氛围中流连忘返。1998年，投资10亿美元的野生动物园建成开放，迪士尼世界在时间轴线上选择主题的别具匠心又一次表现得淋漓尽致。这个耗时近10年、最多时派上了2600多名建筑工人建造的旅游主题公园，用现实世界、神话世界和灭绝了的动物世界等三个区域组合成一个魔幻世界。把1000多只活生生的狮子、老虎、大象、犀牛和大猩猩等动物和神话中的麒麟、龙等奇物组合在一个王国里，让行走自如的真正动物与形象逼真的动物模型共处一园，构筑了一个让游客熟悉与喜欢的动物世界。这使得野生动物园年接待旅游者高达700万人次，成为迪士尼主题公园家族的竞争性卖点。

2. 空间轴

空间轴是一个由空间尺度决定的空间系统，如由地形地貌决定的高原、高山、丘陵、平原、沙滩、海洋；由疆域决定的七大洲、国家、省（州）、市（县）、镇（区）；由视阈决定的地下、地表、宇宙；由意识决定的地狱、现世、天堂；由可及性决定的虚无空间（幻想的、不可及空间），真实空间（现实的、可及的器物空间）和科幻空间（神奇的、依托科技发展可及的空间）。空间轴是由微系统、小系统、中系统、大系统、巨系统等不同空间尺度决定的空间维度体系。旅游主题公园在空间轴线上选择主题，一定要处理好空间尺度与旅游者的相互关系，也就是说，不管采用哪一种空间尺度，选择的主题都要通过特定的空间转换拉近与旅游者认知的距离，形成旅游者容易辨认的特质和游园的线索。

譬如，通过大尺度的空间移动，将山、川、湖、泊、海、岛以及宫殿、庭园、建筑等荟萃于一园，采用一定比例尺的放大或缩小，按照造园原理布局和构景，建设的旅游主题公园都是以空间轴线为主进行主题选择的。这是旅游主题公园区别于原始旅游景区的一个基本特征，即景观的移植性和仿制性。

3. 文明轴

文明轴是一个由文明程度决定的文明系统，如由进化状态决定的原生态、次生态、社会生态；由开化程度决定的野蛮时代、文明时代、超自然时代；由生产力水平决定的农业文明、工业文明、后工业文明。文明是一个相对的概念，一方面是人类发展水平相对于自然演化程度而言的状态差异程度，另一方面是人类群体之间相对而言的发展差异程度。因为文明发展的过程也就是文明化的过程，所以文明轴也可以采用一个相对具体些的概念，即文化轴。

现代旅游行为学认为，旅游者的动机表现为一种回归自然意义上的对原有文化内容和环境的走出与超越，这说明旅游本质上是一种旅游者寻找与感悟文化差异的行为和过程。旅游主题公园应当是构成这种文化差异的内容表现和环境氛围，因而，主题的选择就可以更现实地以文化轴为维度系统。旅游主题公园的主题定位坐标是三维文化，并遵循文化差异原理选择主题，形成旅游者容易辨认的特质和游园的线索。所谓三维文化，指的是以自然要素为对象的生态文化；以价值观、国民性、宗教、民俗为主体的传统文化；以高新科技和新文化为表现形式的现代文化。

四、主题公园设施的构成

（一）游乐活动设施

游乐活动设施是主题园中最主要的内容。早期的主题园一般活动内容单调，活动设施类型单一。随着主题园建设的不断发展，活动设施种类日渐增多。现代主题园的活动设施已不再局限于单纯的惊险刺激型机械游乐，而是集文化、教育、科技与游乐为一体，呈现出多元化的局面。

1. 游艺设施

游艺设施是指供人们游乐的各类机械、电子游艺设备，方式有人力、重力、机械或电动力等，可谓种类繁多。现代游艺设施有如下特点：①惊险性、刺激性。现代娱乐心理学概括“刺激性”的内涵为摇晃感、旋转感、高度感、坡地感、隧道感和迷宫感。现代游艺设施的许多类型就是以制造上述感觉作为设计目的，如滑道的坡地感、飞轮的旋转感，大型过山车则集摇晃感、高度感、坡地感、隧道感于一身，富有强烈的刺激性。②造型趋向巨型化、情节化。一些游艺设备如过山车、摩天轮、水上滑道等向着巨型化方向发展。日本哥士摩游乐园的摩天轮直径 100 米，高度达 105 米，游人可俯瞰横滨，饱览东京湾、富士山的景色。巨大的体量制造出令人叹为观止的视觉效果，是现代技术力量的象征，也是游乐园富有个性的标志。另外，现代游艺设备的造型设计中常融入一定的故事情节及与之适应的环境因素，使之更富戏剧性。同为过山车，在迪士尼的“开拓公园”中为穿梭于旧矿中的采矿列车，在“宇宙山”中为漫游太空的宇宙飞船。北京游乐园的“快乐杯”（一种杯状转椅）在迪士尼手下变为爱丽丝的午茶派对，洋溢出几许浪漫与温馨。在现代游乐园的环境设计日趋主题化的背景之下，游艺设备造型的情节化、环境化也是必然趋势之一。

在游艺设施项目组织过程中，应格外注意：

（1）兼顾各年龄层次的需求。有些游乐园建设者只把眼光放在儿童身上。事实上，游乐园中以家庭为单位的游乐方式相当普遍，成年游客占游客总数的 3/4，因此不能忽视成年人的娱乐需求。一般而言，儿童适宜新奇、趣味性较强而不超出其心理、生理承受范围的活动项目，如碰碰车、滑梯等；青年人则喜爱惊险性、刺激性较强的项目，如过山车、激流勇进等；中老年人适宜速度低、惊险度小的项目，如观览车、单轨列车等。充分考虑不同年龄层次游客的需要，有助于扩大游乐园的游客来源，增强游乐园的吸引力。

（2）注意传统保留项目与特色新项目的搭配。有些游乐项目如摩天轮、过山车等已成为游乐场所的标志，属游乐园的保留节目。为突出个性和风格，游乐园也应发展一些特色项目，以增强竞争力。如北京游乐园的激光水幕电影场景宏伟，气势宏大，为亚洲所罕见。

2. 展示设施

（1）陈列展馆

展馆种类很多，有纵向展示世界发展的历史和未来的，如奥兰多迪士尼世界的未来绿洲馆；有横向展示各国、各地区历史文化民俗风情的，如迪士尼世界的世界橱窗由 9 个国家的展馆组成，深圳中国民俗文化村集中展现了 21 个民族的 24 个村寨；还有以某一专题门类作为主题的，如海洋世界的水族馆、迪士尼世界的交通馆、能源馆，

北京游乐园的电影奥秘馆等。

(2) 模拟环境

模拟某一时代、某一地域、某一文学作品中某一场景的环境展示，如汤姆·索亚王国、加勒比海盗馆等。如果说各类展览馆、展厅是以陈述的方式向游人展示其主题内容，那么模拟环境则以戏剧性的手法向游客讲述各种故事、经历。如迪士尼世界的漫游幻境馆是一个幻想乐园，观众通过亲身经历各种幻境，畅游未来的文学艺术和电影世界。童话乐园则创造了一个个温馨可爱的童话场景，将游人从现实世界带入童话王国。

现代展示设施有如下特点：①高科技手段的引入。设计充分运用声、光、电、计算机等技术，发挥音响、照明的作用，加上动画、电影，逼真表现主题内容，将现实和虚幻成功地融为一体。如迪士尼乐园的海盗馆有天幕、大海、村庄、藏宝洞等，海面上枪炮隆隆、战火纷飞，村庄里人声阵阵、鸡犬不宁，现代科技手段将环境塑造得十分真实可信。②注重游人的参与性。与传统展示场所游人以观看为主的特点相比，现代主题园中的展示设施更注重游人的参与性。如迪士尼世界的太空馆，游人乘坐飞船、火箭体验星际旅行、太空探险的历程，在游乐中获得直观的感受并学到知识。

3. 表演设施

表演设施是指提供各类演出的场所，如露天剧场、音乐厅、电影厅、马戏表演棚等。游乐园中的表演设施与一般表演设施的不同之处在于其表演内容更注重趣味性、知识性和科普性，如趣味电影、民俗歌舞、马戏表演等。迪士尼世界中国馆剧场放映的《奇妙的中国》，向游人展示中国的风土人情；广州东方乐园电影厅放映的《追逐》系列片利用立体电影的三维感给观众以逼真的感受。

同展示设施一样，游乐园的表演设施也成了展示高科技手段的舞台之一。以各类电影厅为例，传统的立体电影已不再是主角，出现了180度、360度环幕电影。迪士尼乐园的360度环幕电影《美国之旅》由9个巨大环形屏幕形成连续的画面，观众坐在可转动的座位上欣赏电影。水幕电影是又一种新型电影，其原理是利用特制高压水泵将湖水喷射成巨形屏幕，再以专用强效电影机打出图像，配以多声立体音响，效果十分壮观。

4. 体育娱乐设施

体育娱乐设施是指开展各项娱乐性体育活动的场所，如跑马场、棒球场、高尔夫球场、保龄球馆、赛车场、溜冰场等。

(二) 餐饮商业设施

在现代游乐园中，餐饮商业设施不仅以其不可缺少的功能服务于游人，还常常以新颖、漂亮、富有特色的造型成为游乐环境的重要角色。商业建筑的店面设计形式多样，有的采用精致优美的异国建筑风格与造型，有的施展古朴典雅的乡土风情与语汇，有的精雕细刻，有的轻描淡写，形象鲜明。

在一些大型主题游乐园中，餐饮商业建筑往往汇集在一起，以商业街、商业广场的形式出现，成为游乐园中独立的区域。如北京世界公园的国际街、无锡欧洲城的欧风街、深圳世界之窗的亚洲街和欧洲街、广州东方乐园的食街等。最著名的要数东京迪士尼乐园的世界市场，平面呈十字形，包括1家剧场、8家餐厅、16家商店，吃的、用的、玩的应有尽有。琳琅满目的商品以食品、礼品、纪念品为主，包括印有卡通人物的钥匙扣，画有米老鼠像的帽子、瓷器、迪士尼故事、CD唱片等。经过精心设计的待售商品与主题相呼应，于不起眼处为营造游乐氛围出一份力。散置的餐座、商亭是餐饮商业设施的另一种形式，色彩绚丽、造型独特也是一道风景。

（三）后勤服务设施

在大型主题公园中，除去游乐、餐饮商业设施外，还必须拥有一整套功能齐备的后勤服务设施，如迪士尼乐园的配套设施包括医疗中心、摄影部、失物招领处、婴儿中心、存物处、迷失儿童招领和问讯处、婴儿车出租、残疾人服务等。

（四）技术供应和工程服务设施

技术供应和工程服务设施是主题公园每天正常运转的保证，这套系统包括通信系统、废物处理系统、监控系统、机械电子设备维修系统、供电系统、有关制造安装和修理车间等。对拥有大型游艺设备的主题公园来说，电是主要的动力来源。除了城市电力供给外，为保证不会因停电而影响游乐设备的运转，一般都采取两路供电。以南京游乐园为例，全部供电容量为500kW，游乐园自设了变电所和发电机，以保证大型游艺设备运转不受干扰。

游乐园运转中必然产生废水、垃圾等废弃物，这就需要有一整套废物处理系统。奥兰多迪士尼世界专门花费近2000万美元修建了一个地下废物处理系统，整个系统由电脑控制，乐园每天投入大量的资金用于维护和清洁工作。与国外相比，我国游乐园在这方面差距较大，废物的清理大多靠人力，这也是技术设备水平和经济条件的限制所致。

五、主题公园规划设计要点

（一）设计立意中积极发挥创造性思维

整体的设计构思是一个主题公园的灵魂所在，它直接关系到一个乐园的成败。作为乐园的设计者，必须要懂得利用和发挥地形地貌的优势，要了解这一地区独特的历史和文化，并因地制宜地去掌握这一地域的游客心理，揣摩他们的美学观点、艺术爱好等，为拟建中的主题公园确立一个框架。

美国迪士尼乐园是用绿树、鲜花、建筑、道路、卡通造型组成的童话世界。然而，它总是把一条街放在入口处，游客进入大门，走在街头便有被夹道欢迎的感觉，看到的尽是与各种主题相关、风格相似的建筑物，其色彩搭配得非常耀眼夺目，加之不时有一些吸引人的活跃气氛的小品表演，从而使游客开始感受到欢乐的氛围。由真人表演的卡通人物大游行在每天下午上演，伴随着欢快的音乐，各种童话世界中的人物跳着欢快的舞蹈来到人们的面前。他们不时与街道两侧参观人群中的儿童握手，做一些滑稽可笑的动作，逗得孩子开心大笑，这是迪士尼精心策划的欢乐氛围。

（二）精心选择景点与游乐项目

主题公园景点与游乐项目的选择应围绕主题展开，结合公园开发规模、环境状况、投资规模等因素进行综合设置，并充分突出新颖性、刺激性、戏剧性和艺术性，做到不断创新，以满足人们不断变化的需求。具体的项目内容及景点如观赏景观类、机械设施类、动物观赏类、运动游戏类和休闲度假类，在实际操作中应综合考虑，使主题公园的项目及活动内容丰富多彩、高潮迭起。主题公园内各项文娱、体育活动还应注重其参与性、知识性、娱乐性和趣味性，各项活动要强调情、景、人三者融为一体，力求新颖奇特、引人入胜。以欢乐谷二期香格里拉森林主题区的大型游乐项目“雪山飞龙”——悬挂式过山车的包装为例。该区营造了如同一片原始丛林的氛围，丛林探险队邀请游客进入“世外桃源”并感受寻梦香格里拉的各种神奇经历。悬挂式过山车是以中国西北大山深处小红龙与长麻鬼殊死搏斗为故事背景的。游客进入排队区，通过外围老宅、古庙、残塔等景致，以及区内循环播放的故事片，不知不觉地进入故事角色，在不断的环境渲染和情感累积后，最终乘上过山车，体验红龙大战的痛快淋漓。这种游玩经历，游客体会到新奇、刺激和兴奋，身心得到极大的满足。

（三）合理的空间构想

1. 空间造型

主题公园应通过优美的空间造型，创造出丰富的视觉效果，赋予景园以美好的形象特征。形成游乐空间的元素包括建筑物、铺装材料、植物、水体、山石、峭壁等，这些元素的不同组合可产生亲切质朴、典雅凝重、轻盈飘逸或欢快热烈的空间效果。

2. 空间序列与流线系统

任何一种空间序列都应包含序幕、高潮及松弛阶段，有节奏地组织环境韵律，可以使游人长时间保持体力和激情。主题公园的基本流线结构有四种：环线组织、线性组织、放射状组织、树枝状组织。另外由环线组织与其他流线结构又分别复合出三种复合流线组织，如昆明民俗村流线系统是由环线与树枝状组织结合，无锡太湖乐园流线系统由环线与线性组织结合，东京迪士尼乐园流线系统由环线与放射状组织结合。

3. 空间组合

（1）轴线组合

轴线组合是一种常见的空间组合手法。从轴线的地位分析，有全园性轴线和区域性轴线。轴线的实现手法有多种，如轴线与主交通线、中心广场重合，用一系列景点、标志物等的序列关系构成轴线，以水系、绿化等地貌特征形成轴线。

（2）递进式组合

递进式组合是以层层递进的环境关系，产生对比、渐变而达到主题环境的高潮。递进手法是一种丰富环境的方法，递进手法常与过渡环境相对应，在过渡空间设计中运用较为普遍，有时也与轴线手法同时运用。如广州世界大观园由入口进入大都市广场，两侧是美国街、德国街，热闹的气氛、缤纷的环境，将人们带入欢乐世界，直至穿过主楼、欢乐广场，色彩斑斓的太阳湖中央景区才呈现在眼前，将环境气氛推至高潮。

（3）并列组合

并列组合指将若干环境因素互不接触而并列放置，以产生相互之间的关系。其组合方式有集锦式组合、尺度组合。前者如迪士尼乐园，将各种不同时代、地域的环境、建筑片段高度密集地布置在一个大环境中，形成犹如拼贴画或蒙太奇的艺术效果。后者如深圳锦绣中华、世界之窗，将一些环境元素的尺度缩小或放大组合于环境中。

（4）互含式组合

互含式组合指两个空间区域相互穿插形成共同体，双方共同拥有某一环境。如深圳中国民俗文化村中的侗寨、独龙寨、音乐喷泉区、石林景观等若干主题区域公用一片水系，各自的环境特征在水面上得到延伸，形成空间环境的延伸。

（四）通过高品质服务给游客以欢乐

一个充满魅力的主题乐园一定是一个为游客提供了高品质服务的乐园，表现在处处为游客着想。打开迪士尼乐园的导游图，它传达的资讯便可以让你真切地体会到迪士尼乐园是如何把快乐、价值执行到每一细节上，并形成行为标准加以不断地调整和补充。如人手一份的世界各国文字的图例说明；宽敞的标志清晰的停车场；每个游乐场、商店和餐馆的简短介绍。在迪士尼，看不见拖儿带女的家长，因为孩子都坐进了免费的儿童手推车。游客对欢乐的体验，客观上是对员工们服务质量的一种评价。

安全是主题公园服务质量的第一个标准。现在的游乐设施都具有惊险性和刺激性，在每一个貌似恐怖的项目运行中，有解说员不停地介绍周围的环境、即将要出现的目标和新的感受，使得游客有足够的心理准备，顺利地游玩。

第二个标准是干净，如迪士尼乐园内，旋转木马的铜把手每夜要擦拭光亮，射击场每天清晨5点要重新油漆，地面若有烟蒂须于20秒内清扫干净。迪士尼创造了一种宾至如归的轻松、欢乐的氛围，让你在乐园里就如在自己家里一样，可以自由放松。这种感受与惊险刺激的旅行过程相比毫不逊色。

第三个标准是要超出游客的预想。迪士尼所追求的是娱乐之后的思考和给游客留下的创新想象和启发。在迪士尼，老人能享受到孩童欢乐，善于思考的人会得到更多的灵感，外国游客从中又可联想到故乡的童谣，让每一位游客体验到了快乐的附加值。

【案例 7.1】

奥兰多——主题公园开发的范例

位于美国东南部佛罗里达州的奥兰多，自 20 世纪 70 年代以来，由一个沼泽遍布、经济落后的地区迅速发展成为以迪士尼世界、环球影城和海洋公园等主题公园为特色的世界级的旅游胜地。它的成功经验，可以为其他类似地区进行旅游规划与开发提供借鉴和参考。

一、奥兰多旅游发展的基本条件

奥兰多位于佛罗里达半岛上，地形较为平坦，微有起伏，属亚热带湿润气候，夏季高温潮湿，冬季温暖晴和，偶尔有寒潮入侵。优良的气候条件，使之成为美国北方居民的避寒之地。年降水量在 1500 毫米左右，因降水较多，曾在本区形成大范围的沼泽地，现在依然留有许多湖泊。由于热量丰富，作物的生长期较长，产业结构原来以农业为主，近海平原地区盛产蔬菜、柑橘、葡萄、柚和甘蔗等经济作物。现在是美国著名的亚热带水果基地，可为旅游活动提供较为丰富的农产品。

早期，佛罗里达州的工业并不发达，市场狭小、人口分散、生活水平较低，交通纯粹是为农业的需要服务。20 世纪 70 年代，随着美国工业由“冷冻地带”向“阳光地带”的西部和南部迁移，迁入南部的移民较多，这是因为南部有劳动力和地租及低税收，运输能力也不断增长——高速公路和铁路迅猛发展，机场兴建，迈阿密港口功能更新，遂形成发达的立体交通体系。新的工业点也不断增多。这些变化为旅游业的发展提供了契机。奥兰多的旅游开发建设从 1971 年开始。

二、奥兰多旅游资源开发的主要做法

奥兰多的旅游资源开发之所以能获得巨大成功，很大程度上是依赖于其独到的做法。

（一）扬长避短

奥兰多的自然条件，从旅游发展的角度分析并无多大优势，仅仅是气候温暖、湖泊众多。人文景观旅游资源特色也同样不突出。但奥兰多注意避开这些短处，另辟蹊径，利用沼泽地地价较低的优势，在荒原上兴建主题公园，用人造景观的来弥补自然旅游资源的不足。

（二）主题鲜明

奥兰多作为“世界旅游之都”的魅力在于它的主题——娱乐，得到了充分的体现。迪士尼世界、环球影城、海洋公园和其他十多处主题公园，都有参与性、刺激性极强的旅游项目，从原始社会到未来世界，从太空遨游到海底探险，从童话王国到恐怖地带，使人在惊险刺激中得到享受和放松，可以说，娱乐是贯穿奥兰多全部旅游活动的主线。

（三）优势互补

在以娱乐为共性的前提下，奥兰多的诸多主题公园在内容、风格、组织安排、服务项目等方面，又表现出独特的个性。如迪士尼世界是孩子的梦想天堂，“梦幻王国”中的“幻想之地”“全新境界”“明日世界”等，都围绕儿童大做文章；环球影城，使用各种影视特技，围绕好莱坞电影进行设计安排，如电影音乐回响，电影特技展示等，主要针对成年人；而同样针对成年人，海洋公园则以海洋为主题，侧重海洋生物的展览与观赏和海底探险等项目。各主题公园特色鲜明，优势互补，形成规模经营，并适应了不同年龄、不同职业、不同兴趣爱好及不同国籍的游客的需求。奥兰多也因此成为世界最大的旅游目的地之一。

三、奥兰多旅游规划的特点

成功的旅游资源开发，离不开高水平的旅游规划。奥兰多旅游规划的特点，主要在于“四高”。

（一）高起点

奥兰多开发建设主题公园之初，美国洛杉矶市郊已有了一个近 20 年历史的迪士尼乐园。奥兰多的规划者鉴于此种情况，将自己的旅游开发定位在高起点上，抓住美国经济和科技迅速发展的大好时机，在立足于本国游客的基础上，主要面向国外游客，别具匠心地规划了将奥兰多建设成世界级的娱乐胜地的宏伟目标。

（二）高投入

奥兰多的各主题公园，规模巨大。其中，仅迪士尼世界就占地 1.13 公顷，有魔幻王国、EPCOT、米高梅影城和动物王国四大主题公园以及十几家饭店、野营地、高尔夫球场、温泉、体育世界等基础设施和相应的高档次的旅游服务。由于投资额相当可观，其旅游规划提出了广泛吸引房地产开发商并面向世界各国多渠道融资的思路，最终使开发资金得到落实。

（三）高科技

强调高科技在旅游活动和旅游服务中的运用，是奥兰多旅游规划最突出的特色。例如，环球影城的乘坐模拟飞船、单轨车遨游太空，乘火箭飞奔月球、火星以及海底大战等项目，是运用声、光、电等高科技手段的杰作。在旅游服务中，从旅游信息的查询、机票预订、旅馆住宿到旅游线路的确定，也都普遍运用高科技技术，从因特网获取旅游信息已成为必不可少的方式。

（四）高度竞争机制

奥兰多旅游规划，强调以公平竞争、共同发展为目标，因而吸引了迪士尼世界、环球影城和海洋公园在奥兰多一地的激烈竞争，迫使三巨头不断扩大投资，推陈出新。竞争，让游客收益，游客每天在奥兰多的公园门票花费仅 42 美元。而游客的平均逗留时间在 5 天左右，旅游者人均消费达上千美元，这给经营者带来了高额利润。奥兰多也因此成为美国近年来经济增长最快的城市之一。

【案例 7.2】

深圳主题公园的启示

一、深圳主题公园

（一）锦绣中华

锦绣中华微缩景区占地 30 万平方米，是中国五千年历史文化和 960 万平方千米锦绣河山的荟萃和缩影，也是目前世界上面积最大的实景微缩景区。82 个景点均按中国版图位置分布，比例大部分按 1∶15 复制。坐落于景区内的 5 万多个栩栩如生的陶艺小人和动物，生动地再现了中国多民族国家风格迥异的建筑、生活习俗和风土人情。该景区以“花的世界，绿的世界，美的世界”为目标，将中国传统盆景工艺与现代园林艺术完美地结合起来，堪称中国园林艺术的典范。锦绣中华微缩景区以“一步迈进历史，一日锦绣中华”的恢弘气势被誉为“开中国人造景观之先河”的杰作。锦绣中华作为我国第一个现代主题公园，开业一年多就基本收回投资（投资 1 亿港币，当时约相当于 7000 万元人民币），创造了中国甚至世界主题公园投资史上的神话。

（二）中国民俗文化村

中国民俗文化村占地 20 多万平方米，是中国第一个荟萃各民族民间艺术、民俗风情和民居建筑于一园的大型文化旅游景区，内含 22 个民族的 25 个村寨，均按 1∶1 的比例建成。通过民族风情表演、民间手工艺展示、定期举办大型民间节庆活动，如华夏民族大庙会、泼水节、火把节、西双版纳风情月、内蒙古风情周等多种方式，多角度、多侧面地展示出我国各民族原汁原味、丰富多彩的民风民情和民俗文化，让游客充分感受中华民族的灵魂和魅力。中国民俗文化村以“二十五个村寨，五十六族风情”的丰厚意蕴赢得了“中国民俗博物馆”的美誉。中国民俗文化村和锦绣中华是深圳锦绣中华发展有限公司辖下的两大景区，为方便游客游览和管理，已于 2003 年元旦合二为一。

（三）世界之窗

世界之窗坐落于深圳湾畔，占地 48 万平方米，是由香港中旅集团和华侨城集团共同投资建设的大型文化旅游景区，于 1994 年 6 月 18 日开园。景区总体分为世界广场、亚洲区、大洋洲区、欧洲区、非洲区、美洲区、世界雕塑园和国际街八大区域。作为以弘扬世界文化精华为主题的大型文化旅游景区，世界之窗荟萃了世界几千年人类文明的精华，有历史遗迹、名胜、自然风光、世界奇观、民居、雕塑等 130 多个景点，其中包括园林艺术、民俗风情、民间歌舞、大型演出以及高科技参与性娱乐项目等。世界之窗以其丰富的文化内涵、雍容恢弘的规划设计、独特的景区环境、丰富的活动内容、不同凡响的艺术演出、动感刺激的娱乐项目以及配套齐全的优质服务，为中外游客再现了一个美妙精彩的世界。

（四）欢乐谷

深圳欢乐谷是华侨城集团新一代大型主题乐园，首批国家AAAAA级旅游景区，占地面积35万平方米，总投资17亿元人民币，是一座融参与性、观赏性、娱乐性、趣味性于一体的中国现代主题乐园。自1998年开业以来，深圳欢乐谷经过一期、二期、三期的滚动发展，已成为国内投资规模最大、设施最先进的现代主题乐园。深圳欢乐谷全园共有九大主题区：西班牙广场、魔幻城堡、冒险山、金矿镇、香格里拉森林、飓风湾、阳光海岸、欢乐时光和亚洲首座荣获国际水公园协会“行业创新奖”的玛雅水公园。欢乐谷还有多个老少皆宜、丰富多彩的游乐项目。从美国、荷兰、德国等国家引入众多在全国乃至亚洲独有的项目，如世界最高落差的“激流勇进”，中国第一座悬挂式过山车“雪山飞龙”，中国第一座“完美风暴”，中国第一辆仿古典式环园小火车，亚洲最高、中国第一座“惊险之塔”——太空梭，亚洲首座集视觉、听觉、触觉于一体的四维影院，世界轨道最长的水战船——丛林水战以及国际一流水平、国内第一条高架观光游览列车——欢乐干线。秉承“建不完的欢乐谷，玩不完的欢乐谷”经营理念，创造“常看常新、常玩常新”的顾客价值，2008年深圳欢乐谷再次创新升级，投资2亿元人民币打造全新项目“魔幻主题”。作为中国第一个参与体验型的主题公园，十多年来，深圳欢乐谷共接待游客2250万人次，跻身亚太主题公园十强，成为内地唯一入选亚太十大主题公园的旅游景区。与此同时，欢乐谷加紧了深圳、北京、上海、成都连锁的步伐，成为中国第一个主题公园连锁品牌。

二、深圳主题公园的成功经验

分析上述四大主题公园的经营理念和历程，它们的开发建设无疑是成功的，总结其成功的经验，主要包括以下几个方面。

（一）产品开发要重视“第一效应”

无论做什么事，第一次做的时候，都会产生一个轰动效应，即产生“No.1效应”。当锦绣中华开业时，中国人还没有听说过“Theme Park”这个词（这个词过了好几年才定名为“主题公园”），还没有见过微缩景观，对它充满了新奇感。这种“No.1效应”对产品的最初宣传和推介具有很强的扩散力，能够引起人们的强烈好奇心，通常会产生一鸣惊人的效果。

（二）市场开发要填补需求空白

随着深圳的经济建设发展，深圳的旅游需求和宾馆接待能力在不断增加。即便是比较特殊的1989年，它也接待了我国香港、澳门、台湾等三个地区和外籍华侨过夜游客94.8万人次，外国游客5.78万人次，国内游客331万人次。锦绣中华就是在这样一个背景下出现，填补了需求空当，在一个完全没有竞争的空间里一炮走红，从而开创

了深圳旅游业的主题公园纪元。

（三）主题选择要特色鲜明，挖掘民族和地方元素

锦绣中华拥有一个明确的主题——展示中华传统与民族文化。外国人对中国最感兴趣的是华夏五千年的文明历史和绚丽多彩的民族文化。一方面，这种具有民族特色的文化本身就是一种丰富的旅游资源，它对外同游客具有强烈的感染力和吸引力，这是我国旅游业发展的独特优势；另一方面，中国幅员辽阔，民族众多，环境差异巨大，因此，锦绣中华（包括后来的中国民俗文化村）在一定程度上将中华民族灿烂的文化精粹汇集在一起，并加以提炼和再创造，使游客能在有限的时间内，对中国的历史文化和旅游资源有一个概括的了解，不仅对海外游客有吸引力，而且对同内游客同样有巨大的吸引力。而世界之窗是以弘扬世界文化精华为主题，也是充分挖掘了地区和文化特色。

（四）善于挖掘教育题材，塑造良好的窗口形象

锦绣中华和世界之窗以其民族文化为主的强烈个性以及对不同年龄、不同层次游客需求的普遍适宜，特别是主题强有力的爱国主义教育和宣传世界文化精髓的这一作用，为它们带来了众多殊荣。开业以来，锦绣中华和世界之窗先后接待了大批党和国家领导人、外国元首、各国政要和社会名流。景区获得各方面的荣誉不胜枚举，极大地提高了景区的知名度，树立了良好的企业形象，特殊的广告效应带来了滚滚客源。锦绣中华和世界之窗，不仅让世界了解了中国，而且也让中国了解了世界，塑造了一个良好的窗口形象。

（五）注意控制成本，投资规模适当

主题公园要想取得成功，必须注意控制成本，投资规模要适度，要与当地的经济发展水平和市场规模相适应。例如，华侨城4.8平方千米的土地就是深圳市政府整体划拨的，这降低了投资压力；同时，身为国有企业的深圳锦绣中华发展有限公司投资控制得当，这是锦绣中华成功的一个重要因素。

（六）适宜的区位及其客源市场

适宜的区位和客源市场是主题公园成功的前提。一般来讲，主题公园应选址在经济发达、流动人口多的大城市和特大城市，以保证有良好的客源市场。如珠江三角洲的深圳、长江三角洲的上海、京津地区的北京都是有着良好的区位和充足的客源市场，因而其主题公园成功的可能性更大。主题公园在进行区位选择时需要考虑下面几个问题：①交通便利与都市功能的结合，既要考虑游客往返的便利，又要考虑周边服务配套设施功能，同时为未来发展预留一定空间；②考虑当地的经济发展水平和当地居民的文化层次，以保证当地居民能为主题公园提供充足的客源；③良好的投资环境，如当地优惠的土地价格和投资政策，以便为企业节约投资成本；④考虑当地市场竞争状况，以确保能够在市场竞争中处于领先地位。例如，深圳锦绣中华、民俗文化村、世

界之窗、欢乐谷一直经营效益良好，其中一个重要的因素就是区域位置选择适当。深圳是中国经济最发达的城市和经济特区，交通便利，人们的消费能力强，而且深圳作为一个移民城市，每年接纳的内地探亲游客也非常多，这些都为深圳主题公园提供了充足的客源。

（七）深挖文化内涵，不断实行创新

深圳世界之窗能够在竞争激烈的主题公园市场持续稳定地发展，成为国内效益最好的旅游景区之一，其核心就是不断把握市场脉搏，以不断地创新发展形成景区新的核心竞争力，并牢牢把握住了景区生存的灵魂——文化品质以及对景区开发的成功定位。开业至今，世界之窗始终将弘扬世界文化作为自己经营的核心理念，无论是在新产品开发，还是在景区的更新改造上，无一不注入文化的基因，它们都非常注重文化品质和文化内涵的不断提升。目前，世界之窗景区景观从开业时的108个发展到130余个；十大游客参与性娱乐项目以文化为包装，形成了世界之窗独具的特色；景区艺术演出形成了以大型晚会为主干、恺撒宫剧场演出为繁枝、景区民俗风情表演为茂叶的多元化艺术表演产品体系。

（八）善于利用特色主题节庆活动，打造景区亮丽风景线

主题公园要想在竞争日益激烈的市场中生存下去，还要善于利用不同的主题节庆，制造亮点和轰动效应，来吸引人们的眼球。如深圳世界之窗结合景区的发展和游客旅游需求的变化，利用景区深厚的文化内涵，把世界各地最具特色的民俗活动引进景区，开发了一些受游客欢迎的主题文化节庆活动。目前，世界之窗已经基本形成了每一个旺季都有一个特色鲜明的主打主题活动，比如春节的世界歌舞节、暑期的国际啤酒节、国庆的流行音乐节等，并逐渐得到市场的认同。

（九）和媒体展开有效合作，树立良好的外界形象

媒体是旅游景区最好的宣传平台，因此，主题公园要和各种媒体展开全面合作，以期在公众中树立良好的口碑和形象。如深圳世界之窗利用景区舞台、演艺资源开展了与社会和媒体的有效合作，形成了广泛的影响。1998年以来，世界之窗先后成功地举办了首届中国国际高新技术成果交易会开幕式文艺晚会《拥抱未来》，1998年、1999年中央电视台春节歌舞晚会，第五届和第六届中国音乐电视大赛颁奖晚会，凤凰卫视“千禧之旅”凯旋特别晚会《龙凤呈祥》，中央电视台2001年、2002年元旦晚会，广东卫视“万马奔腾迎新春”2002年春节文艺晚会，中央电视台2002年春节联欢晚会，湖南卫视跨年演唱会等一系列大型晚会和活动。目前世界之窗已经成为各大媒体举办活动和晚会的最佳场所。

当然，主题公园要想取得成功，除了上述成功经验外，还需要有高素质的人才和高水平的综合管理，如景点的布局、建筑的风格、环境的美化、有效的经济管理、台前幕后的设备管理和工作人员的合理安排等。其中，人才的有效利用和培养尤其重要。

如何去培养具有专业管理水平的人才，不断探索如何有效地管理一个乐园，都是一个主题公园完整设计和策划中一个不可缺少的部分。

思考题

1. 简述主题公园的概念与特征。
2. 主题公园有哪些类型？
3. 主题公园应如何选择区位与主题？
4. 主题公园规划设计中应注意哪些问题？
5. 结合本章中的案例，谈谈我国和国外主题公园规划开发中的异同。

第三篇　旅游专项规划

第八章　旅游地形象策划

学习目标

通过本章的学习，明确旅游地形象的含义与特征；了解旅游地形象感知的基本规律与旅游地形象产生发展中的几个效应；掌握旅游地形象策划的基本程序——形象调研、形象定位、形象策划、形象传播及各步骤的原理与方法。

关键词：旅游地形象　形象定位　视觉形象　理念形象　行为形象　形象传播

第一节　旅游地形象概述

一、旅游地形象的含义

旅游地形象是旅游目的地各种要素资源通过各种传播形式，作用于旅游者，并在旅游者心中形成的综合印象。它是一个双向的意念系统：从旅游目的地层面来讲，旅游地形象是旅游地本身各种要素资源整合提炼、有选择地对旅游者进行传播的意念，是旅游地对外宣传的代表性形象，从某种程度上来说，旅游目的地形象是旅游地自身的主观愿望，是旅游地希望旅游者形成的印象；从旅游者层面来讲，旅游地形象是旅游者通过各种媒介或实地经历而获得了旅游地的各种要素资源后，形成的意念要素的集合，它是旅游地的客观形象在旅游者心目中的反映。

二、旅游地形象的特征

（一）客观性

旅游地的客观现状决定了旅游地的形象，尽管人们可以通过各种方法主动塑造一个旅游目的地形象，但绝不能脱离旅游目的地的现状而随意杜撰。如果脱离了旅游地脚踏实地的经营管理活动而由此产生的外在表现，是不能构筑起一个被认知、被信赖并引起人们好感的形象的。旅游地要有良好的形象，首先必须有实事求是的态度，任何脱离旅游地客观的形象设计都不能解决实际问题。

（二）整体性

旅游地的形象是由内外各种要素构成的统一体。从内在要素构成看，它包括旅游地文化、资源特征、员工素质、旅游产品质量、营销艺术等；从外在要素看，它包括公众的认知、信赖和好感。在结构上，两者密切相关，且两者内部各要素之间也相互联系，构成了一个内涵丰富、有机联系的整体。

（三）多样性和复杂性

旅游地的形象是由人去塑造，也被人所感知，但个人总是要受到不同思维方式、不同认知能力、不同文化背景和价值观的局限，这就造成了旅游地形象的多样性和复杂性。旅游地为塑造自身形象进行不懈努力，有时很容易被接纳，有时也会受到抵制。以什么标准衡量旅游目的地形象的好坏，往往因人、因时、因地而异。即使最优秀的形象策划者，也不能保证他策划的旅游地形象一定成功，因为人的思维是最难以预测和控制的。

（四）稳定性和可变性

因为人们思维的复杂性，所以形象一旦形成，在相当长一段时间里不容易在人们心中淡化，形象是一种经验积累和理性判断，比较难以改变。但是这种稳定性也是相对的，随着外部和内部环境的变化，人们思维中的形象也可能发生变化。这就要求旅游目的地根据环境和人们心里认知的变化，不断创新旅游目的地的形象；同时在创新过程中，保持旅游地形象的相对稳定性。

（五）传播性

旅游地形象是借助各种渠道和手段进行传播的，这种传播往往是跨地域甚至跨国界的，其传播手段包括人际沟通、大众传媒沟通等。广泛的传播性是旅游地形象的又一重要特征。在现实生活中，信息传播主要以消费者为对象，而消费者往往不会主动收集生产者的信息。旅游地形象大都是在广泛的传播过程中形成的，离开了广泛而有效的传播，旅游地形象这一无形资产就不能及时获得应有的回报。

（六）战略性

旅游地塑造自身美好形象，目的是为了提高旅游目的地的经济、社会和环境效益，我们把实现这一目的的过程概括为旅游目的地形象战略。纵观世界上成功的旅游地，都是以战略的眼光来塑造和发展旅游地形象的。在日趋激烈的市场竞争中，任何一个目的地要想取得良好的发展就必须借助形象战略，没有旅游地整体形象战略，其发展就会出现障碍。

三、旅游目的地形象的功能

对旅游地形象功能，可以从内部和外部两方面加以认识。

(一) 内部功能

旅游地形象的内部功能是指良好的形象对于旅游地组织内部提高生产效率、管理效率、服务水平和充分发挥员工的积极性等方面具有积极的影响和作用。它主要包括旅游地文化建设及其价值观的实现、旅游地组织内部沟通及其凝聚力的增强、旅游产品及其服务竞争力的提高、组织激励机制形成及其内部控制制度的完善等方面的功能。

(二) 外部功能

旅游地形象的外部功能是指形象对于旅游目的地与外部环境保持良好关系、发挥这种良好关系并能有效地发挥这种关系的影响和作用。它包括旅游地外部公共关系的良好运作、营销观念的不断创新及消费者认同感的稳定，旅游地形象广告意识的增强及其经营资源的合理配置，旅游地外部沟通及时收集、反馈能力的增强等方面的功能。具体来讲，良好的旅游形象有以下几个方面的作用：有助于产品赢得游客信赖；有助于增强旅游目的地吸引力；有助于旅游目的地的发展；有助于旅游目的地在竞争中赢得优势。

四、旅游地形象感知的规律

(一) 旅游地形象感知的空间规律

1. 旅游地形象的地域分异规律

地域分异现象是客观存在的，地理环境的地域分异不仅在自然界，而且在经济和社会人文诸方面都有表现。旅游景观的分布也具有空间分异，旅游行为发生的一个重要因素就是人们对地域差异的好奇。正是由于旅游地在自然景观与社会文化等方面与旅游者所居住的地方存在着差异，才吸引着人们前往旅游，特别是进行远程旅行。

旅游者对旅游地形象的认知首先是建立在对旅游地类型的认识基础上的。一般来说，城市、风景名胜区等比较大的旅游地，彼此之间的共性小，所以地方性比较显著，比较容易建立起鲜明的旅游形象。而度假区、主题公园等小尺度的旅游地，共性认识比较大，差异小，竞争激烈，一般不容易建立鲜明的旅游形象。类型形象是目的地的基础性形象，而地方性才具有旅游地形象的深层意义。地方性影响着旅游地的自然环境特征和人文活动，使一个地方变得有它自己独特的意味。

2. 距离衰减规律

距离衰减规律是一种自然界和人类社会普遍存在的规律。目的地与客源地空间距离越远，人们的认知阻碍就越大，实际的认知水平就越低，甚至发生认知扭曲。距离衰减规律是人们理性地认知地理空间的规律。但对旅游者来说，还存在幻想的认知，因为遥远，人们对它的理性认识水平就低，而想象认知反而更高，因为遥远、神秘而变得有吸引力。于是，人们可能会因为未来旅游的机会很多，所以不选择那些本地和附近的旅游地，即便它们的知名度很高；相反，人们会注意那些遥远旅游地的信息，并在适当的时候选择这些地方旅游。

（二）旅游地形象感知的时间规律

1. 不同旅游阶段旅游者对旅游地形象感知的变化

一次旅游活动分为三个阶段：旅游前，即出现旅游需求，进行咨询收集并最终做出出行决策的阶段；旅游中，即从离开居住地到回到居住地的实际旅游阶段；旅游后，即回到居住地后，对本次旅游的回忆、评价阶段，并将形成的满意或不满意的感受传达给周围其他人，从而影响本人是否重游或他人未来的旅游决策。旅游者在这三个阶段对旅游地的形象认知是变化的，信息来源从间接、抽象变为直接、具体和丰富，如果旅游中实地感知形象与旅游前的决策感知形象相符合或更好，说明旅游者的满意度提高，相应地，旅游者旅游后形成的评价也就越高，这就有利于旅游地知名度和美誉度的提高；反之，满意度低，旅游后的评价也就越低，形成对旅游地形象不利的口碑。

2. 旅游地形象的生命周期

旅游者对旅游地发展的不同阶段具有不同的认知与评价，即人们对旅游地形象认知和评价随着旅游地生命周期的变化而变化的规律。由此构成了旅游地形象的生命周期模式，对旅游地发展不同阶段的形象设计与传播具有指导意义（如表 8－1 所示）。

表 8－1　　旅游地形象生命周期模式

阶段划分	形象特征	形象战略方向
探索	知名度低，探险者乐园	树立形象
起步	新兴的旅游地	形象广告促销
发展	高知名度的、正热或过热的旅游地	弱形象战略
稳固	热了比较久的旅游地	反促销
停滞	美誉度下降，不再时兴的旅游地	形象危机处理
衰落	美誉度低，衰落的旅游地	设计新形象
复兴	重新发展的旅游地	重新定位和形象传播

3. 旅游地形象的季节变动

由于地理环境和气候变化，旅游资源、旅游地都有一定的季节性。旅游地的形象往往与其季节特征紧密联系，在不同的季节，旅游者对某一个旅游地的形象认知会有所不同。脱离旅游资源的季节特色，旅游形象的宣传和推广往往会出现偏差。例如，哈尔滨的旅游形象与其冬季的冰雪、北京香山与其秋季红叶等季节性特征分不开。

五、旅游地形象发生发展中的效应

（一）旅游地形象认知的替代效应

人们对旅游地形象认知规律有等级层次性，即人们在对旅游地形成空间感知的时候，总是依据地理空间尺度的高低、大小和从属关系，自上而下地来形成对被感知旅游地位置或空间尺度的认知。一般来说，等级高的旅游地空间上比较大，数量相对就少一些，他们就很容易被人认识和记住。而等级低的旅游地空间尺度小，数量众多，不容易被人们认知和记忆。这种自上而下的认知过程和数量关系，使人们常常用比较了解的高级别区域形象代替不太了解的低级别区域形象，即对地方的认知或地方的形象认知依赖于该地方的背景形象，称之为“背景替代”。这种形象认知的替代在同等级层次的旅游地认知过程中则表现为接近替代和相似替代。接近替代，即多个同等级层次的旅游地在空间上相邻，就容易被认为是具有相似形象的旅游地。相似替代则不仅是由于地理位置上的接近，而且由于政治、经济、文化、民族、宗教等因素的相似，使旅游者根据自己心中对这些要素的认知将不同的旅游地认知为同一形象。

旅游形象认知的替代效应对区域旅游开发有积极促进和消极抑制两方面的作用。从积极促进作用方面讲，利用旅游形象认知的替代效应，可以借助知名的事件、人物或景区的影响来带动和提升区域的知名度，树立品牌，提高旅游吸引力。比如甘肃省甘南藏族自治州，将旅游形象定位为“中国藏区的缩影”，就是利用背景替代效应，借助人们对中国藏区神秘、古朴、原始的印象来宣传甘南藏族自治州，提高旅游吸引力。当然，如果是恶性事件或形象不好的景区，也会殃及池鱼，给区域形象带来不好的影响。从抑制作用方面讲，在形象替代效应的作用下，人们会用自己比较了解和熟悉的旅游目的地形象来代替区域整体形象，对处在同一个区域里的多个旅游地形成同一个形象，并且根据旅游地层次级别、知名度高低选择一个作为出游的目的地，结果导致多个旅游地形成明显的替代性竞争关系，即一些被替代的旅游地虽然同样有很高的旅游价值，却失去了被游客光顾的机会，在市场竞争中处于劣势。

（二）首因效应和近因效应

这两种效应是指人们在识记一系列事物的时候，对开始部分和末尾部分记忆效果好于中间部分的现象。首因效应是指最早出现的刺激物对受众印象形成的影响。近因效应是指新出现的刺激物对印象形成的影响。在旅游地感知中，由于首因效应的作用，当人们接收了有关旅游地的一系列信息，形成对这个地方的知觉的时候，最初的信息对形成印象有重大的作用。和首因效应相反，最近、最后出现的印象往往可以冲淡在这之前产生的各种因素，使人们更看重新近的信息。旅游形象设计中对第一印象和最后印象区的塑造就是利用首因效应和近因效应。

（三）光环效应

光环效应是指一个人的某种品质、一个物品或地区的某种特征会给人非常好（或非常坏）的印象，在这种印象的影响下，对这个人或这个地方的其他品质也会给予比较好（或比较坏）的评价。这种知觉效应同样体现在对旅游地的形象认知上，如西部地区由于交通不便，就会使游客形成西部旅游整个接待设施和服务质量都不高的认知偏差。

六、旅游地形象策划

（一）旅游地形象策划的含义

旅游目的地形象策划是指策划主体为实现旅游目的地目标，在充分调查的基础上，对旅游目的地形象战略和具体塑造旅游目的地形象的活动，进行谋略、计划和设计的运作。此概念包括以下几层含义。

（1）旅游地形象策划是由策划专家或专门的工作人员完成的。旅游业是一个综合性行业，旅游目的地也不同于一般的企业，它涉及的范围相当广泛，需要跨学科、跨行业的人才一起工作才能完成。就目前来看，企业公共关系专家、市场营销专家、CIS设计专家、消费心理学专家、广告设计专家、人文历史学家、地理专家等都是旅游地形象策划的重要组成人员。

（2）旅游地形象策划是为实现旅游目的地整体战略目标服务的。

（3）旅游目的地形象策划是建立在旅游目的地实态调查的基础上的。对旅游地内部环境和外部环境的实态调查是策划的前提和基础。

（4）旅游目的地形象策划可以分为两个层次：总体形象战略的策划和具体塑造旅游目的地形象活动的策划。CIS 总体策划、旅游产品名牌战略、旅游地公关战略等属于总体形象战略的策划；而形象广告、CIS 操作技术等属于具体塑造旅游地形象活动的策划。

（5）旅游目的地形象策划包括谋略、计划、设计三个方面的运作。相对来说，谋略抽象而宏观，笼统而静态化；计划和设计具体而实在，现实而动态化。

（二）旅游地形象策划的特征

1. 目标性

在进行旅游地形象策划的时候，着重研究旅游地组织应该树立什么样的形象，需要考虑在整个策划活动中重点解决什么问题及其解决的先后次序。旅游地形象策划所确立的目标，可以分为总体目标和个别目标。总体目标是指旅游地形象策划希望达到的最终目标。这个目标是希望能树立良好的旅游形象，提高旅游地知名度和美誉度，其主要内容是对旅游地形象进行定位和选择，确定将树立的形象及其期望达到的形象定位。但是在策划的实际过程中，由于各种主客观条件的制约以及旅游业本身的复杂性，决定了在一定时间内形象策划不可能面面俱到，因此应在总体目标指导下，确立好各个阶段的个别目标，有侧重地、有层次地完成个别目标，保持个别目标的相互推进，从而达到最终目标。

2. 整体性

旅游地形象策划是旅游地整体形象的定位表现。它不仅仅是某个风景区、景点、旅游产品形象的市场定位，还是整个旅游地形象综合性、系统性、整体性的定位。当然，这里也不排除对个别精品旅游产品的突出打造，但是要在整体的基础上突出个体，做到局部与整体的有机结合。

3. 长远性

树立旅游地形象不是为了旅游地的眼前利益，而是为了谋求旅游地长远的利益，实现旅游地的可持续发展。因此，旅游地形象策划在考虑旅游地具体形象策划目标和活动时，其基本出发点是旅游地的长远利益。它的每一项具体形象策划活动仅被视为谋求旅游地长远利益的手段和措施。事实上，由于旅游业的特殊性，旅游地形象策划受旅游行政管理部门影响比较大，在实践过程中，旅游行政管理部门政策的连续性对旅游地形象策划的长远性非常重要。

4. 竞争性

随着社会经济的发展，竞争的焦点从产品竞争、质量竞争、价格竞争、技术竞争发展到形象竞争。当今旅游业之间的形象竞争程度日趋激烈，而竞争的成败很大程度上取决于形象策划的品位。旅游消费是人的高层次消费，旅游形象是旅游者选择旅游地的重要因素。充满竞争性的旅游地形象策划，是旅游地善于竞争、富有活力的体现，同时也是增强旅游地生存发展能力和竞争能力的有效手段。

5. 实效性

任何事情的成功都取决于需要和可能的有机统一。在旅游地形象策划过程中，若只考虑旅游地的需要和希望达到的策划目标，但自身不具备实现目标的条件或条件不成熟，那么整个形象策划实际上便不具备实效性；若外界环境比较理想，而形象策划目标不明确或偏离了方向，这样的策划也是无效的。

同时，无论什么形象策划都必须考虑投入与产出的对比效果。开展旅游地形象策划需要投入一定的人力、物力、财力，投入以后应产出一定的效果。该效果既包括旅游地知名度和美誉度的提升，还包括因此产生的旅游地经济效益和社会效益的提升；既包括近期可见利益，也包括远期未显露的潜在效益。产出大于投入的策划才算是具有实效性的策划。

6. 可变性

可变性也就是弹性。旅游地形象策划不是一劳永逸、一成不变的，而是灵活的、动态的。运动和变化是自然界和人类社会的普遍规律，旅游地形象策划也应该遵循这个规律。当旅游地所面临的内部和外部环境发生变化的时候，旅游地的形象策划也应该相应地变化，因此旅游地形象策划的弹性是必不可少的。当然，旅游地形象一经确

立，在环境没有发生重大改变的时候是需要维持稳定的，旅游地形象策划应该在谋求稳定性的同时，注意弹性和灵活性的有机结合。

第二节　旅游地形象调研

任何旅游地的形象策划，都是建立在对该地现状调研的基础上的，因此旅游地形象调研是旅游地形象策划不可缺少的基础性工作。旅游地形象调研主要包括三个方面：地方性研究、受众调查、旅游竞争调查。

一、地方性研究

任何旅游目的地都具有自身独特的地方性。地方性的形成，类似人格的养成过程，既有先天的基础，也有后天的培育。先天的基础就是当地的地理环境，而后天的培育就相当于历史文化的作用。游客在对旅游地游览观光后所形成的旅游地形象是对旅游地的独特感受和综合体验，这种感受很大程度上取决于旅游地的地方性特征。所以，地方性特征往往是旅游形象设计最佳的切入点。地方性调研就是在对旅游目的地的资源进行调查和了解的基础上，把握旅游目的地文脉，并对其历史文化进行阅读和提炼，精炼地总结出旅游地的基本风格，为该地进行形象定位提供可靠依据。地方性研究可以从地方自然地理特征、地方历史文化与民俗特征两方面入手。

（一）地方自然地理特征研究

一个地方如果在地理特征方面具有和其他地方截然不同的特点，或者有一定的特殊地位，这都有可能被强化开发成地方性吸引游客的事物：如西藏是世界上海拔最高的世界屋脊，黄河是世界上含沙量最大的河流等。如果本地没有世界性的地理特征，可以考察是否具有全国性的地理优势或自然特色：如黑龙江漠河县境内乌苏里附近的黑龙江江心是中国边界最北端之所在；新疆吐鲁番盆地艾丁湖湖底是中国陆地最低点，吐鲁番还是中国炎热日数和极端最高气温最多最高的地点，素有“火炉”之称；四川省雅安市是年降水日数最多的城市之一，被称为“雨城”；青海湖是我国最大的湖泊等。在地方旅游开发中，抓住这些地理特征，有时对潜在旅游者是一个很有吸引力的号召，即使是区域内的地理之最，也可以作为宣传营销的切入点：如华东第一高埠安徽的黄山、华南第一高峰广西桂林的猫儿山等。一些地理特征本身并无“之最”的属性，但因为本身在地理上具有唯一性，同样可以用来作为地方性特征加以挖掘：如北回归线所经地点建立的纪念碑、新疆的亚欧大陆几何中心点纪念碑等，都被开发为具有独特地方特性的旅游吸引物。

（二）地方历史文化与民俗研究

通过对当地历史的考察分析，旅游地可以寻找具有一定知名度和影响力的历史遗迹、历史人物、历史事件和古代文化背景，作为地方性的构成要素。利用当地的历史文化影响进行地方性定位不乏其例，河南旅游的整体形象“根”就是一种地域历史文化分析的结果。历史文化名城洛阳，曾作为夏、商、周、汉、魏、隋、唐等十三朝古都，由于时代久远和天灾人祸的破坏，地面上已经很少保留过去辉煌的都城景观，但是其地下遗迹却无处不在。至今人们仍然可以明确指出当时的城墙范围、古建筑基址、人物故居或活动场所，令人沉浸在历史的回忆中。其中包括汉魏洛阳古城部分城墙遗址和东汉及西晋太学、灵台、永宁寺遗址，北邙山大规模古墓葬群，为纪念周武工之弟周公姬旦的文治武功而建的周公庙，中国最早的佛教寺庙白马寺，北魏至北宋四百年间修建的龙门石窟，唐代大诗人白居易终老之所龙门东山，三国名将关羽首级葬所关林，夏代首都遗址二里头等。这些深厚的历史渊源和浓郁的文化背景，使洛阳的旅游产品必然紧密结合在历史文化的体验中。

在历史记载和考古发现并不充分的地区，同样可以通过对当地的现代民族文化和民俗文化进行考察分析，来提炼富有地方特色的景观特征。特别是在一些少数民族集中的地区，民族文化往往构成富有旅游号召力的精彩内容，为旅游形象设计和旅游目的地的营销打下了坚实的基础。如云南以少数民族文化为特色，大打“民族文化旅游”的王牌，取得了相当大的成功。长期以来，这里的各族人民在与自然的相处中形成了各具特色的灿烂文化和民俗风情，对外界游客形成强烈吸引。聚居在西双版纳、德宏、耿马、新平、元江等地的傣族是一个充满诗意的民族，又分为水傣、旱傣、花腰傣等支系。云南傣族的植物文化和泼水节令人难忘；居住在滇西北玉龙雪山脚下的纳西族和他们古雅淳朴的民风令人盛赞不已；大理白族的聚落文明和较高的文化素养与他们居住地的苍山洱海的美景交相辉映，让人流连忘返。其他居住在云南各地的苗族、彝族、傈僳族、哈尼族、独龙族、瑶族、景颇族、藏族等少数民族同样使有机会与他们接触的旅游者难以忘怀。实际上，不仅是云南的少数民族文化具有鲜明的地方性，就连居住在云南各坝区和城市的汉族居民，也以与外省的文化有显著差异而出名，衍生出“云南十八怪”这样特殊的地域文化现象。

【案例 8.1】

伊春市地方性研究

伊春作为中国著名的林业生产基地，地方性的核心可以用两个字概括——森林。伊春所有的旅游资源都是建立在小兴安岭大森林这个背景上的。自然景观如红松原始森林、林海雪原风光、兴安杜鹃林，人文景观如东北民族风情、抗联遗址、森林产业等，无不处处体现出东北森林的特色。

(1) 中国林都。它是 1949 年以后建立起来的森林工业城市，1952 年建县，1957

年设市。在实行计划经济的近30年中，伊春为国家建设作出了突出的贡献，成为我国最重要的森林工业基地。尽管近30年来，出于国家经济体制改革的深化、产业结构的调整，伊春每年的木材采伐被大幅度地削减，但伊春的林产工业在全国同行业中仍然处于举足轻重的地位。伊春的建设发展历史，就是中国林产工业发展的历史。无论从森林覆盖率、木材蓄积量、年采伐量，还是从其历史代表性来看，伊春都当之无愧地是中国的林都。

(2) 红松故乡。红松是东北地区经济价值最高的树种之一，是小兴安岭的代表树种。它的树干高大笔直，枝叶苍劲，所产木材材质轻软、纹理通顺、含脂高、耐腐蚀，是极为优良的品种；红松的松叶、松子、松香、松皮、松脂等都是很好的中药材。伊春的红松蓄积量非常丰富，素有“红松故乡”之称。

(3) 林海雪原。反映了伊春林区的自然景观特色，其冬季景观具有显著的地方特征。

(4) 森林土著民族及其渔猎文化。小兴安岭地区长期以来始终是多民族聚居的地区，其中以赫哲族、满族、回族、朝鲜族、蒙古族、鄂伦春族为主。伊春的自然地理条件决定了很多少数民族以渔猎为主要生存手段。赫哲族、鄂伦春族虽然人数不多，但其渔猎文化很有特点，具有较高的旅游开发价值，并且具有伊春的地方特色，可以重点发掘。

二、受众调查

从旅游形象的设计与传播来说，区域旅游形象传播的对象即受众。受众调查和市场定位是确定目的地总体形象、选择促销口号的科学基础和技术前提。旅游形象的构建主要目的是为了向潜在旅游者推销旅游目的地，帮助旅游者更清晰、更方便地了解地方的特点和特异之处，促使其产生旅游动机，由潜在游客变为现实游客。因此旅游形象设计人员有必要深入了解旅游者对旅游地的认知。

受众调查主要包括旅游者调查和旅游市场需求调查两方面内容。通过对旅游者的调查，可以帮助我们找准形象定位的切入点，旅游者调查的内容主要包括：旅游者基本情况调查、旅游者购买行为与购买习惯调查、旅游者品牌忠诚度调查等。旅游市场需求调查是对特定的旅游需求进行量化分析，分析内容主要包括：主要客源市场的现有最大需求能力和潜在最大需求能力、旅游目的地现有企业和产品在该旅游市场上的实际需求能力和潜在需求能力、国际与国内市场分析等。

三、旅游竞争调查

旅游竞争调查包括针对一般竞争状况调查和针对主要竞争对手调查两方面。其中重点是对主要竞争对手进行调查，调查内容包括主要竞争者市场形象、产品状况、价格状况、市场占有率、主要竞争策略和手段等。通过对竞争者状况的调查，可以了解各自的优势和劣势，扬长避短，发挥优势，掌握竞争主动权。

【案例 8.2】

北京市境外及港台地区常驻人员短期旅游偏好调查

北京的一次调查表明，在京津地区，外国及我国港台地区常驻人员短期旅游比例最高，有 74.2%的人曾经进行过 1～4 日的短期旅游，其旅游频率平均为每人每年 4 次。这些常驻人员的短期旅游消费行为，因其国籍、民族、文化背景等方面的不同，呈现出一定的差异，体现出一定的旅游偏好。

本次调查是以问卷调查的形式，在北京及天津地区的外国常驻人员及我国港台地区常驻人员中进行的。本次调查的有效问卷共计 600 份。在对调查样本进行设计时，选择了国籍、职业、年龄和在大陆累计居住时间等作为样本选择参数。

一、日本人数最多，美国人频率最高

调查表明，在曾经短期旅游过的各地区常驻人员中，日本人占有的比例最大(26.3%)，其次分别是我国港台地区人员（23.4%）、欧洲人（19.1%）和美国人(14.4%)。而在参加短期旅游的人当中，美国人的频率最高，一年平均出游 5.4 次，其次是欧洲人、我国港台地区人员和日本人。通过相关分析发现，随着在中国的居住时间的增加，外国常驻人员的旅游频率下降，而收入的多少与是否进行短期旅游之间并不存在相关关系。

二、城市旅游最受青睐

本次调查要求被访者填写最近 3 次短期旅游情况，结果共收到了 1092 份短期旅游情况。我们根据每个旅游景点的主要景观将其分为四种类型——人文历史、自然风光、娱乐和城市旅游。从调查结果来看，城市旅游是最能吸引外国常驻人员的，占全部旅游的近一半，而纯娱乐类型地点吸引力最差，仅占 3.7%（见表 8-2）。调查显示，被访者每次旅游的平均停留时间为 2.9 天。

表 8-2　　景观类型与旅游吸引力比较

景观类型	旅游次数（人次）	所占比例（%）	每次平均停留时（天）
人文历史	166	15.1	2.1
自然风光	371	34.0	2.8
娱　乐	40	3.7	2.9
城市旅游	515	47.2	2.9

在时间安排方面，多数外国常驻人员（35.8%）是利用公差进行短期旅游的；其次是利用公休假，占29.8%；周末旅游排在第三位，占18.4%。在短期旅游的交通工具使用方面，去北京、天津城郊旅游地点的交通工具主要是包车或专车；去北京和天津附近地区主要是乘坐火车；去其他省份则以飞机作为首选的交通工具。

三、新加坡人最爱带家属旅游

当问及旅游时是否带家属时，只有32.8%的人表示愿意带，平均带家属1.8人。调查中，新加坡人最喜欢和家属一起旅游；最不喜欢带家属的是美国人；带家属最少的是日本人，只有1.3人。此外，在前往人文历史景观类型旅游景点时，带家属的比例最高，达41.6%；其次是去自然风光类型的旅游景点；城市旅游中带家属的比例最低。

调查结果还表明，绝大多数的常驻人员（84.2%）不随旅游团旅游。研究人员认为，这是由于常驻人员对中国的熟悉程度要远高于非常驻人员。随团旅游的人员表示10人左右的旅游团最受欢迎。调查表明，去人文历史类型景观时，随团旅游比例最高，去娱乐类型旅游点的随团旅游比例在其次。

四、选择旅游点最重要是交通

此次调查显示，交通是否便利是影响常驻人员选择短期旅游地点的首要因素，不同国籍的旅游者都不约而同地将交通条件列为选择目的地的最重要因素。其他排在前五位的影响因素依次是：自然风光、价格水平、文化历史、气氛和设施。除去交通条件，不同国籍的旅游者对于其他因素重视的程度显示出不同的特点——我国港台地区人员和美国人都对旅游地点的舒适程度和风格要求较高，欧洲人则对旅游地点的距离十分重视。

五、欧洲人、日本人最舍得花钱

对短期旅游消费情况的调查表明，短期旅游中最舍得花钱的是欧洲人和日本人，其次是美国人和我国港台地区人员。在扣除交通费之后的各项开支中，花费最多的项目是住宿，超过了总花费的1/3；其次是餐饮，占1/4；排第三位的是娱乐，约占1/7。在开支方面，各国人员的差异性不大，但在住宿方面日本人的开支明显超过其他国家的人员；而餐饮方面我国港台地区人员的开支最大。

总体看来，外国及我国港台地区在京常驻人员非常喜好短期旅游，他们在旅游偏好、消费习惯等方面都呈现出一定的特征。这对处于激烈竞争中的各旅游景点和旅游机构来说，充分了解和适应这些特点，努力将它们与自身条件结合起来，扬长避短，加强特色服务，意义将十分重大。

第三节　旅游地形象定位

旅游地形象定位是旅游地形象设计的前提与核心。形象定位必须在形象调查的基础上，以旅游地资源特色为基础，以客源市场为导向，塑造出富有个性、独特鲜明的形象。形象定位旨在使旅游地形象深入到公众心中，形成生动、鲜明而强烈的感知形象。形象定位准确与否，直接关系着旅游地形象建设的成败。

旅游地形象定位是以旅游地形象调研为基本依据，通过科学的流程和精心的提炼，对某一旅游地未来发展的一种方向性判断、概括和总结。形象定位的最终表述，往往是一句主题口号。

一、旅游地形象定位的指导原则

（一）资源特色和市场导向相结合

旅游者对旅游地的形象认知，主要取决于当地的自然和人文旅游资源的独特性，因此具有独特旅游吸引力的资源是确立旅游地形象的主要依据。旅游地的资源特色是形象定位的基础，旅游产品的市场需求是形象定位的导向。一个旅游地形象的树立，首先要挖掘旅游资源深层次的自然特色和文化内涵；同时，旅游地形象最终要为市场服务，只有从旅游者的角度去设计，才能获得最终的成功。如随着中国对外开放程度的增加，很多大城市都把自己定位在“国际都会”上，积极参与国际会议和旅游的市场竞争，而过去的“煤城”“石油城”这样的形象定位很显然市场空间过于狭小，不适合作为一个大旅游目的地的形象。在旅游产品竞争日益激烈的当下，形象定位更多的要考虑市场需求。

（二）易识别性和难替代性相结合

易识别主要体现在旅游目的地资源的独特性，提升旅游产品在旅游者心目中的形象，从某种意义上讲，易识别就是地方性的具体表现。所定位的旅游形象只有体现出地方性，才有生命力，才有更深刻的文化内涵，给公众以更深的情感体验。难替代性也同样与地方性息息相关，一般具有地方性的往往就是难替代的产品。但也有例外，比如同一文化圈内的各个旅游目的地之间，往往会有形象互相替代的现象。在这种情况下，旅游目的地只有采取领先定位策略，才能赢得比较优势。

（三）整体性和层次性相结合

旅游目的地形象作为一个地区的整体形象，内涵较为复杂，可以看做是一个多层次、多方面形象的综合体。它可以是作为微观环境出现的单个旅游企业、旅游景区，也可以是作为宏观环境出现的政府形象、社会精神和物质文明形象。有时候，为了提高旅游形象，还必须针对不同细分市场，分别对目的地形象进行定位。同时，不同层次、不同方面的形象定位，都要为打造旅游地品牌，增强形象感召力服务。

二、旅游地形象定位的支撑要素

旅游地形象定位是旅游地形象策划的核心，旅游地的形象定位需要提炼和策划，但绝不是凭空杜撰，它的形成要受到以下几个关键因素的影响。

（一）旅游资源的特质

旅游资源是旅游地形象定位的基础，尤其是具有唯一性、垄断性、排他性的旅游资源，更是旅游地形象定位的根本。旅游地的形象定位是受当地的旅游资源条件制约的。通常情况下，一个旅游地的形象是上百年、上千年的积淀形成的，长期的历史变化积淀和独特的自然资源对旅游地的形象定位具有重要意义。

1. 历史文化对旅游地形象定位的影响

旅游地的历史文化传承，构成了旅游地的文脉，它是旅游地发展旅游的灵魂，对提高旅游地产品的文化品位起着重要的作用，能增加旅游地的厚重度。如果历史文化在旅游地形象定位中起了作用，这就决定了旅游地产品开发的方向和它吸引的旅游者的类型。如中国是世界四大文明古国之一，其“东方文明古国”的形象深入人心，当然支撑这一形象的是她灿烂的五千年的文明史和多姿多彩的历史文化以及以北京、西安、南京、杭州、洛阳等中国古代帝都为代表的旅游地。这一形象定位决定了中国的旅游产品的特色以历史文化观光产品为主，吸引的游客也多半是以猎奇、探秘为主的观光游客。

2. 自然旅游资源对旅游地形象定位的作用

诸如气候、气象、地形、植物、动物等自然旅游资源，都可能成为旅游地形象定位的决定性因素。如四川省在众多的旅游资源中，其大熊猫具有绝对的垄断性，中国80%以上的大熊猫在四川。大熊猫既是中国的国宝，也是全世界动物保护的标志。因此，四川以“大熊猫的故乡”作为旅游形象，就具有比较高的号召力。

3. 垄断性、唯一性、排他性资源是最佳形象定位出发点

很多旅游地都有丰富的历史文化和自然旅游资源，在旅游地的形象定位时，经常会遇到各方面都割舍不下的现象。无论是历史文化的，还是自然的旅游资源，资源的垄断性、唯一性和排他性是旅游地形象定位的原则。如四川省眉山市在旅游资源上有如下类型和特色：①瓦屋山国家级森林公园，世界上最大的高山杜鹃群落之一；②麻浩崖墓，中国最大的汉代墓群；③三苏祠，苏洵、苏轼、苏辙的故里；④彭祖山，彭祖长寿文化的故地。面对如此丰富且品质不错的旅游资源，割舍谁也会觉得可惜，全部都容纳则会造成形象的模糊不清。经过分析比较可以发现，在上述资源中，明显具有唯一性、垄断性和排他性的只有三苏故里，应以此作为眉山市旅游形象定位的切入点。

（二）旅游者的感知和认知

旅游者的感知是旅游者对旅游地的印象，这一印象的形成经过了“想象的印象”到“真实的印象”的过程。“想象的印象”是旅游者在以往的生活、学习经历中，通过各种媒介的描述，对旅游地形成的印象。“真实的印象”是旅游者到达旅游地后，对旅

游目的地产生的真实感受。感知停留在感受、知觉的层面上，对被感知的对象的认识往往停留在表面；认知是比感知更高一级的认识形式，认知要比感知理性，是对某一对象属性、特质品质的深入理解和认识。旅游者的感知、认知是对旅游地的印象和评价，归根结底是市场的认同感，它对旅游地形象定位有着基础性的意义。

（三）旅游地空间竞争

旅游地空间竞争是指在一定地域空间范围内，分布着若干的旅游区，由于旅游者的行为规律，决定了不可能将这一区域内所有的旅游区都作为自己的旅游目的地，因而客观上这些旅游区之间存在着市场竞争。这种竞争首先就表现为形象的竞争，其次才是产品的竞争。形象竞争的核心是使自己的形象能够从众多竞争对手中凸显出来。

（四）旅游市场定位

旅游市场定位就是确定旅游地的目标市场，对客源市场进行细分，以便更有针对性地营销，开发适应市场需求的产品。市场定位对形象定位的影响主要在于，旅游市场定位决定了旅游地产品的特色，而产品特色在某种程度上也会影响甚至改变旅游地形象定位。

三、形象定位方法

（一）领先定位

使用这种方法一般是旅游资源独特、知名度高、游客流量大的旅游景区。它在游客的形象阶梯中占有最高位置。比如埃及的金字塔，我国的古长城、敦煌都是世界上唯一的人类奇迹旅游地，因而也是其他地区无法替代的。在国内旅游景区，也可根据自己景观独特的条件在形象阶梯中占据第一的位置，从而处于领先优势地位。在某一区域内，也可创造地区的第一。比如北京就有“先有潭柘寺，后有北京城”之说，从而使潭柘寺树立了北京历史最悠久的古刹地位；西藏拉萨可称为国内海拔最高的旅游城市；黑龙江的漠河为中国最北部的边陲城市等。这些地区都可凭借自身的地域优势，宣传第一的旅游概念。

（二）比附定位

比附定位指在形象定位过程中，有意地对照占绝对优势、知名度极高的同类产品，努力突出自己第二位的形象，即不去进行旅游地形象第一位的定位，而是甘居其次，抢占第二位。如牙买加的形象定位是“加勒比海中的夏威夷”，我国海南三亚也定位在“东方夏威夷”上，目的就是利用夏威夷绝对稳固的海滨旅游胜地形象，使自己比较容易被国际旅游者认知。这种定位方法适用于规模小、自身特色不明显、并不占据原有形象阶梯最高处的旅游地。需要注意的是，在比附定位的时候，与被比附的旅游地之间应该具有不同的客源市场，如果有共同市场，由于人们在面对同类事物的时候习惯选择知名度更高的旅游地，这样一来，比附的结果不但没有借助它提高自己的知名度，

反而会误导人们觉得旅游地是一个模仿抄袭的旅游地而失去吸引力。

（三）逆向定位

逆向定位是用与人们习惯思维相反和对立的角度去定位，其思路在于标新立异、突破常规，强调并宣传的形象是消费者心目中习惯形象的对立面或相反面，开辟出一个全新的易于接受的心理形象阶梯，从而抢先占据另一片广阔市场空间。比如在众多野生动物园都是白天开放的情况下，新加坡却极力打造“夜晚野生动物园”。这种方法能否成功取决于两个条件：一是旅游目的地是否存在超出常规但未被开发的新特质；二是旅游市场对这一潜在特质是否具有相当大的需求。

（四）空隙定位

比附定位和逆向定位都要和游客心中已经有的旅游地形象阶梯相关联，而空隙定位是完全开辟一个新的形象阶梯。和有形商品相比，旅游地的形象定位更适于这种定位方法。空隙定位的核心是分析旅游者心中已经有的形象阶梯类别，发现和创造新的形象阶梯，树立一个与众不同、从没有过的新形象。从认知心理角度来说，越是新鲜、独特的形象越能引起大众的关注和好奇，新开发的旅游地往往采用这种方法。如位于内蒙古阿拉善盟的月亮湖景区的腾格里沙漠，其旅游定位为“沙漠探险的大本营”。

（五）重新定位

重新定位是在原旅游地衰落的情况下采取的再定位策略。旅游地发展中有一个生命周期问题，当处于衰落阶段如何使它复苏是旅游经营者所必须考虑的难题，重新定位就是促进复苏的方法之一。旅游地发展经历了成长、成熟和衰落，在游客心目中已有的形象已经很稳固和清晰，再去宣传这个老形象，就不能适应旅游需求的变化。重新定位可以促进新形象代替老形象，引起人们重新关注。

（六）导向定位

在市场调查和统计数据的基础上，结合自身条件和资源特色，分析确定旅游地的主要市场，也就是占较大比重的那一类旅游客源，针对这部分客源提出形象定位。这是一种以目标客源市场为中心的定位方法，目的是在稳定和扩大客源市场的同时，进一步提高自己的知名度和影响力。澳门旅游业走的就是导向定位的路子，针对多年来赌徒游客居多的客源特征，推出了“世界赌城”的形象，使博彩业成为澳门的支柱产业和主要吸引点，促进了澳门的全面发展。导向定位的关键在于，对客源结构的准确把握，只有当某一类客源的比例达到相当的份额，才可以考虑导向定位法，否则不容易成功。

（七）多头定位

一个旅游目的地从不同角度同时确定好几个针对性强的形象。不同定位之间的差异是互补性质的，而不是相互矛盾的。多头定位有利于全面地认知这个旅游地，比如北京的旅游形象定位就同时有国际的和国内的。针对国内，北京的定位是“首都”形象；针对国外，北京的定位是“东方古都”。一般来说，国际性大都市，可以以国际和国内分头定位；省会城市和知名度较高的旅游目的地，可以以省内和省外分头定位。

（八）组合定位

采取相辅相成，互助合力的组合形象定位策略，以区域联合的形式打造大区域整体旅游目的地形象。组合定位可以细分为主从组合定位、并列组合定位、互补组合定位三种。以集群形象出现的中小旅游目的地以及特大城市周边的卫星旅游目的地，可以采取这种定位方法。近几年很流行的“后花园”提法，就是主从形象定位方法的应用，例如同安定位为“厦门的后花园”。

四、宣传口号设计

有了形象定位，还需要一些外在的、表面的东西把定位直接表述出来，进而传递给旅游者，这就需要根据定位设计一定的宣传口号。口号是旅游者了解和接受旅游地形象最有效的方式之一，宣传口号设计必须注意以下几方面的问题。

（一）言简意赅，便于记忆和传播

旅游宣传口号要具备广告词的精练、生动和影响力。越是简单的表述就越容易被人们记住，这是传播的前提。比如宁夏的“塞上江南，西夏王陵”，杭州的“人间天堂，快乐杭州”等，朗朗上口，很容易被公众记住。

（二）体现旅游地特色

宣传口号是旅游地形象的提炼和外显界面，其实质内容应该来源于旅游地的地方性特征。只有充分挖掘和深刻分析旅游地的地域背景，发现和提取地方性的元素并将其充实到口号中，才能避免过于空泛。即便是平淡无奇或鲜为人知的旅游地，也能借助一句反映地方特色的宣传口号出奇制胜。

在旅游业发展初期，口号往往是直观、具体地指明旅游地的吸引物，用这种方法来突出当地特色，比如北京的口号“东方古都，长城故乡”。这种口号的缺点是对客源市场的变化不能及时体现，容易过时。后来人们提出既有一定物质形象，又体现一定抽象理念的口号，比如伊春的口号“伊春，森林里的故事”，其中森林是具体的物质景观，表现小兴安岭的森林景色和资源特色，而“森林里的故事”又显得不太具体，给受众留下广阔的想象空间。更高层次的口号是纯粹的抽象设计，表面上和当地的物质景象没什么关系，但却能深刻体现当地特点，比如香港的口号“We are Hong Kong”。

（三）有针对性，迎合游客心理

旅游形象的主题口号要针对市场需求特征来设计，能反映旅游需求的热点、主流和趋势，才能更有效地引起目标市场的注意。当前，生态旅游、文化旅游和探险旅游逐渐兴起，可以针对这些需求心理设计一些以回归自然、体验地域文化和民俗风情、挑战自我为主题的口号。如广西的口号“绿色诗境家园”，强调和渲染生态环境；新疆的形象口号“大漠风光，西域风情”，突出新疆独特的区域、地貌、民俗特点；埃及的形象宣传口号“历史的金库”，体现其悠久的历史文化，并使游客对金字塔产生联想。另外也可以根据不同客源市场和旅游产品特征来提出系列的宣传口号，但不应该太多，以免失去重点，并应该注意与主题口号的统一。

【案例 8.3】

各地旅游形象宣传口号

西班牙：Everything under the Sun。

纽约：I love New York。

宾夕法尼亚：America starts here。

香港：魅力香港，万象之都，动感之都。

深圳：畅游深圳，了解中国。

海南：椰风海韵醉游人。

上海：上海，精彩每一天。

福建：福天福地福建游。

湖南：人文湘楚，山水湖南。

大连：浪漫之都，中国大连。

武汉：高山流水，白云黄鹤。

厦门：海上花园，温馨厦门。

乌镇：中国最后的枕水人家。

第四节　旅游地形象塑造

旅游地形象只有获得公众的认可，才能拥有广泛的影响力和持久的生命力。所以，旅游形象塑造仅仅靠一个抽象的概念或几句华丽的辞藻还是远远不够的，它是一个系统工程，贯穿于区域内旅游资源、旅游产品和相关设施、旅游环境、服务管理等开发的全过程。

一、旅游地理念形象策划

（一）旅游地理念形象定义

旅游地理念形象是指由旅游目的地的哲学、宗旨、精神、发展目标、经营战略、道德、风气等精神因素构成的旅游目的地形象子系统。旅游目的地的理念，反映的是旅游目的地精神的本质，属于思想意识范畴。它是旅游地为了取得竞争地位，根据时代精神和文化传统的要求，在旅游地经营管理过程中形成的共同文化理念、价值准则、信念和发展目标。旅游地理念形象是反映旅游地发展基本思想、基本定位的核心形象。

（二）旅游地理念形象的功能

1. 导向作用

旅游地理念不仅反映旅游地的过去和现在，也指示着旅游地的发展和未来，为旅游地的整体行为提供导向。在激烈的市场竞争中，旅游地需要一个自上而下统一的信念、统一的价值观来统领思想和行为，只有这样才能使旅游地处于最佳状态。

2. 激励与凝聚作用

旅游地的理念体现了旅游地管理者和旅游工作者的共同价值观，体现了个人目标和集体目标之间的统一性和一致性。个人在实现旅游地集体价值的同时，也就能实现他的自我价值。这样，个人的命运和旅游地的命运紧密联系在一起，能够起到激励和凝聚的作用。

3. 稳定作用

旅游地的理念一旦形成，旅游地在精神文化层面上就不容易发生变化，就有相当的稳定性和延续性。只要旅游地理念不变，即使政府管理出现人事变动，也不会给旅游地的经营管理带来很大的影响。

（三）旅游地形象策划的构成

1. 使命策划

使命和宗旨是旅游地经营的最高目标，它要解决的是“旅游地为什么存在”的问题，也就是旅游地依据什么样的社会责任而进行活动。

（1）使命书

旅游地一般以使命书的形式表达自己的使命，使命书的内容主要包括旅游地的事业领域、目标和达到目标的必要条件。

（2）表达

旅游地使命的表达，要尽可能地体现出社会责任感和道德感，语言应当简练恰当。另外，设定的目标要有可行性和可操作性，过分夸大目标会导致难以实现，也不具备实际意义。

2. 经营方针策划

经营方针是旅游地理念的重要内容，是旅游地一切活动必须统一遵守的最高准则和战略方针，是对旅游地经营使命和信条的进一步明确和统一。经营方针的策划和设计应注意：首先要突出旅游地的特点，不同行业和领域有不同的价值取向、行为方向和经营方针，旅游目的地经营方针的制订，应该充分体现旅游业的特点；其次要随时代变化而变化，人们的消费观念经常发生变化，经营方针要能够适应这种变化；最后注意以简练文字形式表达。

3. 价值观策划

价值观是旅游地对其经营行为的全部看法和评价标准，具体表现为旅游地“崇尚什么、赞成什么、什么是目的地所鼓励的、什么是目的地所反对的”。旅游地的价值观确立，要根据外部环境调查，了解本国、本地区和本旅游地的社会地位，确定社会对自己的期望，然后根据内部情况分析来确定自己的价值取向。具体来说，可以从旅游地的经营目的、产品和服务、质量、旅游地的精神等角度，确定本旅游地的价值观。

4. 行为准则策划

行为准则是旅游地精神理念在经营行为领域的表现，是价值观的外在表现，是所有从业人员在日常工作中遵守的基本行为规范。主要表现为工作守则、劳动纪律、道德规范等。

二、旅游目的地视觉形象策划

（一）旅游地视觉形象定义

旅游地视觉形象是指由旅游目的地的基本标识及应用标识、形象外观包装、品牌形象、外观等构成的旅游目的地形象子系统。视觉形象是整个旅游地形象系统中最形象、最直接、最具冲击力的部分。视觉形象策划效果显著，容易实施，但它对旅游地形象的影响并不深入和持久，而且有时也难以完全反映精髓的内容。

（二）视觉形象策划原则

1. 以旅游地经营理念为核心

旅游地视觉形象策划中各种视觉要素的设计，既要有别于一般的艺术设计，又要有别于普通的商标设计。这些视觉符号是旅游地形象外在的表现形式，要能够使公众通过这些视觉要素体会到旅游地的个性和内涵，领悟到旅游地的经营理念。所以视觉形象策划应该以旅游地的经营理念为核心，而不能仅从纯艺术、美学的角度去策划，也不能把它当作一般的商标设计。

2. 满足审美需要

视觉形象策划产生的整体效果，应该使社会公众熟记旅游地的名称和品牌，同时又领略到旅游地的文化价值和经营理念，还能够获得美的享受，从而在心目中留下深刻的、鲜明的印象。从这个角度出发，视觉形象策划不能单单追求实用，还应该使这些视觉要素具备艺术性、美感，否则就没办法吸引公众的注意。

3. 人性化

视觉形象作为一种静态的抽象符号，必须符合社会公众的心理需要，能够引起他们的共鸣，也就是需要用充满人性化的视觉符号来打动旅游者。

4. 尊重旅游者民族习俗

视觉形象策划中，要考虑到视觉符号在不同文化区域中的不同禁忌。旅游者来自世界各地，有着不同的文化背景和民族习俗。在设计视觉符号的时候，要了解旅游者在图案、色彩方面的忌讳，避免触犯他们的民族习俗。如国际上普遍将带有三角形的图案作为警惕性的标记，捷克把红色的三角形看做是有毒物的标志，土耳其人习惯把带有绿色三角形的图案的商品看做是免费商品，黄色三角形在国际运输业中被普遍认为是运送有毒物质的标记。策划人员对这些现象要有所了解和警觉。

5. 守法

旅游地的视觉形象策划还要考虑到相关的法律法规，凡是法律法规禁止使用的符号，应该一律回避。如根据我国相关规定，视觉符号设计不能把国旗、国徽、军旗、党旗等符号应用到视觉符号设计中，也不能使用伟人、领袖的图像、姓名，不能使用带有强烈政治色彩的形象、符号。

（三）旅游地视觉形象策划的构成

旅游地视觉形象系统包括两大部分：基本设计要素和应用设计要素。基本设计要素包括：旅游地标志、名称、标准字等；应用设计要素包括：旅游办公用品、宣传制品、知识系统、服饰系统等。

1. 基本设计要素

（1）旅游地名称

事物的名称是认识事物的起点，旅游地往往是以当地的地名为名称，高知名度的旅游地名称肯定是更容易被旅游者识别和记忆。为了获得高知名度，最简单的方法就是抛弃原来默默无闻的地名，使用其他知名度高的名称。比如安徽的屯溪，改名叫黄山市；湖南的大庸，改名叫张家界市；吉林的浑江，改名叫白山市。

（2）徽标

徽标即标识语、标志、徽标的意思。它是现代经济的产物，作为企业CIS战略的最重要组成部分之一，是应用最广泛，出现频率最高的因素（如图8-1、图8-2、图8-3、图8-4所示）。可口可乐与百事可乐的竞争，常常因为他们的视觉符号被称为红蓝之争。在旅游地的视觉形象塑造中，徽标设计就是把旅游地的一些事物、事件、场景或抽象的精神理念，通过特殊的图形固定下来，通过不断刺激和反复刻画，深深地留在游客心中，使人们在看到徽标标志的时候，自然地产生联想，从而对旅游地产生认同。徽标与旅游地和旅游企业的经营也紧密相关，徽标是旅游地经营活动、广告宣传、文化建设、对外交流的元素，随着旅游地的成长，其价值也会不断增长。在旅游地开发初期，好的徽标设计无疑是日后无形资产积累的重要载体。一般来说，旅游形象徽标设计主要包括以下几方面：旅游徽标、旅游标准色、旅游名称中文英文标准字、旅游象征或吉祥物、徽标、标准字和卡通形象的组合模式。

图 8－1　澳大利亚旅游徽标

图 8－2　承德旅游徽标

图 8－3　吐鲁番旅游徽标

图 8－4　湖北旅游徽标

(3) 旅游地标准字体

旅游地的各种路标、指示牌、导游图和旅游指南都要用到文字，旅游地文字也是形象的组成部分。旅游地可以利用标准字体传达形象；标准字体可以自己设计，也可以请名人题字。一般情况下，在不影响文字理解功能的前提下，尽量使用本地域和民族的文字，这是建立旅游地文字符号形象的基本原则。实际上与客源地不同的文字符号不仅反映旅游地的文化特征，而且这些文字本身就是吸引力，可以增加异域形象。

(4) 旅游地吉祥物

以象征物指代事物，是人们普遍采用的面对复杂事物的认识策略。国际著名的企业和主题公园都有自己的吉祥物，世界性的体育赛事也都会设计吉祥物形象。吉祥物生动有趣，容易取得公众的喜爱，达到广泛传播的效果。

2. 应用设计要素

旅游地视觉形象应用要素设计，即将基本设计要素在旅游地日常接待游客的工作中统一使用或做统一的规定，做类似处理的应用要素主要包括：

(1) 旅游办公系统。如名片、信纸、信封、公文袋、便笺、管理表格、员工的胸卡、合同封面、工作证、记事本封面、合同书封面等。

（2）环境系统。如各部门的标牌、工作区提示牌、遮阳伞、手提袋、接待前台、建筑标识等。

（3）广告公关系统。如灯箱、纸杯、茶杯、专用笔、徽章、旅行袋、接站牌、指示牌、物品铭牌等。

（4）空间导向识别系统。如方向牌，如解说牌、游客进入界桩、指示牌；停车场、公共厕所、路标、门牌、银行、邮局、旅馆饭店、机场、车站、码头标识等。

（5）员工制服。如男士夏装、女士夏装、男士秋装、女士秋装、礼仪男装、礼仪女装等。

（6）演出服装。如夏装、冬装、礼仪装、表演装。

（7）出版发行系统。如旅游地图、旅游指导手册、旅游画册、旅游影集、相关旅游书籍。

（8）纪念品。如产品系列宣传物品、商标、包装物、纪念品等。

三、旅游地行为形象策划

（一）旅游地行为形象定义

旅游地行为形象是由旅游目的地组织及组织成员在内部和对外的生产经营管理及非生产经营性活动中表现出来的员工素质、旅游目的地制度、行为规范等因素构成的旅游目的地形象子系统。旅游地行为形象策划，就是对旅游地管理者行为、服务人员行为、对外公关、促销、广告宣传等的设计活动。旅游地行为形象策划的目的是建立起一套旅游地特有的行为模式，并使它内化为旅游地全体工作人员和管理人员的共识，进而创造出旅游地具体生动的形象，以赢得消费者和社会公众的好感。

（二）旅游地行为形象策划的构成

1. 内部行为形象策划

（1）服务行为策划

现在越来越多的景区里，服务人员也越来越多，这些服务人员本身也是一道风景，旅游地的形象可能在每一个员工身上体现。旅游地提供的服务必须与国际市场接轨，推行标准化的服务；标准化的同时，也要在一定程度上提倡个性。规范化、标准化的服务只能让游客满意，是建立服务形象的基础，而不是最终方式，鲜明的服务行为形象还要通过努力推行个性化服务来发展。与标准化服务相比，个性化服务更强调服务的灵活性和有的放矢，提倡主观能动性，要求有浓厚的感情投入。个性化服务如果和当地的环境有机结合，会让游客产生鲜明的服务形象认知。在实践中，可以采取出版管理手册的方式，在管理手册中，明确指明旅游地形象管理的组织机构设置、人力资源的管理、管理制度的具体目的和内容，同时对服务人员的语言和行为进行规范化管理。

(2) 当地居民形象策划

在文化差异大的目的地和客源地，求异是旅游者心理活动的主要组成部分。目的地居民的生活方式、语言、服装、行为等都可能与风景一样成为旅游者观赏的对象，而居民也会相应地、自然地把外来游客看做是不同的人，也会去观察他们。这样，旅游者和外来游客相互欣赏和交流，结果就会影响到双方的态度和性格。作为旅游者，他总希望目的地居民是友好的、自然和有特点的。当地居民从外表到性格行为特征都构成一种形象——居民形象。在旅游地形象体系构成中，当地居民也是一个重要的、不可忽视的因素，居民形象的树立可以通过目的地管理的方式加以完善，但居民毕竟不是以满足游客需要为生存目的，居民形象是当地精神的体现，一定要自然客观，而不应该虚伪做作。

2. 外部行为形象策划

(1) 形象广告

由于旅游产品综合性的特点，单靠产品广告不能树立目的地的整体形象，必须借助于形象广告。形象广告的形式可以是公益性广告、礼仪型广告和事件性广告。

(2) 旅游公关

与新闻界保持密切的联系，经常发布新闻，使旅游地的名称、标志等形象载体频繁与公众见面，保持公众的注目率，以此来扩大影响，可以不断加深人们对旅游地的印象。有意识地制造新闻效应，还可以加强旅游地与社会的沟通。

如果说视觉形象设计给游客建立了一个悦目的旅游地形象的话，那么行为形象设计就是要为游客建立一个悦心的形象。悦目是吸引旅游者的重要因素，而悦心会给游客留下难忘的记忆，是促使旅游者重游和传播旅游地良好口碑的重要因素。

四、旅游地核心地段形象设计

(一) 第一印象区和最后印象区

第一印象区是指游客到达旅游地、交通枢纽或某个吸引物时，最先接触到的地点。最后印象区是游客离开时，最后接触的地点。根据首因效应和近因效应，第一印象区好形象的意义比最后印象区大，最后印象区坏形象的影响比第一印象区大。很多情况下，第一印象区与最后印象区相重合，这两个地区形象对旅游地形象有着重要意义。一方面，在游客尚未进入旅游景区前获得较好的第一印象，有助于提高其在旅游过程中的满意度，形成良好的关于旅游地的形象；另一方面，在旅游者离开时形成较好的印象，在一定程度上能够淡化旅游过程中的不愉快经历。

(二) 光环效应区和地标区

光环效应区是指对旅游地整体形象具有决定性意义的地方。只要这些地点具备好的形象，旅游者就会认为整个旅游地都具有良好形象；反之，即便其他地点的形象较好，光环效应区的形象不好，旅游者也会形成对整个旅游地的不良印象。地标区是指旅游地中独特的，能够成为该地区标志的形象特征所在的区域，是该旅游地的代表性区域。对地标区的形象塑造对于整个旅游地的形象建设都有着重要的意义。

第五节　旅游地形象传播

一、旅游地形象传播概述

（一）传播的含义

传播是人类通过符号和媒介交流信息以期发生相应变化的活动。传播是人类的活动；传播是信息的交流，在信息传播的过程中，传播者不是简单地输出信息，还应含有复杂的双向交流，受众也不是被动地接受信息，还包括主动地反馈信息。所以，传播的过程既是人与人的信息交流过程，也是人与人之间互相影响、相互制约、交替作用的过程。传播离不开符号和媒介。传播的目的是希望发生相应的变化，这种相应的变化包括受众态度与行为的改变，也包括情报资料的传递、指示的增加、感情的沟通、事实的澄清等。

（二）旅游地形象传播的含义

旅游地形象传播是指应用传播学的一般原理，将各种有关旅游目的地的形象的信息通过各种传播途径有计划地传递给旅游公众，从而影响旅游公众行为的双向的沟通活动。

旅游地形象传播是一个有计划的完整的过程。计划性主要体现在：整个传播活动都是旅游地根据其形象策划总目标、有步骤地进行的。完整性表现在：传播的过程必须完全符合传播学的“5W”模式：即 who（谁）；say what（说什么）；through which channel（通过什么渠道）；to whom（对谁说）；with what effect（取得什么效果）。

旅游地形象双向信息交流与信息共享活动。这种形象传播不是一般意义上的单向信息传递，而是一种双向的信息沟通，在传播的过程中，双方在一系列的传递、反馈、交流过程中获得信息，并相互影响。

旅游地形象传播的基本要素是传播者、信息、受众。传播者，是传播的主体，也就是信息的发布者。信息，就是传播的内容，一般指和旅游地形象有关的内容和知识。受众指接受并利用信息的人。这三个要素缺一不可。

（三）旅游地形象传播的类型

根据传播学的理论，旅游地形象传播可以分为四种类型。

1. 内向传播

又叫自身传播，是指传播、接受集于一身，是个体对信息的自我交流行为。其表

现形式为：自言自语，自我陶醉，自我反省，内心冲突，沉思等。旅游者在旅游审美活动中，目的地形象往往会让他们自得其乐，产生自我传播作用。

2. 人际传播

人际传播是最常见、最广泛的一种传播方式，它是指个体与个体之间的信息沟通交流行为。表现形式包括：面对面通过语言、表情、动作等方式进行交流；通过书信、电话等媒介进行传播。人际传播具有私人性的特点，传播者和受传播者之间进行信息互动，往往更容易建立、维持和发展旅游地形象，同时，这种传播方式效果明显，富有人情味，所以被广泛应用于旅游地形象传播活动中。

3. 组织传播

旅游目的地与内部员工、外部公众之间的沟通交流。内部传播一般表现为各种信息的上传下达，各种会议、座谈、个别谈话等；外部传播则表现为旅游地将其信息传递给外部公众，并获得反馈信息以调整自己行为的过程，如举办项目介绍会、展览会等。组织传播具有公众性、目的性和可控性的特点，是联系内外公众、疏通与密切各种关系的重要手段，也是公共关系形象传播活动的主要形式。

4. 大众传播

职业传播者（新闻单位、出版单位等），通过大众传播媒介（报纸、杂志、广播、电视等），将大量复制的信息传递给广大公众的传播形式。大众传播的特征是：传播主体高度组织化和专业化；覆盖面广；传播速度快且准确；但传播是间接的，反馈慢。随着现代社会科技的发展，大众传播对影响公众态度、改变舆论倾向、塑造组织形象起到越来越大的作用，是旅游地形象传播经常借助的形式。

二、旅游地形象传播的原则

（一）一致性原则

旅游地形象的信息传播应在目标上、风格上、特色上保持前后一致，并在效果上具有累积作用，如此可以使形象传播收到事半功倍的效果。

（二）经济效益和社会效益原则

经济效益原则是指旅游地形象传播要考虑投入与产出，应尽可能用最少的投入去获得更多、更好的传播效果，以最少的投入获得最佳的经济效益和社会效益。

（三）科学性与艺术性原则

科学性原则是指为了保证形象传播的效果，旅游地应当以当前工作目标为传播的方向，通过调查研究，确定信息传播的适当渠道、方式、范围，受众的类别及数量。艺术性原则是指在双向传播的过程中，要形成旅游地自己的形象信息传播风格，传播应具备差异性、多样性、变动性的特点，着力为社会公众创造出具有审美情趣的形象。

（四）实事求是原则

实事求是原则要求旅游地向社会公众和目标市场消费者传播的有关形象的信息，

应是产品与服务的真实、客观的反映。只有让社会公众了解旅游地的真实信息，才有可能让他们对旅游地产生信赖感。所以，旅游地不能自吹自擂或文过饰非，隐瞒事实真相，否则很容易引起社会公众和旅游者的反感。

三、旅游地形象传播的途径

旅游目的地形象传播途径很多，各国都有不同，如美国旅游目的地形象的一般策略有广告、直接行销、促销、公关促销等。目前我国旅游地形象传播的主要途径包括网络传播、社会传播、人际传播媒介、常规新闻媒介、户外媒介等。

（一）网络传播

1. 网络传播的特点

网络作为一种新媒体，既是对传统媒体的集成，又具有自身的许多新特点，它的优点包括：

（1）范围广。网络是全球性的媒体，大幅度提高了新闻传播的范围和时效。网络传播不受时间、地点、气候的影响，随时可以更换内容。

（2）开放性。网络打破了传统地缘文化的概念，形成了以传播信息为中心的跨国界、跨文化的传播方式，信息的来源和享用都是向全社会公开的。

（3）可检索性。这种特征是传统媒体不具备的，网上检索技术现在已经很成熟，网民只要动动手指，就可以通过关键词从浩如烟海的信息中，根据自己的需要随意查询，极大地提高了人们使用信息的效率，也给网络媒体增加了特有的魅力。

（4）交互性。这是网络最独特，最有吸引力的特点，网络使传统的单向传播成为了真正的双向传播，大众化真正趋向了个性化。传播者和受众可以直接交流信息，参与性更强。

2. 网络传播的形式

目前有很多旅游地通过网络来传播自己的形象，旅游产品具有不可移动性和季节性，这使得旅游信息传播更适合于在网上进行。目前我国有各类的旅游网站和旅游资讯网，具体类型包括：全国大型综合旅游网；以订票、订房、订团等商务活动为主的网站；地方性区域性网站；旅游官方网站；旅游企业网站；综合性门户网站旅游频道。

（二）社会传播

社会传播指形象信息的非商业传播。能够起到社会传播作用的事件和信息包括：

（1）新闻发生地：奇特景观的报道、突发新闻报道等。

（2）游记：如《徐霞客游记》。

（3）文学作品描述地或故事发生地：如英国古典文学作品，金庸武侠小说。

（4）电影或电视的地点影像信息：如《红高粱》《大红灯笼高高挂》《天下无贼》《英雄》的故事发生地或拍摄地。

(5) 口头文学：神话与传说的发生地成为旅游点，内容构成旅游点的导游解说词。

(6) 课本信息：特别是中小学的语文课本，如《游金华双龙洞》《雨中登泰山》。

(7) 邮票等风景图像信息：货币、烟盒、火柴盒、门票等各种消费品及其包装上所留下的图案信息。

(8) 名人的国籍与出生地的信息：如毛泽东的故乡韶山。

(9) 历史事件或战争的地点：如中国的古赤壁、第二次世界大战战场与纳粹集中营。

(三) 公关活动传播

公关活动传播是指运用政府间的交流和外事活动时的宣传，召开旅游新闻发布会，举办系列旅游节庆活动和相关的学术会议等，提高美誉度和知名度。公关活动的一般目标包括交流信息、联络感情、改变态度和引起行动等方面。此外还有些具体的目标，如开辟市场、参加公益活动、创造良好的消费环境、摆脱形象危机等。其基本策略包括制造和发布新闻、举办有影响力的活动等。

(四) 其他传播途径

1. 文化传播

(1) 设计与当地旅游资源相关的宣传画册、明信片、挂历、邮票、首日封、风景DVD片。

(2) 出版与旅游资源有关的书籍史料和小说，整理有关的民间传说、民间故事、旅游景点介绍、导游图等。

(3) 创作推广地方音乐和戏曲、歌曲。

(4) 拍摄以当地旅游资源为背景的电影、电视剧及有关专题片，或争取电视台有关旅游栏目以当地的旅游景区为外景现场。

2. 人际传播

人际传播方式包括邀请专家学者、权威人士来参观访问，组织影视、体育明星协助宣传，旅游企业员工和经营管理人员的精神风貌展示等。

3. 常规新闻传播

常规新闻传播分为电子传播媒介和印刷传播媒介两类。电子传播包括广播、电视、电话、装饰照明系统等，也包括飞艇等现代的传播媒介。印刷传播主要包括报纸、杂志和图书。

【案例 8.4】

天水旅游形象塑造与传播

天水，位于甘肃东南部，人口340万，是甘肃第二大城市。天水大部分地区属于陇中黄土高原，南部是西秦岭，东北部属关山山地，渭河横贯城市中部。这里的旅游资源以人文见长。市内名胜古迹众多，伏羲文化、大地湾文化、秦早期文化、三国古战场和石窟，品位很高，不可替代性强。地表水和地下水丰富，植被主要是暖温带落叶阔叶林景观，季节变化分明。

一、受众调查

（一）国内客源市场分析

1. 社会人口学特征

（1）年龄构成。以中青年游客居多，20～49岁的游客占80%。

（2）职业构成。国内游客的主要成分是工人、公务员和企业管理人员。

（3）文化程度。高中以上占86%，半数以上受过高等教育。

（4）收入情况。以工薪阶层为主。

2. 旅游动机和方式

（1）天水有3/4的游客以观光旅游为主要目的，宗教旅游也比较多。

（2）从旅游方式看，团队游客占13%。散客以朋友结伴为主。

（3）天水的旅游知名度。根据调查，有63%的游客知道麦积山，32%的游客知道伏羲，仅有5%的游客知道大地湾（它是一处保存完好的原始社会新石器遗址）。数据表明，天水在旅游宣传力度和策划方面还存在比较大的缺陷，应加强宣传力度，改变单纯宣传麦积山而忽视大地湾、伏羲的情况。

（4）旅游信息的了解途径。他人介绍占34%，电视电台获取信息是第二途径。这说明天水旅游宣传不足，也表明了宣传对游客感受的重要性。

（二）国际客源市场分析

1. 社会人口学特征

接受调查的国际游客分别来自21个国家和地区，亚洲游客占57%，欧洲游客占30%。其中以日本游客居多，其次是中国台湾和香港地区，美国、法国和德国也占一定比例。游客构成中男性多于女性，中老年游客居多（50岁以上的占2/3）。游客文化程度高，受过高等教育的占73%，退休者、企业管理人员和公务员比较多。

2. 旅游动机和方式

以观光为目的的游客占85%，其他类型游客比较少。从旅游目的看，超过半数的旅游者是处于欣赏中国自然风光和文化艺术为目的的，30%的游客是为了了解当地的民俗风情。国际游客采用团队旅游的占79%，停留6～15天的中长期游客占2/3。他们25%是第一次访华，说明天水的国际游客以重复游客为主，说明这里影响力不大，但旅游资源价值高，具有开发潜力。

二、地方性分析

（一）自然地理特征

横跨黄河、长江两大水系，地处这两大流域的分界线上。

海拔在1000～2000米，属于暖温带半湿润气候，自然景观类型多样，季节丰富，富于变化，融北国的雄伟与江南之灵秀于一体。

石门山是长江流域的最北点，石门山寺庙建在花岗岩峰顶上，并位于长江、黄河两流域分水岭。

（二）文化背景

(1) 伏羲文化。天水是中国古代文化的发祥地之一，传说天水是伏羲、女娲、轩辕黄帝的诞生地，遗存众多相关的神话故事，风俗活动和遗址，比如祭奠伏羲的庙会，求伏羲医病的风俗，八卦石、卦台山等景点一直是海外龙的传人的寻根祭祖的地方。

(2) 大地湾文化。

(3) 石窟艺术。现存麦积山、大象山、木梯寺等6处石窟，大多开凿或修建于丹霞地貌区，沿渭河形成一条石窟走廊，麦积山石窟是中国四大石窟之一；拉稍寺的摩崖造像是亚洲最大的摩崖浮雕造像。

(4) 先秦文化。天水是中国历史上第一个统一政权秦的孕育、壮大、崛起之地。

(5) 三国文化。天水在三国时期处于蜀魏交锋的前沿，诸葛亮六出祁山街亭，智收姜维等重大事件发生在天水，境内现在有街亭、天水关、木道门、诸葛军垒等三国古战场遗址。

（三）标志性事件和人物

每年农历五月十三，龙的诞辰日举办的天水伏羲文化节。

1992年江泽民到天水时的题词“羲皇故里”。

（四）替代分析

麦积山石窟和同在甘肃省内的敦煌石窟相比，资源雷同，但知名度相对较低，敦煌容易对麦积山产生形象遮蔽效应，二者形成空间竞争关系。

三国文化的物质表现载体相对四川、陇南地区比较薄弱，而且更适合联合开发，缺少垄断性，替代性强，难以形成亮点。

三、旅游形象定位和宣传口号

从以上分析可知，历史文化内涵的久远和丰厚是天水旅游形象的基础，根据替代性、知名度和支撑力度三个方面来分析，可以把伏羲文化和大地湾文化作为天水旅游形象定位的独特点，把旅游总体形象定位在“华夏文明之源”上。主题宣传口号设计为“天水——羲皇故里，不老传说”。

同时，为配合旅游产品的宣传促销可以根据各旅游产品或景区的不同特色设计不同口号：“天水之水，两条母亲河”“天水之山，中国南北的界”“麦积山石窟——永恒的微笑，永恒的记忆”“羲皇故里游——瞻仰人文始祖，探询八卦易理”。

四、旅游形象要素设计

（一）视觉形象设计

1. 视觉形象

（1）标准色。相传天水卦台山是当年伏羲构演八卦的地方。在卦台山上可以清楚地看见黄河的黄水和洛河的白水在这里交汇，因为两条河流的比重不同形成旋涡，远远看去就像一幅巨大的太极八卦图，所以把金色和白色定为天水旅游的标准色。

（2）旅游徽标。天水旅游徽标设计应根据自身特点，采用不同的方式征集，确定以后要广为使用，印制在各种旅游纪念品上，使它成为天水旅游业品牌的重要标志。初步设计思路是：平面为圆形，主题图案为黑白鱼合抱的太极图，象征天水是人文始祖伏羲推演八卦的地方。并用黑、白两色分别书写天水二字。

（3）标识牌。在各主要目标市场和天水境内各交通要道沿途，游客集散中心，设置旅游标识牌，造型多样化，内容除了旅游宣传口号，天水旅游企业的联系方式外，还可以附交通图和各景区的车次时间，一方面使游客心理上产生容易进入的感觉，另一方面也为散客提供方便。

在各景区内设置导游图、卫生间指示牌、路标、花草树木保护标志、危险地段警告牌等，造型风格应多样，文字表述上人文化，并和周围环境相互协调。有些还可以写上反映周围景观气氛的诗词，从细节上营造一种体现旅游产品主题的意境。

（4）建筑。各建筑的风格、颜色和高度应与周围环境相协调，突出各景区的特色。

（5）绿化。搞好旅游公路沿途的绿化工作，加强对市区内和各景区古树名花的保护，营造优美的旅游环境，增强天水古老、厚重的韵味。

（6）交通工具。各类交通工具特别是旅游车的车体、车厢要干净整洁，设施完好，旅游车车身上张贴天水的旅游徽标、吉祥物和旅游投诉电话。各汽车站台要有醒目的站牌和旅游广告牌，候车亭的风格和造型注意突出天水旅游特色，使它们也成为一道风景。各景区里可以根据产品主题的不同采用和旅游环境相符的各种交通工具，营造旅游氛围。

（7）服饰。服务人员的服饰也是整个旅游景观和环境的组成部分，不仅要整洁美观，而且要和旅游产品和周围景观相一致。

（8）门票。设计别致、印刷精美的门票不仅能作为旅游纪念品，更能起到扩大对外宣传、引发游客重游动机的作用。所以设计应该艺术化和个性化，并和景点内容、产品主题一致。如门票的形状上，除了用传统的长方形之外，也可以设计成吉祥物的形状，做成折扇形、原始氏族的建筑物造型等。另外，门票上除了印上景点风光和文字说明外，还应该写上天水旅游的宣传口号和旅游线路，让门票成为一种特殊的旅游宣传品。

（9）宣传品。包括宣传手册，广告等，内容除了代表景点的图片外，还应该包括服务、住宿、交通方面的详细介绍，旅游企业的联系方式等。其中户外广告可以采用灯柱、模型、气球广告等多种形式。

(10) 吉祥物。可以通过广播、电视、报纸等新闻媒体面向全省甚至全国有奖征集天水旅游吉祥物，这样既能集思广益，找到最好的设计方案，又能借机宣传天水旅游。

2. 听觉形象

(1) 语言。消灭不文明的语言。同时各类服务人员特别是导游应该讲标准的普通话。

(2) 音乐。音乐是一种超越国界的艺术，可以在各景区景点以及街道餐厅等场所播放能够烘托旅游产品主题的民歌或乐曲。

3. 综合感觉形象

(1) 美食。美食不仅是一种文化，它本身也是特殊的旅游吸引物。旅游区应该使游客在旅游的同时能够品尝到当地的特色美食，比如当地的花牛苹果、蜜桃、呱呱等，不仅能提高客人对天水的好印象，也能从多方面塑造旅游形象。

(2) 城市夜景。旅游城市的核心地段对旅游城市的形象建设具有重要意义，天水市区的步行街两侧的仿古建筑雅致古朴，夜晚的时候华灯齐放，夜色里重重的屋脊飞檐、一串串大红灯笼、远处的霓虹，非常美丽。这个街区的夜景塑造很有特色，应该继续保持和提高，但其他街区和它比起来就逊色不少，所以，规划建议在宾馆、饭店集中的主要街区用灯光、音乐等多种方式冲淡夜间景观的冷清和单调，丰富游览内容。

(3) 节事活动。定期举办中国天水伏羲文化旅游节、麦积山石窟艺术展览等活动，评选天水十佳景点，举办天水自驾车旅游等活动，同时积极参加各地举办的旅游展销会和旅游商品交易会。

(4) 社会治安。严厉打击各种违法犯罪活动，加强对餐饮、运输、住宿等行业的管理和质量监督，规范旅游商品销售市场，建立良好的社会治安和旅游软环境。

(二) 行为形象设计

1. 服务行为形象

游客对天水的旅游服务评价比较低，包括对讲解、娱乐、餐饮、购物和电信服务等方面的服务不满意度都超过了50%，甚至高达80%。所以，要想改善天水旅游形象，改进服务质量是迫在眉睫的。

(1) 个性化。积极发展员工的个性，为游客提供个性化服务。可以根据客人年龄、性别、职业、客源地的不同，安排他们在不同风格的餐厅吃饭，提供不同档次的客房等。小到为客人提供不同尺寸的拖鞋，不同颜色的床上用品等。

(2) 人情化。处处为游客着想，使他们真正有回家的感觉。如为年纪大一点的游客安排低层客房，帮助遇到麻烦或生病的游客等。提高服务人员特别是导游的综合素质，对游客的态度应该是热情、耐心、不卑不亢、充满人情味。另外，针对不同文化层次的游客，导游词要有不同的侧重点。

(3) 艺术化。宾馆客房不仅是游客休息过夜的地方，它的优劣程度直接影响客人的满意程度。客房内部装饰和摆设应该多样化，如可以布置书法、壁画的临摹品，摆设石刻等，使房间有文化韵味。

2. 居民形象

针对调查中存在的市民旅游宣传意识不高的现象，应该加强精神文明建设，提高居民综合素质和旅游意识，杜绝不文明的语言和行为，树立朴实、文明、热情好客的居民形象。

五、旅游形象传播策略

（一）形象广告宣传

（二）公共关系传播

积极参加、组织各种和旅游有关的展览会、交流会、文艺演出、新闻发布会等公关活动，邀请专家、旅游企业管理人员、著名作家等有广泛社会影响的人来天水参观，扩大知名度。

（三）网络媒介

建立天水旅游网站并链接到主要的门户网站和搜索引擎上。同时建立天水旅游信息化营销的平台，如可以在网站上发布信息、电子地图、受理网上投诉等，进一步可以进行网上交易。

（四）旅游节事活动

多组织以天水的民族传统节日或特别的仪式作为标志的庆典活动、寻根祭祖、文化展览类的活动。

思考题

1. 简述旅游地形象的概念与特征。
2. 旅游地形象调研的基本内容是什么？
3. 旅游地形象定位有哪些方法？
4. 简述旅游地形象塑造的内容。
5. 分组讨论，利用本章所学知识，对某旅游地（区）进行整体形象策划。

第九章 旅游产品设计

学习目标

通过本章学习，了解旅游产品的概念与特点；掌握旅游产品设计的基本原则与设计内容；了解不同类型的旅游产品——观光产品、度假产品、文化产品在设计方面的特点与设计方法。

关键词： 旅游产品 观光旅游 度假旅游 文化旅游

第一节 旅游产品

旅游产品是旅游业发展的基础，没有旅游产品，旅游活动无从谈起。旅游产品的特色、品种、数量、质量如何，及其是否符合当前旅游需求和未来旅游发展趋势，关系到旅游规划与开发工作的成败。精心策划旅游产品，对于提高旅游地和旅游企业的市场竞争力也具有重要的作用。

一、旅游产品的概念

从供给者角度来看，旅游产品是旅游经营者借助一定的旅游资源和旅游设施，为旅游者提供满足其在旅游过程中综合需要的服务。通过旅游产品的生产与销售，旅游供给者达到赢利目的。从旅游需求角度来看，旅游产品是旅游者为了获得物质与精神上的满足和实现旅游过程，旅游者支付一定的货币购买他们所需要的物质产品和服务。旅游者通过对旅游产品的购买欲消费，获得心理上和精神上的满足。不论从哪个角度看，旅游产品都既包括旅游资源和设施，也包括各种服务。但它们在旅游产品中的地位是不同的，各种物质产品只是旅游经营者向旅游者提供各种服务的凭借，而旅游服务则贯穿于整个旅游活动的始终，是旅游供给的核心。资源、设施与服务的结合共同构成了旅游产品。

二、旅游产品的构成

为了能准确地理解旅游产品，进行旅游产品设计，从事旅游生产，应研究旅游产品的构成要素。旅游产品是由相应的行业提供的实物和劳务等多种要素组合起来的一种特殊产品，它能满足旅游者吃、住、行、游、购、娱等要求，其内涵和构成内容十分丰富。现代市场营销理论认为，产品是由三个部分组成的，即产品的核心部分、形式部分和延伸部分。核心部分是指产品满足消费者需求的基本效用和核心价值；形式部分是指构成产品的实体和外形，包括质量、包装等；延伸部分是指随着产品销售和使用而给消费者带来的附加利益。旅游产品的一般构成也同样由这三部分所组成。

（一）旅游产品的核心部分

由旅游吸引物和旅游服务组成，它可以满足旅游者外出旅游的最基本需要，是整个旅游产品的基础和最具竞争力的部分。

旅游吸引物是指一切能够对旅游者产生吸引力的旅游资源及各种条件，它是旅游者选择旅游目的地的决定性要素，也是一个国家或地区能否进行旅游开发的先决条件和构成旅游产品的基本要素。正是由于旅游地具有旅游吸引物，才使得旅游者不吝花费金钱、时间、精力前往参观游览。旅游吸引物可能是物质实体，也可能是某个事件，还可能是一种自然或社会现象。旅游吸引物按属性可以分为自然吸引物、人文吸引物等类型。自然吸引物包括气候、森林、河流、海洋、火山等风景资源；人文吸引物包括文物古迹、文化艺术、城乡风光、民俗风情、风味佳肴等。旅游吸引物的区位、数量决定着旅游产品市场的规模。旅游吸引物区位好、数量多、质量高，则吸引的旅游者就多，旅游产品的市场规模就越大。

旅游服务是旅游从业人员凭借旅游吸引物和旅游设施向旅游者提供的各项服务。旅游产品虽然包括餐饮和旅游活动中消耗的少量有形物质产品，但大量的还是接待服务和导游服务等无形部分。旅游服务贯穿于旅游者旅游活动的始终，根据经营阶段可分为售前服务、售时服务、售后服务三部分。售前服务是旅游活动前的准备性服务，包括旅游咨询、产品设计、旅游线路编排、出入境手续等；售时服务是在旅游活动过程中向旅游者直接提供的吃、住、行、游、购、娱及其他服务；售后服务是当旅游者结束旅游后离开目的地时的服务。

（二）旅游产品的形式部分

旅游产品的形式部分主要涉及旅游产品的载体、品牌、形象、特色、质量、声誉及组合方式等，是旅游产品向市场提供的实体和劳务的具体内容。旅游产品的载体主要指各种景区景点、旅游接待设施、旅游商品、娱乐项目等，是以物化形式反映出来的实体部分，如反映区域传统文化特征的一个民族娱乐项目、用于景区内部的特色交通工具等。旅游产品的品牌、形象、特色、质量和声誉，是产品依托旅游吸引物、旅游设施而反映出来的外在价值，是激发旅游者旅游动机，引导和强化旅游者决策和消费行为的具体形式。由于旅游吸引物和旅游设施等方面的差异，会导致旅游产品品牌、形象、特色、质量和声誉的不同，即产品的差异。不同的组合方式形成了各种功能和类型互异的旅游产品，可以更好地满足旅游者多样化、个性化的需求，组合方式也因此成为旅游产品的形式部分。组合方式的不同，致使旅游产品表现出不同的品质及前景。

（三）旅游产品的延伸部分

旅游产品的延伸部分指旅游者购买和消费旅游产品时获得的优惠条件及其他附加利益。当旅游产品的核心部分和形式部分表现出较强的替代性，且任何组成都能满足旅游者的基本需要时，延伸部分往往成为旅游者对旅游产品进行判断和决策的重要依据。因此，在旅游经济活动的分析和研究中，除了要注意旅游产品核心部分和形式部分的特色，还要对旅游产品的延伸部分给予足够的重视，以谋取充分的市场竞争优势。

三、旅游产品的特点

（一）综合性

旅游产品的综合性首先表现在它是由多种旅游吸引物、交通设施、住宿餐饮设施、娱乐场地以及多项服务构成的复合型产品，能够同时满足旅游者吃、住、行、游、购、娱方面的综合性需求，它既是物质产品和服务产品的综合，又是旅游资源和旅游设施的结合。其次，旅游产品的综合性还表现在旅游产品的生产涉及众多行业和部门，其中既有直接为旅游者服务的饭店业、餐饮业、娱乐业、交通运输业、旅行社业等，又有间接为其服务的农副业、建筑业、制造业等行业和海关、邮电、公安、银行、保险、医疗卫生等部门。

（二）同一性

由于旅游产品是一种经过深度加工和高附加值的产品，原来分散存在于各个行业的不同产品，经过旅游经营者的设计、开发、组合与销售，大大提高了其原有的价值，而且它所含的价值内容有相当大的部分是由即时劳务所构成，这就决定了旅游产品的生产和消费具有高度的同一性。这种同一性同时也表明旅游产品是一种不可储存的特殊产品，当没有旅游者到来并购买时，旅游产品就不会生产出来，也就无法像其他有形产品那样，在暂时没有销售的情况下储存起来留待日后再出售。因此旅游产品与旅游者的在场是同步的，一旦旅游者做出购买抉择，他便可即时拥有旅游产品的使用权，当消费行为结束时，旅游产品就自然解体。

（三）不可转移性

旅游产品具有不可转移性，这是因为：首先，旅游服务所凭借的旅游吸引物和旅游设施无法从旅游目的地运送到客源地供旅游者消费，即旅游产品不能送到旅游者手中，只能将旅游者吸引过来。旅游产品只有通过旅游信息的传递和旅游中间商的宣传促销活动，把旅游者组织到旅游目的地，也即旅游产品的生产地进行消费，因此旅游产品在空间上是不可转移的。其次，旅游产品销售后，在所有权上不可转移。有形物质产品的交换带来了所有权的转移，旅游产品的交换带来的却不是产品所有权的转移，而是旅游者在一个特定的时间和地点上对旅游产品暂时的使用权。旅游产品的所有权在任何时候都属于旅游目的地或旅游企业所有，不可能转移给旅游者。旅游者无权将旅游产品据为己有，也无权将产品使用权自行转让或借给他人。

（四）脆弱性

旅游消费是基于人类的基本生活需要之上的一种较高层次的需求，它会受到政治、经济、文化等各方面复杂因素的影响而表现出较大的脆弱性。首先，旅游产品和其他类型产品之间、不同的旅游产品之间存在较大的替代性；其次，旅游产品结构中吃、住、行、游、购、娱各个部分的构成比例关系因旅游的规模、标准不同而又有不同的最佳组合，任何一部分超前或滞后都会影响旅游产品整体效能的发挥；最后，战争、社会动乱、安全事故、政府政策、经济状况、货币汇率、自然灾害等变化都会引起旅游需求的变化，继而影响旅游产品价值的实现。

（五）审美愉悦性

旅游产品生产的目的是为了满足旅游者的精神需要，令旅游者愉悦身心，获得美的享受。旅游产品的审美愉悦性主要表现在：①审美追求和愉悦身心是旅游者的普遍旅游动机之一。外出旅游能获得美的享受，放松身心，是旅游者对旅游产品最基本的要求。②旅游者的满意度是评价旅游产品的核心依据。由于旅游产品是服务性产品，旅游者的满意度是衡量旅游产品的关键标准，而获得旅游者高满意度的途径就是满足其审美愉悦需要。

第二节　旅游产品设计的内容

旅游产品设计是指通过整合各种资源，利用系统的分析方法和手段，通过对有特色的旅游资源、变化的市场和各种相关要素的把握，有创意地设计出能吸引旅游者的旅游产品的过程。好的旅游产品设计能促进旅游地的旅游产品多样化、层次化、个性化，给旅游者更多的选择，吸引不同层次、不同类型的旅游者，加大旅游资源开发利用的深度。处理好各种旅游产品的关系，能够突出旅游地特色，打造当地的拳头产品与主导产品，构建有机的旅游产品体系；注重市场研究，精心策划创意，可以增强旅游产品的针对性，有助于提高旅游地和旅游企业的竞争力。

一、旅游产品设计的依据和原则

（一）旅游产品设计的依据

1. 资源条件

资源条件是旅游产品设计与开发的物质基础，旅游产品策划要善于发现、挖掘旅游资源的独特性，善于对各类旅游资源要素进行巧妙的整合，把握资源要素与产品要素之间的逻辑关系，在科学与艺术之间进行旅游产品的设计。

2. 市场条件

市场需求是进行旅游产品开发、实现旅游供给的前提，目标市场应该成为引导产品开发方式、规模、层次以及调整产品结构和开发策略的导向性依据。旅游产品要想取得良好的市场效果，就需要对旅游者进行深入的研究，通过市场调查，掌握游客行为规律和心理需求。

3. 区位条件

旅游区位包括资源区位、客源区位与交通区位。分析区位条件主要从三方面入手：由资源区位看结构，由客源区位看位置，由交通区位看线路。即旅游资源的丰富程度与搭配组合程度，旅游地与外部客源市场、周边旅游地的空间关联度即客源市场与旅游目的地的线路通畅度。这三者构成的区位因素是产品开发的重要影响因素。

（二）旅游产品设计的原则

1. 创新原则

旅游产品设计能否成功，创新是关键。提高设计的创新性，要从加强设计者的知识积累和创造性思维入手。知识积累是创造性思维的基础，只有具有渊博的知识，如地理、历史、文学及社会学、心理学、管理学、营销学等知识，才能形成设计者的文化积淀，并在这种文化积淀中培养创新的思维。具备了扎实的理论基础，设计者才能展开想象的翅膀，闪烁智慧的火花，去畅想，去创造。创造性思维是设计策划活动的基础，是设计生命力的体现。创造性思维方式，需要有广泛、敏锐、深刻的洞察力，丰富巧妙的想象力，活跃、丰富的灵感，广博、深厚的知识底蕴。

2. 市场导向原则

旅游产品开发必须从传统的资源导向过渡到市场导向，树立牢固市场观念，以旅游市场需求作为旅游产品开发的出发点。没有市场需求的旅游产品开发会造成对资源的浪费和环境的破坏。市场观念的树立，一是要根据实际情况进行科学的旅游市场定位，确定目标市场的主体和重点，使旅游产品开发工作做到有的放矢，最大限度地实现其经济效益。二是要根据先期的市场定位，调查和分析市场需求与供给，把握目标市场的特点、容量、层次、水平及变化规律和趋势，从而形成适销对路的旅游产品。三是要针对市场需求，对各类预想的旅游产品进行筛选、加工或再造，然后设计、开发成具有竞争力的旅游产品。

3. 突出特色原则

目前市场上的旅游产品数量众多，竞争激烈，要想提升旅游产品在市场上的竞争力，突出产品特色是最为重要的途径。特色观念的树立，一是要注重分析市场上现有的同类型旅游产品的特点，在旅游产品开发过程中结合自身优势尽可能地增大与它们之间的差异度；二是要以旅游资源为基础，把旅游产品的各个有机要素结合起来，进行旅游产品的设计与组合，特别注意在旅游产品设计中注入文化因素，增强旅游产品的吸引力；三是要树立旅游产品的形象，充分考虑旅游产品的品位、质量及规模，突出旅游产品人无我有的独特成分。

4. 可行性原则

旅游产品设计的可行性包括经济、技术、法律、社会等各方面的可行性。要增强设计的可行性，一方面，要进行周密的考察和资料收集，充分利用所能获得的一切信息，进行严谨、科学的分析，对未来形势做出准确的判断；另一方面，可以采取逐步推进的办法，通过小范围预演，看一看是否能取得好的效果，根据结果决定是否修改。

5. 效益原则

旅游产品的开发首先追求经济效益，无论是何种类型的旅游产品开发或旅游项目投入，在启动之前都应组织专家组开展可行性论证，严格进行投资效益分析，保障旅游产品投资开发经济效益；其次是追求社会效益，在某种程度上来说，旅游产品开发可以看做是一种社会性活动，必须考虑到当地的社会经济发展水平，考虑到地方政治、文化及风俗习惯，考虑到当地居民的心理承受能力，设计健康文明的旅游活动，促进地方精神文明的发展；最后是追求环境效益，按照旅游产品开发的规律和自然环境的可承载力，以开发促进环境保护，以环境保护提高开发的综合效益，最终创造出和谐的生存环境。

二、旅游产品设计的内容

旅游产品设计的内容主要包括寻找产品设计的切入点、市场定位、挖掘旅游产品特色、产品组合策划、设计旅游产品的功能、产品质量策划、旅游产品命名、方案甄选、产品试验、产品推广等。

（一）寻找产品策划的切入点

正确的切入点是产品成功策划的前提，决定产品策划的方向，寻找切入点自然也就成了产品策划的关键工作。设计人员寻找切入点的途径很多，常用的有如下几种。

1. 研究旅游者需求

旅游者的需求是进行产品构思的起点，他们的要求和建议应成为旅游产品构思的重要来源。产品设计者可以通过询问调查，征询旅游者对现有产品的意见和看法，以确定他们未被满足的需求或没有完全满足的需求。通常向顾客征询意见和有效处理顾客投诉，是获得旅游产品设计切入点的重要渠道。

2. 集合旅游营销人员座谈

旅游营销人员工作在第一线，长期和顾客打交道，交往联系频繁，因此他们提供的资料和反馈的意见更全面和真实，往往有利于产品构思创意的产生。旅游地或企业的经营者应该充分调动员工的积极性，让他们积极参与到产品设计工作中来。

3. 研究同行业竞争者

关注同行业竞争者的产品及顾客对竞争者的评价，从中可以发现问题，激发灵感，找到产品设计的突破点。

4. 重视旅游中间商

旅游中间商掌握着客人需求和投诉的第一手资料，了解顾客需求所在，同时对多种旅游产品的各种类型和特点了如指掌，掌握大量供给方面的信息。

5. 访问专家

专家知识渊博，对市场观察比较独到、深刻。所以在寻找市场机会中，不能低估专家的作用。发挥专家优势，往往能发现机遇。

6. 结合市场细分过程寻求机会

市场细分不仅是企业选择目标市场常用的方法，同样也是寻求市场机会的重要工具。结合市场细分情况，可以在那些社会需求大、进入企业比较少、满足程度较低的市场上发现大量的机遇。

（二）旅游产品的市场定位

所谓市场定位是根据目标市场上竞争情况和企业的自身条件，寻求和确定本企业和产品在目标顾客心目中的最佳位置，打造产品特色，强有力地塑造出本企业与众不同、富有个性的产品形象，并把这种形象生动地传递给消费者的行为和过程。

进行旅游产品的市场定位要综合考虑消费者、竞争者、企业或产品的本身等影响因素。满足旅游者的需要，吸引较多的消费者是旅游产品设计的中心目标，旅游产品的设计与生产活动始终以消费者作为出发点和终点。考虑竞争者主要是了解目前市场被占有和瓜分的情况，了解竞争者产品的缺陷和竞争优势。考虑旅游企业和产品本身，是为了能掌握自身优势和劣势，形成对自我的科学评价，抓住旅游产品市场定位的主动权，以扬长避短，突出产品特色，提高产品品位和质量。

（三）挖掘旅游产品特色

特色是旅游产品的灵魂，突出特色自然也就是旅游产品设计的核心目标。旅游产品特色的提炼和定位受到旅游资源品质、区域分布、可进入性、旅游地的形象定位和市场定位等多种因素的制约。

1. 旅游资源品质与产品特色定位

旅游资源是旅游产品的原材料，是衡量旅游产品对游客吸引力大小的重要因素，决定旅游产品的功能和开发方向，所以它也是产品特色定位的基础。旅游资源的品质是旅游产品特色定位的根本依据，构成了旅游产品开发的生命线，也就是说，在产品特色定位中，挖掘旅游资源的基础特色十分重要，特别是要注意使旅游产品承袭和彰显那些具有垄断性或竞争优势的旅游资源的特色。如“峨眉天下秀，青城天下幽，华山天下险”，这秀、幽、险，就是它们资源的特色，在产品特色定位时，应着力凸显这些特色。

但要注意的是，旅游资源的特色是资源本身的属性，并不一定完全等于产品的特色，也并非一定会得到市场的认同。旅游产品特色定位除了深入分析旅游资源的品质和特色外，还要更多地考虑市场定位。旅游产品的特色定位必须根据旅游资源的特色、市场需求、区域分布和可进入性等各个要素进行综合考虑。最终旅游产品的特色定位结果可能与旅游资源最显著的特色有所不同。

2. 旅游资源区域分布与产品特色定位

旅游资源的区域分布对旅游产品特色定位产生着重要影响，它甚至会让旅游地抛弃旅游资源原有的主要特色而另辟蹊径。当几个类型相同的旅游产品处于同一区域内，相互之间存在着产品的替代性，其中特色差一些的旅游产品就应放弃自己原有的特色而重新进行旅游产品特色定位。如山东曲阜是孔子故乡，有著名的世界遗产三孔旅游资源。而在曲阜南 23 千米的邹城，是亚圣孟子的故乡，居于峄山旁、泗水滨，有三孟旅游资源。三孟处于三孔的阴影里，使相关的旅游产品很难在市场上站稳。后来邹城放弃了最有特色的三孟子旅游资源，在峄山和孟母身上做文章，重新定位，才打开了市场局面。

3. 旅游地可进入性与旅游产品特色定位

旅游地的可进入性指从客源地到达旅游目的地的距离、交通条件、费用、时间等因素的综合。它包括便捷性、区位条件、舒适性、基础设施等，可进入性也影响着旅游产品的特色定位。

不同类型的产品对可进入性的要求不一样。一般来说，度假型旅游产品对可进入性的要求较高，观光型旅游产品次之，专项旅游产品的要求则更低。同时，旅游者在选择产品类型时，在心理上已经对不同产品类型的可进入性需求进行了分级，形成了对不同产品类型可进入性差异的认同。观光型游客的心理期盼首先是独特的自然风光与奇异的人文资源，尽管可进入性、服务性差一点，如果是历尽艰险后所获得的是超值的美的享受，也会感到心满意足。度假型游客要求度假地具有便捷、舒适的交通，优良的旅游设施，高质量的服务，良好的度假环境。选择专项旅游产品的游客最关心的是旅游产品能否带来原始体验、刺激及对体能、意志的挑战，而对服务、住宿等关注较少。

在进行产品特色定位时，需要认真考虑可进入性。在其他因素一定的情况下，如果可进入性不好，旅游产品就不能定位为度假旅游产品。例如西双版纳景区，根据它的区位条件和可进入性，不宜开发为度假产品。相反，对可进入性好的旅游地，如果环境、风景也较好，就可以开发度假产品。

4. 旅游形象定位与旅游产品特色定位

旅游产品的特色定位支撑旅游地形象的定位，如果没有旅游产品特色定位，旅游地的形象也就变得空洞无物，缺乏竞争力。特色的旅游产品构成了旅游形象定位的基础，是旅游形象生动、鲜明的载体。反之，在对旅游产品进行特色定位时，也必须考虑旅游地的总体形象，如果产品特色定位和旅游地形象定位不一致，会给游客一种模糊的感觉，降低产品的竞争力。

5. 市场定位对旅游产品特色定位的影响

市场定位是寻求客源市场和确定旅游产品在目标顾客心目中的最佳位置的过程，产品市场定位为产品设计明确目标，影响着旅游产品的特色定位。根据不同的细分标准，目标市场可分为许多类型。如按旅游目的，可分为观光旅游、商务旅游、度假旅游等。不同的细分市场的旅游者具有不同的心理，旅游产品设计必须研究细分市场的具体特征，才能构思出独具特色的旅游产品，满足旅游市场的需要。否则，旅游产品特色定位不符合细分市场的特征，就不可能获得市场的认同。

（四）旅游产品组合策划

旅游产品组合是旅游地或企业根据市场需要而供给的适销对路的旅游产品体系。旅游市场的需求在不断变化，旅游产品组合策划的内容也要随时调整。

1. 旅游产品组合的宽度

旅游产品组合的宽度指旅游地或企业所拥有的不同产品系列或产品数目。旅游地增加产品组合宽度，也就是增加产品的大类，扩大经营范围，实行多方位经营，可以更充分地发挥旅游地的特长，提高经济效益。

2. 旅游产品组合的深度

旅游产品组合的深度是指每个旅游产品所包括的产品项目数或旅游产品大类中每种产品规格的数目。旅游地增加产品组合的深度，即增加产品项目和产品的花色式样规格，可以满足广大消费者的不同需要，以吸引更多游客。

3. 旅游产品组合的关联性

旅游产品组合的关联性指一个旅游地的各个产品大类在最终使用、生产条件、分销渠道等方面的相关程度。旅游地增加产品的关联性，即让各个产品大类在最终使用、生产条件、分销渠道等各方面密切相关，可以提高旅游地在地区、行业中的声誉。

4. 旅游产品结构

旅游产品结构指不同品位的旅游产品在产品组合中的比例关系和同一层次中不同产品的比例关系。基本内涵包括以下两方面。

（1）内部布局是否合理，即在整体结构上是否形成了品牌产品、重要产品、配套产品的布局。品牌产品是旅游地的导向产品，对市场具有引导作用，是竞争力最强的产品，它能展现和强化旅游地的形象。重要产品是整个产品布局体系中的支撑产品，是目前产品吸引力的主要来源。配套产品不具备太大的市场吸引力，也很难吸引大、中尺度的客人，但它的存在可以丰富产品结构，满足小尺度游客和低端消费群体的需要。如果旅游地没有形成合理的产品等级结构，它的产品就会缺乏魅力。在这种情况下，就应该根据市场需要对旅游产品的结构进行调整，培育或推出自己的产品体系。

(2) 同一等级层次中不同产品的比例关系和地位。在品牌产品层面上，是指旅游地或企业应实施多品牌和品牌延伸战略。多品牌战略指在旅游地同时经营两种或两种以上互相竞争的品牌，这样可以增加产品的多样性，有利于扩大市场占有率，提升产品对旅游市场的吸引力。品牌延伸是指旅游地利用其成功品牌的声誉，推出改良产品或新产品，使品牌产品获得更大的效益。而在重要产品和配套产品的层面上，是否加强了形式的多样化也十分重要。

5. 旅游产品组合的优化

旅游产品组合的优化即不断对旅游产品进行完善、调整和提升。在旅游产品推出后，由于市场的变化，有的产品可能被市场广泛接受和认同，能创造很好的经济效益；而有些产品则在市场上难以找到出路。所以要根据不断变化的市场环境调整产品组合中的各个产品项目，使自身的产品组合处于优化状态。要优化旅游产品组合，首先要了解合理的旅游产品组合评价标准。一般而言，对旅游产品组合的评价可以从以下几方面来进行：发展性，评价某种旅游产品的发展前途，主要指标为销售增长率；竞争性，评价某种旅游产品的竞争能力，主要指标为市场占有率；营利性，评价某种旅游产品的赢利水平，主要指标为资金利润率。

（五）旅游产品功能设计

旅游者购买旅游产品实际上是购买产品的功能和核心利益，游客的需求归根结底是对功能的需求，所以旅游产品功能的设计应该成为旅游产品设计的中心任务。而产品功能来自旅游者的需求，了解旅游者的需求一般采用市场需求调查法，其途径主要有：向旅游者进行调查、了解旅游消费者的投诉信息、使用各种新闻等。根据旅游者的需求信息，提炼出产品的功能结构，并进行聚类分析，最终便形成产品的功能概念。

（六）旅游产品质量策划

在产品策划中，产品质量是衡量策划水平的重要标准，决定着旅游策划工作的成败，具有特殊意义。根据旅游产品的构成要素，旅游产品的质量主要包括旅游吸引物质量、旅游设施质量、旅游服务质量和可进入性质量四方面内容。

评价旅游产品质量的标准是游客的满意程度。从旅游者的角度看，旅游产品质量体现为其是否物有所值和物超所值。物有所值即产品的价格和价值相符，基本满足了旅游愿望。物超所值，指旅游生产者经营者提供的旅游产品质量超过了旅游者原来的期望水准。

（七）旅游产品命名

设计旅游产品的名称，是旅游产品设计的重要内容，好的名称可以直接打动旅游者，有助于市场的建立和产品营销，迎合旅游者心理需求。为产品命名时一般应遵循以下原则。

1. 易读、易记

只有名称易读、易记，产品才能高效地发挥它的识别功能和传播功能。该原则要求：产品名称简洁，即名字单纯、简单明快，易于和消费者进行信息交流；独特，即名称应具备独特的个性，避免与其他产品名称混淆；新颖，即名称要有新鲜感，符合时代潮流；响亮，即名称要易于上口。

2. 准确贴切

产品名称要准确、贴切地描述产品的功能、特征和优势，充分体现产品所能给消费者带来的益处。

3. 大众原则

产品名称要符合大众心理，能激发旅游者的动机。

4. 形象化

名称要有助于建立和保持旅游地在消费者心中的形象，要清新高雅，不落俗套，充分显示产品的品位。

（八）方案选择

经过上述环节以后，往往会产生出许多新产品的策划方案，然而哪种方案最后付诸实施，还需要进行优中选优，选择一种最有发展前途、切实可行的产品策划方案。在筛选过程中，要防止两种错误的发生：一是误舍，即把本来很好的策划方案认为是不可行的而舍弃掉；二是误用，即采用了错误的设计方案，浪费时间和成本。对新产品构思的筛选应该由策划人员、营销人员、管理人员、有关专家来共同参与，慎重进行。通常要考虑旅游地或旅游企业的生产能力、技术水平、资金情况，分析市场需求和竞争态势，判断产品构思是否符合市场特征、旅游地的资源优势、发展战略与目标。

（九）产品实验

策划方案确定以后，应对方案进行小范围试验，即有限度地推出新产品，确定消费者的反应，使旅游开发者或经营者能够了解产品的优势和不足，及时改进，避免在全面推向市场的时候遭受失败。在这个环节中主要评价该旅游产品的吸引力和旅游者的踊跃购买程度。

（十）产品推广

1. 推出时机

推出时机的选择关系到产品推广的成败，因此产品应尽可能选择最佳的上市时机。季节性很强的旅游产品最好是应季上市，如冰雪旅游产品在冬季推出，滨海旅游产品在夏初推出。

如果竞争对手也要推出类似的产品，那么进入市场的时机可以从以下方式中选择：①抢先进入，这样可以获得先入为主的优势，率先在旅游者心中建立品牌偏好，对以后的市场营销比较有利；②同时进入，可以和竞争者分担广告促销费用，减少成本，降低风险；③延后进入，这样可以节省广告宣传费用，避免品上市时可能出现的失误，还可以比较准确地了解市场需求量的大小，特别是在产品生命周期进入成长期进入，市场需求已经明确，旅游者对产品的基本情况已经大致了解，进入市场的风险比较小。

2. 推出地点

产品最初上市的地点选择也是一项应该十分慎重的事，它关系到产品推广的成败。这方面需要策划的是究竟选择一个地区市场还是全国市场，选择城市市场还是农村市场等。一般来说，度假产品可以选择在本地及周边地区推出，观光产品和部分专项产品可以在更广的区域里推出。

3. 目标顾客的选择

企业推出新产品时应针对最佳顾客群制订营销方案，新产品的目标顾客群应该具备这么几个条件：①产品的最早使用者，这类人对新产品比较敏感，易于接受新事物；②产品的大量使用者，可以保证产品一定销售量；③对产品有好评并且在社会上有一定影响力的人，这部分人通常会成为一定团队的领袖人物，可以对其他人产生心理影响，促进产品市场的扩大；④用最少的促销费用就可以争取到的消费者。

4. 营销策略的选择

新产品推广的营销策略选择主要是营销组合要素先后次序和投资比例的选择，对不同地区、不同市场和不同消费群体，应因地制宜，采用不同的营销策略。

第三节　主要类别旅游产品设计

一、观光旅游产品设计

（一）观光旅游产品的特点

观光旅游是旅游者以欣赏游览为主要目的，通过观赏异地的自然风光、文物古迹、民俗风情的吸引物，得到美的享受，获得愉快和休闲目的的旅游形式。观光旅游主要包括观赏自然风光、都市风光和游览名胜古迹。无论是对中国的还是外国的旅游者来说，观光都是目前最常见、最基本的旅游形式，在未来相当长的时间里也仍然会是主要的旅游方式。观光旅游相对于其他旅游方式来说，活动空间最大。旅游者通过观赏的方式完成游览活动，旅游者和吸引物之间进行的交流是一种静态的观赏，缺乏主动参与性。所以，在同等时间条件下，要求观光旅游的旅游吸引物数量、类型比其他旅游方式多，也更丰富。

1. 产品涉及内容多

参加观光旅游者的动机一般比较单纯，主要追求在实惠的价格下游览更多的景点，这就要求在时间允许的范围内安排更多更好的景点或旅游项目。

2. 产品消费时间短

由于观光旅游产品大多要求参观比较多的景点，而游客的旅程时间是既定的，所以游客在每一个景点停留的时间比较短，大多游客只能对景点形成感性认识或一般了解，难以形成深层次的认识。也就是逗留时间短，流动性强，节奏较快。

3. 产品二次消费概率小

观光游览产品主要是针对旅游目的地的自然景观和人文景观设计的，对旅游者来说，他们来旅游目的地的主要目的是“求新、求异、求知”，他到达旅游目的地后，这种消费心理逐渐得到满足而淡化，这就使他再次来这个地方观光的积极性减弱。同时，绝大多数企业设计产品时，都会把旅游地所有的观光标志性景点全部安排，不给游客二次消费的潜在欲望。所以，对于观光旅游产品，旅游者一旦消费过，二次消费的可能性会明显降低。

4. 产品开发难度小

观光旅游产品是一种比较成熟的产品形态，也是消费量最大的产品，任何企业和旅游地对这类产品的设计与开发几乎都是轻车熟路，只要资源质量好，可进入性大，服务设施完善，就可以让旅游者在短期内领略旅游目的地的主要特色，可以比较成功地开发出观光产品。

5. 产品参与性弱

观光产品是市场中的惯例产品，绝大多数的企业和目的地在这类产品的开发中，已经形成通常所说的“常规行程”。在常规行程中，所有的旅游者只能按部就班地根据既定的线路进行被动式消费，基本上难以主动地参与到旅游行程的安排中。

（二）观光旅游产品设计思路

1. 从观光游览对象的价值性入手

旅游者在选择线路的时候，通常首先考虑景点的多少，其次考虑其他的因素。如果旅游者旅行社结束后觉得质价不符，就会对产品产生不良评价，他的不良评价还可能影响到很多潜在的消费者。所以，在设计观光产品的，要大胆打破常规的思维模式，一方面考虑游客要求物美价廉的心理，另一方面也要考虑产品内容的内在价值。只有积极推荐那些有深刻观光价值的游览对象，才会赢得消费者长期的认可。

2. 努力刺激消费者的二次消费欲望

除了在一件产品中把旅游目的地所有的标志性景点全部展现外，还可以考虑使产品具有一定的“回味”，即在展示众所周知的内容同时，对那些游客比较陌生的，不了解的景点进行展示或介绍，引起游客对它的向往，产生旅游动机，从而促使旅游者产生到旅游目的地进行第二次观光的愿望。

3. 加大参与性

在旅游项目与景点的选择上，充分考虑游客体验性；旅游服务的安排上同样强调参与互动性。如西部一些少数民族村寨的开发，可以设计具有参与性的自助打油茶、百家宴等活动。

二、度假旅游产品设计

度假旅游产品是指为了满足人们规避紧张、压抑的工作环境，改变单一枯燥的生活方式，组织旅游者前往环境优美的度假地或休闲场所短期居住并进行娱乐、休闲、健身、疗养等消遣性活动的一种产品类型。购买度假旅游产品的消费者主要是希望通过旅游放松自己，使自已能暂时从紧张的生活节奏中解脱出来。传统的度假旅游产品主要以“3S”旅游资源丰富的海滨修养形式为主，但目前度假旅游产品已经突破传统模式，出现了山地度假、森林度假、温泉度假、乡村度假等很多产品形式，而且它的范畴还在不断延伸。

（一）度假旅游产品的特点

1. 消费时间长

度假旅游者不像观光旅游者那样进行大范围的空间移动，他们通常会在某一个度假地停留比较长的时间，一般在一周以上。

2. 以近郊游或短线游为主

度假旅游者通常选择距离常住地不远的地区作为旅游目的地，也就是进行近郊游或短线游。当然，随着交通工具的进步，人们度假地距离会越来越远，这也是未来的一个趋势。

3. 产品消费水平相对较高

度假旅游产品对度假地的要求比较严格。一般的旅游度假区必须具备四个条件：环境质量好，区位条件优越，良好的住宿设施和健身娱乐设施，服务水平高。这样的综合条件使得度假区往往投资规模大，成本较高。同时，度假旅游者往往在一地停留时间长，对配套设施的需求和依赖增强。这也使得度假旅游产品的消费水平比一般旅游产品更高。

4. 涵盖内容较为单一

度假旅游者的出游目的主要是休息、放松。他们对景点的多少不敏感，甚至不希望在行程中安排过多的项目，只要为数不多、能代表旅游地品位的精华景区就可以满足他们的需要，他们更重视度假地的服务和配套设施。这种产品所涵盖的内容比较单一。

5. 重复消费概率大

度假旅游者的旅游动机往往始终保持着，只要有时间，经济允许，就会进行再次消费。所以，度假旅游者是典型的回头客，一定要为他们提供良好可靠的服务，争取回头客源。

6. 倡导人性化服务

度假旅游者的消费动机比较单纯，他们关注的不一定是产品的价格，但一定会关注服务质量，旅游者会更重视产品中的服务部分。

（二）度假旅游产品设计思路

1. 重视旅游目的地选择

一般应选择自然环境优美静谧，区位条件好，交通便利，具备良好住宿设施和健身娱乐设施，而且服务水平高的旅游地作为开发设计对象。

2. 精心挑选旅游活动项目

活动项目在度假旅游产品中的比重并不是很大，但它直接关系到旅游产品的丰富性。在度假旅游产品中，只要安排旅游地的部分标志性景点即可，不宜安排过多景点，要把度假产品和观光产品明确区分开来，注重产品的休闲性；为了丰富产品，还要开展一些具有地方特色的活动，调动游客的参与性，加强他们的深层体验。

3. 产品设计灵活多变

设计产品时应该因地制宜，根据消费者的度假时间合理进行安排，努力使产品在整体上丰满，而且要做到劳逸结合。

4. 产品设计标准高

旅游者购买度假旅游产品目的是得到放松、休闲，他们重视产品的服务和接待标准。所以在设计产品的时候，标准要高。要做到这一点，要求设计人员对旅游地的设施条件非常熟悉，并且能根据旅游者的要求进行组合，并把人性化服务的思想渗透在整个产品设计的过程中。

三、文化旅游产品设计

文化旅游产品是指旅游产品的提供者为旅游产品的消费者提供的以学习、研究考察游览国（地区）文化的一方面或诸方面为主要目的的旅游产品。如历史文化旅游、文学旅游、民俗文化旅游等。文化旅游是为充分挖掘和利用文化旅游资源而设计的旅游产品。文化旅游资源是人类过去和现在所创造的，能为旅游发展所利用的物质现象、精神表现等，包括历史文化旅游资源、民俗文化旅游资源、餐饮文化旅游资源、建筑文化旅游资源、宗教文化旅游资源、园林文化旅游资源等。人们对文化旅游产品的需求归根结底是由人们对异地或异质文化的求知和憧憬引发的。旅游者在选择能够满足各种需求和兴趣的文化旅游产品要素时，遵从的是一种介入特定文化环境后的休闲生活文化模式，因此要求旅游者应有文化感悟的指向和能力。

（一）文化旅游产品类型

根据旅游者的需求和消费指向，文化旅游产品可以分为五类。

1. 休闲型文化旅游产品

这类产品的功能是适应旅游者脱离原有“固定的”的生活环境和“程式化”生活方式的需求。

【案例 9.1】

北京的胡同文化旅游

北京胡同文化旅游，以其展示北京胡同的文化历史和京城百姓的民俗风情，受到海外游客的青睐。紫色车篷罩着黑亮的三轮车，蹬车的小伙子一色赭黄背心、黑灯笼裤、黑鞋、黑毡帽，随着叮叮当当的清脆的车铃声，载着外国游客的三轮车缓缓在鼓楼脚下的南、北官房胡同，大、小金丝胡同漫游。偶尔，停车下来走进四合院，看看普通居民的生活环境，饶有兴致地与房主交谈几句；登上鼓楼，俯瞰北京旧城区全貌；再来到恭王府，参观这个北京如今保存最完整的清代王府，了解过去达官贵人们的生活。对于外国人来说，具有几百年历史的胡同就是一个北京人生活的历史博物馆。一位美国记者撰文写道：“漫步走进北京的胡同，就像钻进一个时代文物的仓库，既看到了北京的过去，同时也看到了现代文明对这个城市的渗透。”一位英国作家说：“胡同文化旅游是我在北京七天里印象最深的一次活动。”芬兰旅行团领队安娜莉说：“胡同文化旅游是个非常好的主意，为游客提供了难得的机会去看北京普通人的生活，拉近了游客与北京市民的距离。”

休闲文化旅游产品可以针对休闲旅游者的情感特征，设计一些带有浓烈生活情调和艺术情调的浪漫主题产品，通过策划一些情景性和情节性的文化旅游活动，将旅游者引入剧情性的氛围之中，产生独特的心灵体验。

2. 奇异型文化旅游产品

这类文化旅游产品是满足旅游者对新鲜事物、特殊人文景观的兴趣，选择一些具体特例性的文化题材——奇风异俗、奇闻逸事、奇人异物进行展示。

【案例 9.2】

非洲重视发展特色旅游

非洲多个国家推出“奴隶之路”旅游项目，让游客了解数百年来非洲经历的殖民主义和奴隶贸易历史，迄今已吸引了数千万游客；另外多个非洲国家推出各具特色的民俗游，而且每年更新项目和内容，深受欢迎。黎巴嫩有100多个旅游团体负责接待参加不同特色的民俗游活动。此类活动多设于乡村僻壤，游客与当地居民食宿在一起，白天观光游览，晚上与居民一同唱歌跳舞，游客在当地的逗留时间可长达4～6天。在津巴布韦，近年来推出的在维多利亚瀑布下乘木筏子漂流、在灌木丛中支起帐篷野营、徒步旅行欣赏沿途的珍禽异兽等，均受游客欢迎。坦桑尼亚则发挥该国拥有众多野生动物的优势，早在几年前就设立了力士陪游公司，让身强力壮并且身怀绝技的导游陪同游客在深山野林观赏各种动物，并且绝无安全问题。

3. 修学文化旅游产品

修学文化旅游产品所选择的主题首先应有足够的吸引力，修学文化游产品应针对修学旅游者的学习需求设计，应具有学习效果上的速成性，各组成部分应具备现场观摩的情景案例特征，整个线路组合突出动态性衔接和主题渐进的要求。

【案例9.3】

中国旅游年中的青少年修学旅游

北京：汉语讲座；参观中国历史博物馆；参观二龙路或长安街、厂桥街道居民区；参观北京二中、八中或二十六中，听课，与中学生交流；与中学生座谈或进行体育友谊比赛；参观大学；友谊林植树；联欢晚会。

山东曲阜：举办有关儒家学说的讲座；选学中国历史、中国书法、中国民俗、中国民乐、中国画、中国武术、中医、中国烹饪；在大成殿祭祀孔子；品尝孔府家宴；游览孔林——世界上延时最久的家族墓地；参观孔子生平事迹展览；参观孔府珍宝文物展览；学习古代骑射；乘坐仿古马车旅游；举行孔子名言背诵比赛；在大成殿举办讲座结业仪式，颁发毕业证书。

4. 理想型文化旅游产品

旅游者的异地文化憧憬基于远距离的审美联想情感，这种距离不仅是地理上的，也是文化上的。单纯地理上的距离，在旅游者抵达目的地地理上的距离消失以后，距离性的审美情感就可能随之淡化或消失。所以，理想型文化旅游产品的关键是在文化距离所导致的文化旅游目的地的文化对旅游者而言的神秘感。能引发这种文化憧憬的文化旅游目的地不多，在我国，西藏可能是开发这类产品的“最后的乐土”，那片神秘的雪域高原及其以藏传佛教为基础的神秘文化能诱发旅游者无限的憧憬和遐想。西藏的一切都有神秘的色彩，看着转动的经筒或五体投地一步一拜的藏民，即使是不信神佛的人，也会在这浓厚的宗教气氛中萌生平和的心境，也会对歌中所唱的“为了那摇不断的虔诚”有更深切的体会。这是因为一种全然是心灵自身的生活毫无遮挡地呈现在你眼前，心与心的默契在喃喃的念经声中冉冉升起：远离都市，卸去疲惫，扔掉压力，只求身心舒展的真实感受。

5. 发展型文化旅游产品

按照新弗洛伊德主义的理论，人有五种特殊的需要——个体安全相同感的需要、个体隶属于社会感的需要、把低级的动物本性上升为具有创造性的人类的需要、与其同伴造成融洽关系的需要和求得稳定与一致的方向的需要。发展型文化旅游产品应既能拓展这些需要，又能满足旅游者突破和超越自我的需要。旅游者在旅途和文化旅游目的地接触、结识各种各样的人，通过扩大社会交际范围，检验自己的社会归属能力——与完全陌生的人建立友谊，通过自己的表现获得他人的尊重等。这类文化旅游产品的消费者还希望通过文化旅游考察，体验与自己的居住地不同的生活文化，增加新的阅历，形成新的思想，实现自己的精神价值。近年来，在国际文化旅游市场涌现的诸多另类文化旅游，如责任旅游、社会责任旅游、伦理旅行、部族旅游、人类学旅游、原始和偏僻性旅行、漂泊旅游等，都不同程度地体现了这一发展主题。

（二）文化旅游产品的设计思路

文化旅游产品开发设计要充分考虑文化旅游地的主题、文化形象设计、文化内容的确定和文化旅游的开发形式等，认真进行研究，精心策划，仔细组织，合理开发。

1. 结合旅游活动各环节，设计具有渐进式特征的旅游产品

在旅游活动过程中，好的食、住、行、游、购、娱、通信以及相应的服务道德与技能等，不仅能给予旅游者物质上的享受、身心上的愉悦，而且还有文化上的影响和知识上的启迪。湖北隋县出土的距今 2400 余年前的编钟，旅游者在欣赏它那激越、优美的乐曲之际，所得到的不仅是音乐的欣赏，而且会触发旅游者对影响中华文化良深的楚文化的钦佩之情，甚至由此推动研究中国古文化的强烈兴趣，使众多旅游者在这辉煌的文物古迹之前无不为中华文化之悠久、灿烂而感到惊奇和自豪。

2. 结合交流活动，创建出文化专题旅游产品

在一些文化交流活动中，为适应各种人的兴趣，扩大经营路子，提高经济效益，可以设计一些交流活动，从而达到开展专题文化旅游的目的。如 1983 年，上海在淀山湖畔首创中美风筝友谊比赛，请山东的同志参赛。山东的同志受到启发，次年起举办潍坊国际风筝友谊节，每年一届，盛况年胜一年，参与国与年俱增，风筝艺术也日趋多样化、现代化，提高了潍坊的知名度，吸引了众多的旅游者。这说明旅游地可借一些交流活动开创文化专题旅游项目。

3. 结合高新科技、艺术和趣味性，开发教育文化旅游产品

在文化传播上，立体化、声像化也成了较为明显的趋势，旅游地可以通过声、光、

电等可开辟新奇刺激的文化旅游活动项目。如日本电力馆，一进去就有连挂式的有轨电车，观众坐满列车，一按电钮，列车奔驰，借助声光技术，时而遇到“山洪暴发”“火山喷发”“恐龙袭击”；时而闯入深山峡谷，“洞穴尸堆”；忽而又沉入海底，游鱼扑面；忽而又飞上太空与皓月繁星为邻。人们全身心沉浸在欢畅的玩乐之中，却又不经意地接受了展馆主人所要达到的宣传目的。这是宣传、游乐、交流等交相辉映、融为一体的实例。

4. 结合历史史实或文化遗存开辟文化旅游场所，组织文化专题旅游活动

根据当地历史发展轨迹或者通过文脉分析，发掘当地文化主题或有特色的文化活动，组织文化专题旅游项目。如在苏州有一个戏曲博物馆，人们在其中可看到保存完好的清末门楼、古典戏台、厢房、亭阁和各种鼓乐器械及艺人群塑，看到昆剧史料陈列和“拆之可担”“合之成楼”的古艺人外出献艺用的活动舞台堂名担，看到鸳鸯厅红木奇椅、木雕花窗、室内戏台及雅致的陈设，使游人的整个心灵似乎立刻就沉醉在这浓郁的艺术气氛之中，再加上在鸳鸯厅中唱上一曲，使人们真情实感地体会了旧时中国富裕阶层的一种特殊的文化生活方式，给旅游者一种独特的艺术享受，独特的生活体验，一种异文化美的陶冶。

5. 结合旅游者对文娱活动的渴求和对异地文化冲动欲念，开发旅游文娱活动产品

旅游文娱产品可以说是以本国、本地区、本民族的传统文化艺术积累为基础的、具有独特艺术形式和感染力的精神产品。其形式多种多样，主要有旅游文化节庆活动、旅游文娱消遣活动、席间文艺演出等。旅游文化节庆活动，既可以视作是一种具有地方特色的旅游吸引物，又可以视作是一项颇具魅力的文娱活动。一项大型的、有地方特色的旅游节庆，不仅必然是一项富有特色的吸引物，而且在当地旅游产品中往往具有龙头的意义。这类产品由于深层次地发掘了当地的艺术水准而具有较大吸引力，加之精心组织的旅游接待工作，有助于在较高层次上树立当地的整体形象和旅游形象。旅游文娱消遣活动尽管规模气势上不如文化节庆，但可以持久地取得效益，如北京的老舍茶馆、西安的“秦俑魂”、罗马尼亚的“菲亚特婚礼”餐厅、丽江纳西古乐会等，已经被实践证明为较好的旅游文娱消遣活动项目。餐饮席间的文化娱乐活动，虽然带有餐饮助兴的性质，但本质上仍是一种文娱消遣，西安的唐乐舞、昆明的民族乐舞伴餐即是此类。

6. 结合发掘与研制特种工艺品和工艺美术纪念品，开发文化购物旅游产品

工艺美术制品，特别是那些堪称民族精品的特种工艺制品，是一个国家和民族几千年文化积累的物质反映，是文化载体的一种。以传统的工艺手法制作的反映传统和时代风貌的工艺制品，是一国、一地旅游业满足异国、异地旅游者享受异地文化、寻求美的愉悦的一个重要途径，也是潜意识增进异国、异地人了解本国、本地、本民族的一种生动形式。而且，可以通过工艺美术品的销售提高本国、本地区的知名度，弘扬本国、本地区的旅游文化，吸引更多旅游者前往。

四、生态旅游产品设计

生态旅游产品是以吸收自然和文化知识为取向，尽量减少对生态环境的不利影响，确保旅游资源的可持续利用，将生态环境保护与公众教育共同促进地方经济社会发展有机结合的旅游活动。

（一）生态旅游产品特征

1. 旅游吸引力强，前景广阔

生态旅游的兴起，使遭受严重污染的城市居民的心灵在大自然中得到沐浴，让自己的心沉浸在对前人与大自然和谐完美关系的怀恋中，从而使自己的精神融入人间天堂。

2. 生态环保性能优先

由于生态环境是不可替代、无法再生的宝贵资源，生态旅游的初衷是保护环境，因而保持环境完整性、和谐性、平衡性是生态旅游产品策划和开发的前提。与传统旅游产品相比，生态旅游对于自然环境的容量有较大的限制。限制标准是，生态旅游点最高客容量以不破坏生态系统平衡为目标。因此，产品的规模和容量受限以及六大要素的组合和建设方面一般小于观光型旅游产品。

3. 具有明显的知识含量，教育导向作用突出

能满足人们对生态环境的需求，同时教育人类认识自然生态系统，学会保护环境。生态旅游知识含量明显高于风光旅游，因为生态旅游根本目的之一，就是在自然环境中对游客进行生态认识和生态教育，偏重于对生态环境的管理与保护。这一切的完成，需要有丰富的知识基础，开发者对生态环境和绿色消费要有较深的认识。

（二）生态旅游产品设计要点

1. 坚持系统开发观，结合实际开发生态旅游产品

随着社会经济的发展，人们已经开始意识到生态旅游是一种系统性的行为，只有在自然生态系统和社会生态系统之间的循环系统中，才能产生真正高层次的生态旅游产品，所以生态旅游产品的开发需要进入一个更高的理性化的层次。在实际产品设计中，有些自然保护区物种齐全、品种繁多、生态价值极高，但可游性却不够，比较乏味，这是常遇到的情况。因此，在设计产品时，既要重视其生态方面的价值，又要重视其美学与文化方面的价值，实属不易。所以，应减少或避免为了提高可游度，在自然保护区内大搞人造景点，画蛇添足，适得其反的情况发生。

2. 科学规划与适应发展相结合

这是由生态旅游产品的特性决定的，有限的容量必然导致有限的开发，开发者的经济利益在一定程度上会受到限制。但是，保护环境—发展旅游—维系当地人民生活是生态旅游的本质特征。在策划生态旅游产品时，应遵守规划原则：保护第一，旅游

第二；环境第一，舒适方便第二；做到有限开发。生态旅游开发要有容量限制，必须防止太多人进入重点保护的景区；任何生态旅游区都应有人流量控制，防止生态环境的破坏与污染。积极开发节约型的绿色生态旅游产品，使旅游者与当地居民充分受益，积极发挥社会效益。

3. 以市场为导向开发生态旅游产品

生态旅游依赖于自然条件与生态环境，这是生态旅游的前提。但这并不意味生态旅游产品开发可以弃市场于不顾。我们可以基于生态旅游产品的多种形态，在这种良好的生态环境中，进行各种类型的旅游项目开发，如探险旅游、特种旅游等。设计者应在进行充分市场调查与分析后，将市场需求与客观条件相结合，在细分市场中寻求目标市场，制订出产品定位，强化生态旅游的不同核心利益，形成产品的特色与差异性。在重视环境保护的基础上，丰富生态旅游的内涵，壮大生态旅游产业，从而让生态成为最美丽的舞台，旅游来唱最精彩的戏。

4. 开发系列化的生态旅游产品

生态旅游产品开发应该形成系列产品，不仅在旅游的产品上体现生态系统，而且在服务设施建设上也必须体现环保与生态的原则。如深圳的青青世界生态园内，所有客房都用天然的木料，林间小路使用的是报废的火车枕木，许多地方装饰是废料回收再用，让游客真正置身于一个环保的世界。同时，可针对生态旅游产品静态性特征，适度策划出一系列动态、体验性的生态浪漫活动，丰富旅游产品内容。

5. 生态旅游开发应与乡村、林区开发相结合

生态旅游开发在一定条件下应将旅游区与林区、乡村开发结合为一体，把改善提高乡村、林区的环境、生活质量、文化素质、环保意识相结合起来，造就一个社会安定、经济发展、村民文明的旅游发展大环境，实现生态旅游与繁荣当地经济相结合的双赢收获。

6. 生态旅游开发应更好地满足人们求知与追求文明的内在要求

生态旅游开发不仅要注意有形的方面，还应注意无形方面，创造一个有利于生态旅游发展的人文环境。因而在开发生态旅游项目的同时，应教育居民与游客爱护环境、保护环境，制定一系列保护环境的法律、制度、村规民约。旅游业的发展，旅游者已不仅仅是观光的要求，越来越多的旅游者希望通过旅游能够获得一定的知识，拓宽自己的知识面，特别是自然、地理等方面的知识。我国具有丰富的生态旅游资源，河流、平原、溶洞、岛屿、湿地、森林、野生动物等都会使游客产生极大的兴趣。因此，旅游地可开发观光探险游，让游客自己通过观察、体验和研究获得丰富的知识，懂得旅游地的山川、草木、鸟兽、鱼虫是怎样在地质时期发生和进化而来的。

【案例 9.4】

鄂州市旅游产品设计

一、开发原则

（一）突出特色性和唯一性原则

旅游产品的特色性和唯一性取决于两个方面：一是鄂州市旅游资源禀赋的特色性和唯一性；二是鄂州市旅游项目创意策划的新颖性和独到性。

（二）突出产品形象和品牌化原则

鄂州市旅游发展的总体战略形象为开发旅游产品的战略原则，产品成为鄂州市旅游形象的重要载体。在开发旅游产品的同时，注重旅游品牌的建设。

（三）旅游精品工程原则

旅游产品工程是鄂州市旅游发展的战略工程之一，是鄂州市旅游合理开发、精心策划、精心设计和精心建设的产物，成为标志一个时期鄂州市旅游特色的旅游产品，是可持续旅游发展的重要内容。

（四）自然生态产品与文化生态产品高度结合原则

自然生态与文化生态产品的结合是现代生态旅游产品内涵的提升，可丰富旅游产品、创造旅游形象和重要的市场卖点。

（五）旅游感知和体验相结合原则

在体验经济时代，体验成为旅游产品新的时尚，也是旅游以消费者为中心，进行产品开发设计的重要思路和原则。

（六）重点旅游产品与产品多元化相结合原则

重点旅游产品是体现鄂州市战略形象的产品和战略功能的产品，也是鄂州市旅游发展和旅游市场建设的突破点。旅游产品的多元化是构建鄂州市旅游产品体系，满足多元化市场需求的重要策略。

二、旅游产品开发规划

（一）总体思路

以鄂州市“千年吴王故都”为战略形象的东吴文化、“襟江抱湖枕名山”的山水园林城市特征、“万顷梦幻水乡”的美好田园风光和“净土之源”的宗教遗产等为依托，将鄂州市建设成为以“千年吴王故都，万顷梦幻水乡”为产品形象的集观光、休闲、度假于一体，以都市与水乡相融合的休闲、度假旅游为主体，结合宗教、会议、商务、康复、保健旅游于一体的多层次旅游产品体系，构建鄂东休闲度假旅游胜地的战略功能。

（二）特色定位

鄂州市旅游产品的特色凝聚在 4 个方面：①“千年吴王故都”的东吴故都观光

旅游产品；②“襟江抱湖枕名山”的吴文化特色山水园林城市旅游产品；③“万顷梦幻水乡”的城市湖泊、山林湖泊与田园湖泊休闲度假旅游产品；④鄂东运动休闲度假地。

（三）市场卖点

鄂州市旅游产品虽然具有主导产品、拳头产品等多元化产品特征，但综合考虑鄂州市旅游发展的战略形象、战略功能和旅游产品特色定位，卖点有两个。

(1) 吴大帝与三国东吴文化。吴大帝与三国东吴文化是鄂州历史文脉的核心和文化旅游的内涵精髓，具有众多的历史遗迹、丰富的文物资源和历史故事与传说。

(2) 水上旅游与生态休闲度假。依托鄂州市与武汉市之间形成的区位优势和市场优势，以鄂州市“百湖之市，长寿之乡”反映的一流的生态环境为卖点开发的水上旅游、生态休闲度假旅游和乡村田园生态旅游。

（四）产品组合

鄂州市旅游产品组合就是根据鄂州市实际情况，确定鄂州市旅游产品中基本旅游产品和主导旅游产品的过程。基本旅游产品是反映鄂州市旅游产品中绝大多数产品所具有的共同特征，是构建鄂州市旅游产品的根本。主导旅游产品则是在基本旅游产品的基础上形成的具有特色性、代表性和主体市场功能的旅游产品。主导旅游产品又由拳头旅游产品和品牌产品组合而成。鄂州市旅游产品组合分为以下三个方面。

1. 基本旅游产品

湖泊、山林与故都构成的休闲度假观光旅游，是鄂州市“一城、两线、三片”旅游区总体布局形成的旅游产品共同特征，不同之处只是在休闲、度假、观光的内容和具体形式上有所区别。

“一城”：东吴故都是由西山—樊口—寒溪吴文化观光、滨江大道观光休闲、洋澜湖的休闲与度假、葛山城市山村公园的观光休闲旅游组成，是集观光、休闲、度假于一体的综合性旅游区。

“二线”：是集观光、休闲、度假旅游于一体的景观廊道旅游区。

“三片”：以梁子湖的湖岛休闲度假与观光旅游、鄂城区的山林度假与山林观光、华容区的体育休闲度假旅游为特色和主体的产品特征。

2. 拳头旅游产品

拳头旅游产品是在旅游产品中具有一定市场规模并被广泛公认的旅游产品，是一个阶段旅游收入的重点来源。鄂州市拳头旅游产品主要有：吴王故都观光休闲、度假旅游；吴文化山水园林城市休闲、度假、观光旅游；梦幻水乡休闲度假旅游；净土宗源宗教旅游。

3. 品牌旅游产品

品牌旅游产品是具有名牌效应，或可能成为鄂州市具有带动作用的吸引力的旅游产品。鄂州市的品牌产品有：吴王故都观光、休闲、度假旅游；湖泊岛屿与水上旅游；水乡生态旅游；田园休闲度假旅游。

三、旅游产品系列

旅游产品系列化开发是丰富和深化鄂州市旅游的重要措施，也是鄂州市形成多元化旅游产品的核心，是鄂州市开展故都观光湖滨休闲度假、水乡生态旅游、田园休闲度假、康复保健和运动休闲等专题旅游产品的基础。鄂州市旅游产品系列主要有主导产品系列、基本产品系列、专项旅游产品系列。主要产品系列类型如下。

1. 梦幻水乡休闲度假产品系列

其中包括：洋澜湖休闲度假旅游、葛山城市山林公园休闲度假旅游、麻羊垴山林休闲度假旅游、梁子湖（岛）休闲度假旅游、“山里人家”专项休闲度假旅游、“江东伊甸园”专项休闲度假旅游、红莲湖运动休闲度假旅游、沼山森林公园休闲度假旅游、旅游景村休闲度假旅游、滨江大道休闲度假旅游、三大观光农业园的休闲度假旅游。

2. 观光旅游产品系列

其中包括：吴王故都观光旅游、吴文化山水园林城市观光旅游、西山—樊口三国东吴文化观光旅游、武昌官遗址公园观光旅游、浪漫的洋澜湖观光旅游、白链山山林观光旅游、梁子湖湖泊风光观光旅游、九十里长港水上观光旅游、农业观光旅游、红莲湖滨湖观光旅游、鄂王城观光旅游、旅游景镇观光旅游、旅游景村观光旅游。

3. 民俗旅游产品系列

其中包括：鄂州捕鱼节旅游、西山庙会、葛山庙会、麻羊垴山庙会、白雉山庙会、梁子岛乡村民俗旅游、旅游景镇乡村民俗旅游、旅游景村乡村民俗旅游、旅游民俗户旅游。

4. 宗教文化旅游系列

其中包括：“净土宗源”的宗教朝圣旅游、道教文化旅游和朝拜、佛教文化旅游与朝拜。

5. 文物古迹考察旅游产品系列

其中包括：吴王故都文物考察旅游、楚文化文物古迹考察旅游、鄂王城文物古迹考察旅游、武圣关公文物古迹考察旅游、梁子岛瓦窑遗址游、西山名人寻踪游。

6. 生态旅游产品系列

其中包括：梁子岛生态旅游产品、林果大世界生态旅游产品、花卉大观园生态旅游产品、现代生态农业示范园旅游产品、葛山城市山林公园生态旅游产品、沼山森林公园游、麻羊垴森林生态旅游产品、山水园林城市生态旅游产品。

7. 革命传统教育产品系列

其中包括：麻羊垴抗日根据地旅游产品。

四、旅游线路设计

（一）旅游目的地线路

旅游目的地线路是将鄂州市作为旅游目的地而设计的旅游线路。作为旅游目的地，主要是面向武汉、鄂东城市群而开展的休闲度假观光旅游。主要线路有：

(1) 吴王故都1日游精品线路：西山—樊口—滨江大道—武昌宫遗址公园—洋澜湖。

(2) 洋澜湖休闲度假2日游（精品线路）：凤凰广场—凤凰台—滨江大道—江东伊甸园—莲花山—长江乐园—洋澜湖探幽。

(3) 梁子岛休闲度假2日游（精品线路）：江夏—梁子岛—长岭旅游码头—山岭旅游景村。

(4) 葛山城市山林公园1日游（精品线路）：泽林旅游集镇—葛山药用植物园—森林乐园。

(5) 白雉山山林观光1日游：泽林旅游集镇—白雉山。

(6) 麻羊垴山林度假2日游（精品线路）：鄂城—麻羊垴“山里人家”—天平山—黄龙水库—花马湖。

(7) 大和鄂王城1日游：沼山森林公园—鄂王城遗址—公友森林公园—旅游景村。

(8) 长港观光农业与田园风光1日游：樊口—林果大世界—杜山旅游集镇—花卉大观园—农业示范园—长岭码头和旅游景村。

(9) 红莲湖运动休闲度假2日游（精品线路）：武汉—岭庙旅游集镇—红莲湖—大学城—鸭儿湖。

（二）旅游过境线路

(1) 长江过境旅游线路：上海—南京—九江—鄂州—武汉—重庆。

(2) 三国东吴文化旅游专线：南京—镇江—九江—鄂州。

(3) 三团赤壁旅游线路：黄冈文赤壁—鄂州（西山）—武赤壁（赤壁市）。

(4) 鄂东旅游线路：武汉—鄂州—黄冈赤壁—大别山一黄石西晒山—磁湖—麻羊垴—梁子湖—江夏—武汉。

（三）区域旅游合作线路

(1) 鄂黄长江水路旅游线：文赤壁—樊口—鄂州市（滨江大道）—鄂黄大桥。

(2) 鄂州三国旅游线路：西山—樊口—滨江大道—鄂黄大桥—文赤壁。

(3) 梁子湖（岛）水上旅游线。

(4) 江夏—梁子湖往返水上旅游线。

(5) 鄂州—黄石旅游线路。

(6) 麻羊垴—花马湖—磁湖旅游。

思考题

1. 什么是旅游产品？它有哪些特点？

2. 旅游产品设计包括哪些内容？

3. 观光旅游、度假旅游、文化旅游产品分别有什么特点？在产品设计时应注意哪些问题？

4. 分组讨论，结合本章所学内容，为某旅游地进行旅游产品系列设计。

第十章　旅游设施规划

学习目标

通过本章学习，了解旅游地旅游住宿设施、旅游餐饮设施、旅游康乐设施、旅游解说系统等旅游服务设施和旅游基础设施的规划设计原理与方法。

关键词： 住宿设施　餐饮设施　康乐设施　旅游解说系统

第一节　旅游服务设施规划

一、旅游住宿设施规划

（一）旅游住宿设施的数量和档次可适度超前

一定的住宿设施是开展旅游接待的前提。旅游住宿设施的数量和档次适度超前于客源市场的需求是必要的，但不可过度超前。过度超前会造成大量设施的闲置，严重影响经济效益。在旅游发展规划中需要对规划期内的床位数做出预测，预测床位数的公式是：

$$床位数=\frac{全年住宿游客总人数\times人均停留天数}{全年可游览天数\times客户出租率}$$

全年住宿游客总人数不等于今年游客总人数。多数观光旅游地住宿游客占游客总人数的比例要通过调查确定。人均停留天数一般通过对过夜游客的抽样调查得出。全年可游览天数指除去严寒、酷暑、台风、暴雨等不适宜旅游的天数。但有些地方开展冰雪旅游后，严冬成了旅游旺季。因此，全年可游天数是可以改变和延长的。客房出租率以75％～85％为最佳点，但在测算客房数时以60％～65％计算较为妥帖。

（二）旅游住宿档次多层化，适合各种游客的不同消费水平

旅游住宿的消费档次一般分为高、中、低三个档次。在经济发达的大城市，高档指四星级和五星级饭店，中档指三星级饭店，低档指一星级和二星级饭店及未评定星级的涉外定点饭店。在经济欠发达的小城镇，三星级饭店就算高档，一星、二星级饭店属中档，社会旅馆和招待所为低档。

旅游发展规划要对一个地区旅游住宿设施高、中、低档的比例做出基本界定。一

般来说，在经济发达，以海外和国内大中城市客源为主的地区，应规划相当的高档饭店，较多的中档饭店。在经济欠发达，以国内中、小城市客源为主的地区，应以低档饭店为主，配以少量的中档饭店。

确定高、中、低档饭店的比例，首先应对本地区现有饭店的床位进行调查摸底，计算出现有床位高、中、低档的比例，并掌握它们目前的客房出租率，由此了解到现有饭店中哪个档次能满足市场需求，哪个档次的饭店不能满足市场需求。然后对本地目前和规划期内的客源的数量和消费档次进行分析和预测，由此测算出不同时期对不同档次饭店（一般以床位为单位）的需求量，作为对饭店建设进行宏观调控的依据。

（三）住宿的类型和功能多样化，适合各类游客的不同旅游需求

旅游住宿设施建设不仅要考虑档次与数量，还要考虑类型和功能。旅游住宿设施一般可分为商务或会议型、休闲度假型、保健疗养型和青年旅舍（为背包旅游者和青少年夏令营服务的经济客房）等，在设备配套上应各有特点。

在旅游发展规划中，要根据本地区游客的类型特点，针对不同的功能要求，提出不同功能饭店的需求量，作为饭店设计的依据。一般来说，在城市中心和商务地区，以商务或会议型为主；在市郊自然风光和环境优美的休憩旅游地，以休闲度假型为主；在温泉等康复旅游地，以保健疗养型为主。在一个较大范围的旅游区内，也可以分别安排几种类型的住宿设施，但要相对分离，尤其是高档度假区与大众旅游区，不要混杂在一起。

商务或会议型饭店及商务公寓需配备大小会议厅、商务中心、展览厅及完善的通信设备（传真、电子通信接口、同声传译等）和宴会厅，客房以中高档标准房为主。休闲度假型客房设计需配备家庭出游时的儿童托管和加床、简易厨房、冰箱、微波炉等设备，同时提供半成食品加工、娱乐用品出租等服务。如专供背包旅游者和青少年的夏令营地，则可设计双层床铺、集体盥洗和淋浴间等，也可配置露营帐篷。保健疗养型的客房设计需考虑老弱病残人的特殊需要，如无障碍通道、低台阶、卫生间内防滑、防跌装置等，并配备完善的医疗保健设施和护理人员。汽车旅馆要配备足够的停车场，住宿设备要简便、实用、卫生。

总之，旅游住宿设施要根据不同旅游者的需要突出不同的功能特点，改变各地普遍存在的不管接待对象，千篇一律的“标准间模式”。

（四）旅游住宿的区位布局既要相对均衡，又要有重点

在经济发达地区主要应提高现有旅游住宿设施的档次、改善功能和服务水平，增加国内家庭度假旅馆和青年旅馆；而经济欠发达地区则应适当新建一定数量的住宿设施，增加中档住宿设施，在一些省会城市和旅游重点城市，可适当增建高档住宿设施。

在省、市、县的各个区域范围内，在规划旅游住宿设施建设时，必须在全面调查客源流量和流向现状及其趋势的基础上，对它们的区位布局进行安排和调整。总的原

则是：①要有重点，在客流量大、过夜游客集中的地区，安排多一些、相对集中一些；②要注意相对均衡，在现有住宿设施缺乏的地区，也要根据现在和将来客源的流量安排适量的住宿设施；③要注意住宿档次和类型的合理搭配，已能满足需求的不再新建，不能满足需求的要新建，档次不够的或新建、或改造已有的使之升级。

（五）旅游住宿的建筑风格地方化、多样化，与自然环境和人文环境相融合

旅游住宿设施的建筑风格属于单体设计的范畴，在旅游发展规划中需要在总体上对住宿设施的功能、选址、规模、体量、高度、风格和质料提出设计的原则性要求。

住宿设施的建筑风格应具备以下要点：①要具有地方特色，与当地的传统建筑风格相协调。②要与饭店本身的功能相吻合，与饭店所在地的人文环境相一致。③要富于个性，成为当地独树一帜的建筑物。④要与周边的自然环境相融合，不破坏自然生态环境的和谐。有些具有民族和地方特色的住宿建筑，内部用具可运用现代设备，但装饰风格、外观式样和建筑材料需地方化。⑤要尽可能节省原材料和能源。特别是山地、草原地区的绿色度假住宿地，尽量使用风能、太阳能，自然采光，自然通风，使用循环水等。既减少经营成本，又保护资源和环境，符合旅游可持续发展的原则。

近年来，随着环保意识的强化而出现的绿色饭店、低碳饭店，值得在规划中提倡、推广。绿色饭店要求提高饭店经营者、服务者和旅游者的环保意识，提高设备、客房管理水平，节约能源、用水和用品消耗，实现清洁生产，改善饭店内外环境质量。具体措施有：配置能耗低、噪声小、有害废弃物少的设备用品，如绿色冰箱、节能灯、纯植物原料的香皂、无刺激性的洗浴液洗衣粉、无纸办公系统、可再生的购物袋、洗衣袋等；提供绿色食品，如供应不施化肥、不含激素的食品原料，不用受保护的野生动物做餐饮原料，妥善处置食物垃圾等；营造绿色环境，如饭店选址不破坏周围自然和人文环境，建筑材料符合环保要求，广设绿色植被、园林花卉、绿培和屋顶花园等；提倡绿色消费行为，如在客人自愿的原则下客房用品未必一天一换，减少洗涤剂排放和节约能源，回收和再利用废旧用品，建立禁烟客房、禁烟办公室和会议室等。

（六）旅游住宿建设投资多元化

随着改革的深入，旅游住宿设施的建设投资逐步走向多元化。国有、外资、港澳台资、合资、合作、股份制、私人等多种投资渠道逐步拓宽，形成旅游住宿业多种所有制经济成分并存，竞争、互补和融合的局面。

家庭旅馆，特别是农民旅馆的出现，是我国旅游业向纵深拓展的一个标志，也是中国农民的一大创造。大中城市郊区或周边地区的农村山区，近年来成为城市居民周末和节日纷纷举家外出的旅游地。一些滨海地区、避暑山区和少数民族地区，旅游旺季游人如云。这些地方的旅游饭店供不应求，有的价格较高，不少国内游客承受不起，家庭旅馆应运而生。开始时是农民自发把空余房腾出接待游客，后来逐步改造、完善，

成为经当地旅游局批准、工商局注册的定点旅馆。在少数民族地区，这些旅游接待点还为游客表演民族歌舞，供应风味餐饮。这些亦农亦旅的旅游接待点，农忙时务农，旅游旺季时接待游客。有客时接待，无客时务农，不存在饭店宾馆旅游淡季设备和职员闲置问题。这种家庭旅馆正在向中小城镇发展。此类因地制宜、简易爽活的家庭旅馆，既充分利用了人力和设备，又满足了一部分低消费旅游者的需要，编制旅游规划时应予以充分考虑。

（七）旅游住宿服务标准化和个性化相结合

旅游规划既要对旅游住宿的设施设备进行规划，也要对服务接待要求加以规范。国家旅游局制定、国家标准化委员会颁布的《星级饭店服务质量标准》对各个星级旅游饭店的硬件和软件作出了规定，是旅游住宿服务标准的具体化。星级饭店必须严格执行，非星级饭店也可参照这个国家标准的规定，制订服务规范。

旅游住宿设施的标准化服务是保证服务质量的基础，在此基础上应向个性化服务提高。客人中有些人对食宿有特殊要求或嗜好，如宗教徒、老弱病残者、儿童等，或有些客人有临时要求，在合理和可能的条件下应尽力给予满足。近年来出现的钟点房出租形式，宾馆餐饮外售或送餐，高档宾馆为某些客人提供文秘服务、托儿服务、委托代办、客房布置家庭化等，都是个性化服务的积极探索。标准化与个性化的结合，是旅游服务向高质量提升的趋势。

二、旅游餐饮设施规划

餐饮是旅游过程中重要的内容，也是旅游收入的主要来源之一，还是塑造旅游形象的重要方面。我国各地的饮食文化相当丰富，对国内外游客有着非常大的吸引力。而且随着旅游业的发展，人们的饮食层次和需要也在改变，已经由基础层次（佳肴品尝）向发展层次（饮食医疗保健）和享受层次（饮食文化旅游）逐步演变。旅游饮食文化开发和餐饮设施的建设有助于丰富旅游活动的内容，提高旅游品位和促进旅游业发展，旅游餐饮设施规划是旅游设施体系规划的重要组成部分之一。

（一）旅游餐饮设施的类型

1. 独立的餐饮设施

独立的餐饮设施主要针对附属于宾馆的餐饮设施而言。它的主要特点包括：建筑占地面积大，如大型的餐饮设施往往建筑面积在1500平方米以上，一般的也要几百平方米；内容复杂，除了公共部分外，还有生产、储存、杂物、锅炉等，常常不易与风景景观取得协调；游人集中，在就餐时间里，往往游人很多，形成热闹的聚集中心，往往会带来公害，如果处理不好，会导致烟雾、垃圾、污水等污染。

2. 附属的餐饮设施

酒店常附设一些餐饮设施，这些餐饮设施往往也是酒店重要的收入来源。在国外酒店中，餐饮服务的营业收入常常占整个酒店收入的50%左右。酒店附设的餐饮设施主要有形式多样的餐厅，如中餐厅、西餐厅、野味餐厅、自助餐厅等，还有酒吧、咖啡厅、音乐茶座等。

（二）旅游餐饮设施的选址与组织形式

1. 作为单独的旅游吸引物

在旅游业开发中，饮食既可以作为旅游接待的一部分，也可以作为一种重要的旅游吸引物来单独开发。特别是在城市周边地区，特色餐饮往往是吸引游客的重要手段。如20世纪90年代初，海南的火山口羊肉火锅等野餐营地就是一个很出色的例子。

2. 设置在较大的城镇中

旅游业是季节性比较强的行业，特别是观光旅游区。如果餐饮设施完全按照旅游线路建设，不可避免地就会出现旅游区内的大量餐馆，而这些餐馆在淡季可能出现大量闲置，同时也会使景区环境遭到破坏。所以应把旅游餐饮设施建设在城镇地区，这样不仅可以避免或减轻可能出现的环境污染问题，也可以使这些餐饮设施在淡季的时候为当地人服务，提高餐饮设施的利用率。

3. 在旅途中设置饮食零售点

在旅游过程中，根据旅途需要，可以在旅游区设置一些自助性质的饮食零售点。考虑到环保的要求，一般在旅游区内不适合售卖一次性塑料饭盒的快餐，也不适合卖含塑料包装的食品。同时，在旅游区也不适合设置流动食品销售站，因为游客可能随意丢弃垃圾，造成污染并产生清除垃圾的费用。所以应该在旅游者比较集中的地方，设置集中的餐饮服务点。销售的食品以快餐为主，在考虑卫生条件的同时，也应该考虑环保的需要，使用环保材料，同时提醒游客不要乱扔垃圾。

（三）旅游餐饮设施规划注意问题

1. 布局与服务功能要根据游程需要安排

餐饮提供的物品要符合旅游者的行为方式和需求类型，如在旅游线路中可以适当安排茶座、点心等小型游憩型餐饮设施，在旅游线路中途安排主食对旅游者的精力予以适当的补充等。

2. 容量有一定弹性，使用上具有多功能性

由于旅游活动具有一定的时间性和季节性，旅游餐饮所接待的客人也必然呈现季节之间的波动性。除了旅游淡旺季游客数量的多少之外，即使在一天当中，也存在用餐人数的集中时段。这就要求餐饮设施能做到人多的时候不拥挤，而人少的时候不显得空荡。要达到这个要求，就需要在使用上有多功能性。如用餐时间作餐厅，平时供应饮料，还可以利用餐饮设施举办一些文娱活动等。在规划设计时，要使室内空间和室外空间有机结合、相互渗透，既有艺术性处理，还有实用功能，如除了既有的室内餐厅，还可以设置一些半敞开的散座，分布在走廊、平台、庭院里，各得其所。

3. 造型新颖，别具一格

从外观上看起来，餐饮设施应成为景区的一个有机组成部分；从餐饮设施里面向外看，要有良好的视野，餐厅本身也是一个好的观景场所。建筑造型及内部装潢应充分考虑景区特点，力求新颖、美观，如具有特色的地方民居形式吊脚楼、竹木构架等皆可借鉴。

三、旅游康乐设施规划

康乐活动是指非工作性的、能使人在轻松的气氛中益智健身的活动。而康乐设施是为满足人们康乐需求、进行康乐活动而兴建的建筑、设置的设备等综合体。康乐活动是旅游活动的必要组成部分，在旅游规划与开发中常常要考虑到旅游者的康乐活动需要，对康乐设施进行布局规划。

（一）康乐设施的种类与特点

1. 康乐设施的种类

康乐设施的种类很多，可能涉及体育、文艺、保健、艺术等许多方面，大体上来说包括如下几类：

（1）歌舞类：歌舞厅、KTV等。

（2）体育健身类：球类运动场所（网球、台球、乒乓球）、健身房等。

（3）游戏类：棋牌室、游戏厅等。

（4）知识类：影视中心、阅览室等。

（5）附属类：网吧、茶馆、咖啡馆、酒吧等。

2. 康乐设施的特点

（1）康乐设施往往初期投资大，经营成本小。

在康乐设施的筹建与兴建阶段，往往要进行场馆建设、康乐设施采购等工作，投入资金比较大。而一旦正式开业后，主要提供的是服务，运行成本主要是人工费、水电费等，相对来说经营成本较低。

（2）康乐设施的经营特别依赖于工程、维修力量。

由于康乐活动必须依靠各种专业的设施才能实现，所以在康乐设施建设和运行中要有一支技术精良、随叫随到的设备维修保养队伍，以便能较高质量地为消费者提供服务。

（3）康乐设施的建设具有较大风险性。

康乐设施建设的风险性主要体现在：①康乐活动是人们满足了基本生活需求以后才有的高级活动形式之一，市场需求很不稳定。个人收入水平、兴趣的变化，乃至世界、国家、地区的经济、政治、文化环境的变化，都会影响到康乐需求的变化，必须花大力气引导和说服消费者把可自由支配的收入和时间用在康乐活动上。②康乐市场竞争激烈，项目的新旧、企业规模的大小、经营手法等都会给康乐企业带来挑战。

③康乐设施建设与运行处于国家有关政策的敏感区域。因为流行的康乐活动方式对一个地方的传统文化、社会风气、精神文明建设等有重要影响，所以政府对康乐活动非常重视，往往指定多个职能部门从各个角度进行专业管理。④康乐产品质量评价标准难以把握，产品的价值具有不可感知性，管理难度大。

（二）康乐设施规划

一般而言，旅游康乐实施规划应注重以下几个原则。

1. 恰当选择主题

旅游康乐活动的类型众多，如何选择恰当的、适合景区或企业的康乐活动类型，是旅游康乐设施规划中的重要问题。众所周知，旅游康乐项目投入较高，同时又具有高度激烈的竞争，所以，对康乐主题和类型的选择，关系到项目投资的成败。在选择康乐活动主题的时候要注意主题的独特性、康乐项目的主题与旅游区主题形象的一致性。只有康乐项目与整个旅游大环境相结合、相适应，才能吸引旅游者的目光，也只有具有特色的康乐项目才能让旅游者感受到异质文化的魅力。

2. 合理空间分布

旅游康乐项目是旅游区的辅助部分，应该成为旅游者游憩活动的有益补充。但是不同类型的康乐项目有其特定的目标市场，在旅游地规划的时候不可能把所有的康乐设施都集中在一处，这样既不经济也不现实。在旅游康乐设施的选址上，应该根据不同类型的设施和不同的旅游线路安排来综合决定。一般而言，在度假型旅游地，旅游者住地应设置一些歌舞类艺术表演或游戏类的康乐设施；而对于商务型的旅游地，应该侧重于规划清净的附属类旅游康乐项目，如酒吧、咖啡屋等；一般旅游区内可以适当设置一些体育型的康乐设施，如骑马、打球等。

四、旅游解说系统规划

（一）旅游解说系统的含义与功能

旅游解说系统是指运用某种媒体和表达方式，使特定信息传播到旅游者中间，帮助其了解相关事物的性质和特点。

旅游解说系统的主要功能包括：①向旅游者提供基本信息的导向服务。以简单的、多样的方式向旅游者提供服务方面的信息，使旅游者获得安全、愉快的享受。②帮助旅游者了解并欣赏旅游区的资源及其价值。向旅游者提供多种解说服务，可以让他更深入地了解旅游区地资源，了解相关地资讯和政策，使他们的旅程更有收获。③加强旅游资源和设施地保护。通过解说系统的提示和帮助信息，使旅游者在接触和享受旅游区资源地同时，能做到不对资源和设施造成过度利用和破坏。④提高游憩技能。向旅游者提供各种实践活动，在解说系统地帮助下，鼓励游客参与各种活动，提高游憩技能，如登山、滑雪等。⑤教育功能。向有兴趣的旅游者和教育机构提供必要地解说服务，使他们对旅游地资源和资源的科学、艺术价值有比较深刻的理解，充分显示旅游地户外教育功能。

（二）旅游解说系统的类型

1. 向导式解说

向导式解说也称导游解说服务。它以具有能动性的专门的导游人员向旅游者进行主动的、动态的信息传导。导游的工作包括：信息咨询、导游活动、现场解说等。它最大的特点就是双向沟通，能够回答游客提出的各种问题，可以因人而异地提供个性化服务。导游采用一些艺术性的、有感染力的解说方式，可以加强信息传播的效率。同时，由于导游一般掌握了比较多的专业知识，向导式解说系统的信息量一般非常丰富。但它的可靠性和准确性不确定，这要由导游的素质决定。

2. 自导式解说

自导式解说是由书面材料、标准公共信息图形符号、语音等无生命的设施设备向游客提供静态的、被动的信息服务。它的形式多样，包括影音设备、书面材料、室内展览、游客中心等。其中标志牌是最主要的表达方式。旅游区的标志，分为行政管理标志、方向标志、限制标志、解说标志等。

由于受到篇幅限制，自导式解说系统提供的信息量有一定限度。从另一角度看，正是由于这种限制，自导式解说系统的内容一般都经过精心挑选和设计，具有较强的科学性和权威性。旅游者获取自导式解说系统提供的信息没有时间上的限制，他们可以根据自己的爱好、兴趣和体力，自由决定获取信息的时间长短和深入程度。

（三）区域解说系统的规划

就一个具体旅游区域来说，旅游解说系统规划可以在空间范围上分为以下几方面内容。

1. 交通导引解说系统

现代城市是旅游目的地系统中重要的一环，随着立体交通的发展，城市道路交通变得错综复杂而且快速繁忙，如果没有良好的交通导引系统，要实现交通通畅是不可能的。而在人口密度比较小的自然风景区，旅游者对当地的交通环境非常陌生，如果没有良好的交通导引系统帮助他们，就会迷失方向。所以城市和旅游区都有必要设置完善的交通导引系统。

香港在城市交通导引系统方面就做得很成功。在城市道路两侧，路面都设有明显的导示标志或者中英文说明。除了规范公众信息提示外，其他路口提醒、地铁无人售票的使用说明、乡野地区木制路牌等，也都从公众和游客角度出发设计，连香港的中文大学校园内巴士服务都有详细的车次通告牌。

2. 接待设施和物业管理中的解说系统

该系统包括旅游者入住和到访的各类宾馆、餐饮设施、旅游购物场所等的解说系

统。香港、北京两地的调查表明，宾馆、购物场所的解说系统都比较完善，但在物业管理方面两地差距还是存在的。如香港的物业管理公司设置了很多诸如“此地区有警犬巡逻”“小心看管你的财物”“私宅外人勿入”等提示；同时对附设设施的使用方法、位置、预订等配置了详细的说明。

3. 景区解说系统

景区解说系统一般由两部分组成。一个是软件部分，包括导游员、解说员、咨询服务等；另一个是硬件部分，包括导游图、导游画册、指示牌、录像带、幻灯片、语音解说等。

4. 旅游信息服务中心

建立信息服务设施的意义在于欢迎旅游者，丰富旅游者的经历，为旅游者提供信息，以延长旅游者的停留时间。旅游信息服务设施规划基本原则是：大多数游客很容易找到信息服务中设施，要有明显的易于辨认的统一标志；信息服务设施位置具有吸引力，反映当地特色；要有足够的展示空间和存储空间。

旅游信息服务设施可以设置在交通中心如火车站、汽车站、机场、轮船码头；城市公共空间与大型公共设施如广场、商业区、博物馆、展览中心等；主要旅游景点；饭店、度假村等地。旅游信息服务设施应向旅游者提供以下信息内容：有关城市的景点、自然资源、各类活动、重大事件、工厂企业、购物娱乐场所的手册和传单；文化相娱乐活动时间表地方导游手册；有关主要道路、偏僻道路、自行车旅游线路、步行道路和走访遗迹的旅游线路的地图；有关健康和车辆等紧急服务的信息；景点开放及旅游活动、重大事件的时间表；有关该地区文化遗产和自然历史的展览和展示；气候、道路交通情况；游程安排建议（根据各种特别兴趣而设计安排）；地方艺术、工艺品和其他特产的展示；有关该地区的录像、翻译服务。

第二节 旅游基础设施规划

一、旅游交通规划

交通是发展旅游的前提，目前全球旅游的蓬勃发展，和当代旅游交通的改进息息相关。旅游交通的类型和技术状况很大程度上决定了旅游的容量、流量、细分市场、价值等特征。在旅游发展规划中，交通设施建设是旅游基础设施建设中的重头戏，是旅游开发建设的先导环节之一。

（一）旅游交通的特点

旅游交通作为交通的一种形式，既有与一般交通运输相同的特点，同时又作为一个相对独立的产业具有自己的特点。

1. 游览性

旅游交通具有明显的游览性。首先，旅游交通客运一般指在旅游客源地与目的地之间进行直达运输，在若干旅游地之间进行环形运输，使游客能够在最短的时间内到达旅游目的地。在一次旅游过程中游客常常要经过较多的旅游目的地，为尽量避免走回头路，从而实现旅速游慢、旅短游长的目的旅游交通的完善必不可少。其次，旅游交通线路特别是公路和水运线路一般连接若干旅游景区，或经过风景特色浓郁的地区，所以旅游车船应大多有宽大玻璃窗和调节座椅，以便游客在旅游过程中集中参加多项游览活动，领略沿途美景。最后，旅游交通工具要富有特色，如具有传奇色彩的东方列车、具有民族特色的羊皮筏、具有现代特征的水翼船等。这些交通工具本身对旅游者具有极大的吸引力，能够满足游客求新、求奇、求异的心理需求。

2. 区域性

旅游交通路线是根据旅游者的流向、流量、流时、流速等因素，集中分布在旅游客源地与目的地之间，以及旅游目的地内各旅游集散、居留、餐饮、游览、购物、娱乐等场所之间，具有明显的区域性。旅游者首先从各个旅游客源地集中流向旅游目的地的口岸城市或中心旅游城市，然后向其他旅游城市和旅游区分流。外部旅游交通，称为大交通，是指旅游客源地与目的地之间的交通，决定旅游者可以进入旅游目的地的总量，对旅游业的发展具有重要的战略意义。内部旅游交通，称为小交通，决定着能否保持旅游交通热、温、冷线旅游客运量的相对均衡，保证旅游者在旅游地内正常流动和分流，对旅游业的发展具有重要现实意义。只有外部、内部交通有机结合，构成便利的旅游交通体系，才能保证旅游者进得来、散得开、出得去，推动旅游业持续稳定地发展。

3. 舒适性

旅游交通应特别注意舒适性。旅游列车在车厢设施、服务项目和质量、乘客定员等多方面应该优于一般列车。旅游车船公司中使用的交通工具，也多以带空调、音响的豪华型车船为主。旅游者在预订航空交通工具时，也往往选择既舒适又安全的大中型喷气式客机。当今豪华旅游交通工具中当首推巨型远洋游船，一般在七万吨级左右，拥有星级客房、风味餐厅、购物中心和各类康乐设施。

4. 季节性

一年之中乃至一天之内，旅游交通客运随着季节和时间的推移而发生明显、有规律的变化，具有较强的季节性。旅游旺季、节假日期间，旅游交通客运量骤然增加；旅游淡季期间，客运量急剧减少。不同国家、地区、城市和景区的季节性也不尽相同。如中国多数旅游地五月、九月、十月为旅游交通旺季，而英国为七月、八月、九月三个月。旅游交通的季节性，往往导致旅游旺季和高峰时间交通运力紧张，旅游淡季和低谷时间旅游交通运力浪费。国际上通行的解决办法是实行季节差价，在旺季和高峰

时间通过提高票价适当限制客流量，而在淡季和低谷时间通过降低票价刺激客流量增加，以便保持旅游交通客运量在全年各个季节和时间的相对稳定性。

（二）旅游交通设施规划的原则

1. 满足旅游业发展的需要

随着旅游资源的开发、旅游地的建设、旅游地知名度的提高，客流量必然会有一定程度的增长，这就促使交通运输必须适应旅游业发展的需要。在一些相对落后的地区，常常有这么一句话："要想富，先修路"。旅游业的发展更是如此，有了较好的旅游通达性，旅游地才会有较好的发展。

2. 因地制宜，保护旅游资源

在旅游交通建设过程中，要根据旅游地的自然地势而定，这样做可以节省资金的投入，也可以减少对自然环境的破坏。旅游交通在施工过程中还应该尽量避免破坏旅游景观，使交通既达到通、达、迅等目的，又有利于旅游资源的保护。

3. 尽量利用已有设施

在旅游地开发过程中，需要投资的方面很多，如果专为某一旅游景区或景点修一条铁路、一条公路、一个机场，其投资额必然增大，而且从投资收益角度分析也是不合算的。所以在规划中，尽可能使用原有的交通设施。

4. 新建交通线路应尽量一线多点

在旅游交通线路规划时，尽量考虑一条新修的交通干线连接多处旅游景区。一是因为交通建设的投入比较大；二是因为一条路连接多个景区也有利于旅游的组织，可以达到行短游长或形成多个旅游高潮的目的。

（三）旅游交通设施规划的基本内容

旅游对旅游交通的总体要求是高效、畅通、安全、舒适、快捷、经济、便利等。旅游交通规划大致可以分为对外交通和对内交通两部分。

1. 对外交通设施规划的要求和内容

对外交通包括两个部分，即区域性交通和进入性旅游地交通。区域性交通主要是国际旅游者和国内远途旅游者进入旅游地交通枢纽城镇的交通，包括公路和汽车站、铁路客运线和火车客运站、水路航运线和码头、空运航线与机场设施等。区域性交通由于绝大部分位于旅游地范围之外，其交通规划主要局限于区域规划。进入旅游地交通主要指远途旅游者经过靠近旅游地的城镇或旅游地交通枢纽城镇进入旅游景区接待中心的交通。旅游活动对旅游对外交通规划的基本要求是内外交通要衔接紧密、中转方便、设备充足、舒适。

空中旅游交通建设包括航空交通线、飞机和机场建设三个组成部分。机场建设是这三个部门中最需要优先考虑和关注的。在区域旅游发展规划中，应从本地国内外游客的现状、来源、民航游客在总人数中所占的份额等方面来考虑是否建设新机场。一般情况下，在已有机场四五百千米内，不宜再建新机场。已有机场的，考虑增开通往主要客源城市的航线；在旅游旺季，还可以考虑旅游包机业务；在重要旅游区，也可以开辟中短距离的旅游专机航班。

铁路旅游交通建设包括铁道、机车车辆和铁路车站三个部分。在旅游规划与开发中，铁路建设和线路开通是重点内容。应该根据现有的铁路设施，规划和开发这些铁路沿线的旅游景区。同时旅游部门和铁路部门也应该开展合作，争取开通更多、更舒适安全的旅游专列，或者在旅游旺季和节假日加挂旅游车厢。旅游专列最好是夕发朝至。

公路旅游交通建设包括公路、汽车车辆和停车场地三个部分。公路的修建和旅游景区的停车场是重点考虑内容。旅游部门要和公路部门配合，争取建设一些直达或停靠旅游景区的高等级公路，尤其是高速公路，缩短客源地和目的地之间的时间距离，促进旅游规模，尤其是国内旅游的规模。

2. 对内交通设施规划的内容和要求

对内交通主要指旅游地中心城镇或接待中心与景区、景点之间的交通。对内交通主要由汽车来解决，也包括游船、缆车、人力车、畜力车、电瓶车等运载工具。

车型道路要求路面平整，符合行车的技术标准，不破坏自然景观、植物、水系。为保证景区的安静、安全与组景的意境，车行道路不必完全通到景区入口，应该相隔一定距离设置停车场，游人下车后步行一段，才能进入景区景点。

步行道路包括步行小径、登山石阶等。在开辟时要随景制宜，随地势曲折起伏铺设。在危险处需设置与环境相协调的安全护栏，在陡峭处要安装扶手，以供行人借力攀登。有大量游人通过的小路应注意高峰时可以有互相避让的宽度，最好能在附近设有供往返两路的复道，并且在道路设计时要考虑形成环线或半环线，尽量不走重复的回头路。

客运索道是一种垂直交通工具，运量小，设备昂贵，对坡度和高度有一定的限制。对建立客运索道一直有争议。支持者认为：索道的建设可以节省游览时间，扩大客流量，也可以使老弱病残、外国游客、时间不充裕的旅游者迅速地到达山顶，还可以使游客当天下山，解决旺季山上食宿紧张的问题；另外，可以充分开发淡季旅游，特别是冬季旅游。而反对者认为：索道的修建必然要建铁塔，立支架，开山炸石，砍伐树木，破坏当地的景观；我国许多旅游地还出于初创阶段，游客增长很快，各种旅游接待设施与基础设施缺口很大，应该把有限的资金用在更需要的项目上；原来设想的分流游客的作用没有任何效果，反而把原来分散在山路上的游客集中到了山顶，使山顶更拥挤；许多原有的沿途风景因为索道失去了游客，资源价值大打折扣。因此，对要不要修建索道这个问题，应该由多方面的专家反复论证。如果确实有必要修建，要选择国内外好的索道设计单位和生产单位；选线要避开传统的步行登山道路，保证道路两边的自然景观、文物古迹不受破坏；在建造过程中，要大量使用新技术和新工艺，减少对自然环境的破坏。

在一些有较大水域或长距离江河的旅游地中，需要重点开辟水上游览线，比如长江、太湖等。在一些比较偏远的地方或者地貌很复杂的地方，还可以考虑直升机等。在一些山地也可以考虑使用登山火车，比如瑞士阿尔卑斯山就有这种以齿轮作为传动装置的登山火车。

二、给水设施规划

旅游地的给水规划应根据总体规划中游览区、接待区、生活区、生产区、加工区统一安排的原则，确定给水力案。给水规划的主要任务是估算用水量、选择水源、确定供水点、布置给水管道、满足游人和居民的用水需求。旅游地用水的水质标准符合国家生活饮用水的标准。

旅游地的给水工程有其独特性，与城市给水差别较大，主要表现为：用水区分散。大的旅游地往往分散到数十数百平方千米范围；淡旺季用水量波动性很大；水资源缺乏且用水标准较高；地形复杂，工程量大。

城镇型旅游地的给水应与城镇的给水工程相衔接，尽量减少工程设施的建设。旅游地给水首先要找到水源地。水源地的选择应先从旅游地内部入手，因山就势，建立高位水库、蓄水池等，利用重力供水，还可以选择地下水丰富的地方作为水源地。

给水管网的布置应根据旅游地用水特征，采取如下措施：针对用水源分散的特点，可采用分区、分居、就近供水的原则，布置给水管网；对于用水量集中的旅游接待中心、居民区、生产加工区等，可以设立水厂；对于水资源缺乏的地段，避免设置用水量大的设施；管网应尽量布置在整个给水区域，这样无论正常工作或局部管网发生故障，都能保障不断供水；干管沿规划道路隐蔽布置，管线符合管线综合设计的要求。为了保证水量、水质，在水源地上游以及汇水区，应停止开采矿石、毁林伐木、放牧垦殖、房屋建设等活动，并注意营造水源涵养林，不宜在上游布置接待生活设施。

三、排水排污设施规划

排水排污规划目的是为了保证旅游地的环境卫生，保护旅游资源及生态平衡，保护游人和居民的健康。排水、排污是排放自然降水、污水和固体垃圾，其任务是估算各规划期的雨水、污水和固体垃圾的排放量，研究排放和处理方法，研究污水和垃圾综合利用的可能性，布局排水管网等。

排水既可采用合流制，也可采用雨污分流制。由于工业污水和生活污水对环境的污染日趋严重，一般都采用雨污分流排放制。其规划步骤如下：污水量预测，按实际用水量的80%～85%来计算，或工业污水和生活污水分别计算；污水管网规划，根据地形和水网划分排水区域，确立排污管走向、断面、泵站位置；污水处理厂设置，一般选择距城镇、旅游地一定距离的河流下游。此外，雨水排放按暴雨强度公式估算排水量，设计排水管网，就近排入河道。

污水的排放量跟生活用水量定额基本相同，一般采用降水和污水分流排放制。降水排放采取散水、蓄水并重，综合治理的原则。降水就近用明渠方式排入河沟溪涧，或进行截流蓄水，使降水能够被科学地利用，补偿水源和用作灌溉。在许多旅游地内，降水往往是旅游资源的重要组成部分，如瀑布、漂流、溪流、水库、湖泊等都离不开水，应很好地利用和保护。

旅游地的污水排放因地形复杂，排放点分散，常采用就近处理后排放的方法，有条件的地方还可以将处理后的污水用来灌溉农田、果园、苗圃、林木等。污水排放量大的单位，可以单独或联合建设污水处理设施，经集中处理后排放。旅游地的污水处理有三级处理方式，一般要求达到二级处理，少数要求达到三级处理。排污管道可采用明渠和暗渠相结合的方式。

旅游地的垃圾来源于生活、生产和游客。生活、生产可以通过规划、管理，控制垃圾的排放，而游客产生的垃圾分散，比较难以控制。旅游地的垃圾要有专门的垃圾桶，安放在游览线上和游客集中的地方，并派专人管理，定期收集排除，并鼓励游客自己带出垃圾，创造良好的风气。

旅游地的厕所是一个不容忽视的问题。一般在接待设施中，结合建筑设置水厕。在各景区和游览路线上都需要适当建立水厕，北方干旱地区可建旱厕。应利用新技术，多建一些生态厕所、免冲厕所等。

四、电力设施规划

电力是国民经济的动力能，是一种清洁的二次能源，便于传输、转化和控制。电力规划应以大区域的供电系统为基础，结合本区电源和电网现状、用电量和用电负荷结构，根据经济社会发展和旅游活动对用电量的需求，制订出电力系统规划。电力规划的基本任务是确定电源、布置电力网，决定电力网的电压等级，电厂、变电所和配电所的位置、容量，电力网的走向，电力负荷等。

旅游地的电力设施规划要保证景区各部门用电增长的要求，供电容量应有发展的弹性，满足用户对供电可靠性和电能质量（尤其是电压）的要求，制订近、远期规划。

电力线的布置要注意如下事项：旅游地的高压线路架设既要考虑不破坏景观和植物，尽量隐蔽，又要使供电安全经济；在重要景区、景点的敏感地段可视范围内，为了不影响景观环境气氛，供电线路应铺设地下电缆；采用以架空线为主，架空线和电力电缆相结合的网线布置方式。

【案例 10.1】

鄂州市葛山旅游区旅游设施规划

一、道路交通系统规划

（一）城市主干道

葛山旅游区具有便捷的外围区际交通条件和城市交通体系。106 国道横穿葛山旅游区，直抵鄂黄大桥，将旅游区分割为葛山山体主体旅游区和葛洪药用植物园景区两个部分。规划中的城市主干道沿葛山西边通过。

主出入口：葛山北坡山脚下的开敞地被 106 国道分为南北两部分，南部分为葛山旅游区的主景区入口，北部分为葛洪药用植物园的入口，入口是葛山主要的观景区。

次出入口：葛山主景区的次出入口主要有两个，农家乐景区出入口，是可以通行机动车的鄂东民俗化道路出入口；通灵谷与 1 米国道出入口，为生态化的人行通道。

（二）内部交通系统

葛山旅游区内部交通系统由停车场、公共交通站点、车行道、步行主干道和步行小道构成。

停车系统规划有主停车场 1 处、临时和小型停车场 3 处、回车场 2 处。对停车场的使用要求：团队用车、自驾车、单位车等集中停放在主停车场；农家乐和葛洪山庄附设的临时停车场主要用于特殊接待；游乐场附设的停车场主要用于团体对游乐设施的使用。

公共交通站点主要供通过城市交通体系来葛山旅游的游客使用，站点设置在葛山山门广场边，与主停车场形成一体。

葛山内部的车行道主要有 3 条：葛山山门左侧用于特殊接待上山的车行道（现已基本建成），设置在半山的回车场只做临时停车；从吕田铺过徐下湾、许上湾到葛山游乐场的车行道，是在现有上路的基础上改造建设；环绕葛洪药用植物园的车行道，是适应景区建设的新道路。葛山旅游区内的车行道均按照宽 3 米的标准建设。

葛山旅游区的游路系统主要由主干步行道和步行小道组成。主干步行道为 1.5 米的石阶路、半硬化沙石路以及部分水泥路面；步行小道为 1 米宽的石阶路和沙石路面（半硬化）。

二、旅游基础设施规划

（一）基础设施规划原则

鉴于葛山旅游区的道教文化与生态特色，葛山基础设施建设应坚持以下原则：

(1) 基础设施生态化，符合生态旅游区的要求；

(2) 充分利用城市基础设施体系；

(3) 全部基础设施实现地埋式，保持葛山景观的完整性。

（二）给排水规划

葛山旅游区的给排水设施应充分利用城市市政结排水管网。

葛山用水量估计：到2005年人均日用水估计为1600升/日，到2010年为5000升/日，到2020年为10000升/日。

葛山旅游区内部的主要用水户分布比较广，包括农家乐、城市野营地、游乐园、葛洪山庄、杏林湾以及道教文化旅游区。葛山给水管在农家乐与城市给水管接口，用250D的水管向农家乐、道教旅游区、葛洪山庄和游乐园供水，其他用水点通过100D供水。同时设立两个供水泵站：一是在农家乐与城市供水系统接口处设立一级泵站，二是在葛山半山处的营地设立二级泵站，直接将水供往山顶。

葛山旅游区的污水排放量：污水排放量以供水量的80%估计，到2005年为1280升/日，到2010年为4000升/日，到2020年为8000升/日。

葛山旅游区的排水系统主要包括雨水排放和生活污水排放。由于葛山面积较小，山体比较陡，山涧多汇水池，是葛山重要的水景，因此雨水可以通过地形汇集，直接积存到各个汇水池中，供景区使用。生活污水的排放主要由游乐场、葛洪山庄、农家乐、道教文化旅游区和植物园药膳中心产生，通过污水管直接排放到城市市政污水管道系统统一处理、统一排放。

（三）电力电信规划

葛山旅游区的电力电信归入城市供电系统和电信系统。依托城市输电系统，向葛山各个景区输电，所有输电线均采用地埋式管道输电。

葛山旅游区的电信规划依托城市系统，已实现移动通信信号的覆盖，旅游区内部的建设主要包括固定电话、800免费查询电话、互联网接入、有线电视等。需要达到固定电话30部、有线电视容量150户。

（四）燃气规划

葛山旅游区的燃气用户主要集中在葛洪山庄、农家乐园、道教文化旅游区和药膳药疗基地，在葛山其他景区不得提供餐饮服务。

提供餐饮服务的景区必须使用城市燃气，不能使用其他燃料，以保证旅游区内环境的生态化和清洁化。

在农家乐与城市燃气接口，并通过燃气加压站向用户输气。所有的输气管道采用地埋式。燃气日用量约为近期20立方米/日、中期80立方米/日、远期120立方米/日。

三、旅游服务设施规划

（一）餐饮设施

考虑到葛山紧邻城区，旅游者过夜的可能性较小，来葛山旅游的行为特征多集中在每天10：00—16：00时，在葛山旅游区内向游客主要提供午餐服务。中远期以每天游客容量的标准估算，排除自带午餐的部分散客和在城区用餐的团队，同时考虑到吸

引的城市消费者等多种因素，以30%的标准估计，葛山需要具有向600人提供就餐的能力，加上中、晚餐分流，中午应具备向300～400人提供就餐的能力。以400个餐位为标准，农家乐设置150个、山门区设置100个、葛洪山庄设置50个、药膳基地设置100个。近期建设过程中，重点建设葛洪山庄、农家乐和山门区餐饮设施，餐位能力达到200个。

所有提供餐饮服务的场所必须达到国家旅游局规定的同类餐饮设施的二星级标准，葛洪山庄、药疗基地等达到三星级标准。杏林湾规划设施中有一个提供茶室、酒肆服务的休闲场所杏花村，规模比较小，为两层竹材阁楼，能够同时容纳30人。

（二）购物设施

葛山的店铺式购物设施主要分布在山门区、农家乐、葛洪山庄、游乐园和药膳基地，主要出售鄂州市的旅游商品和旅游纪念品、葛山特有的文化旅游商品和纪念品、葛山农家乐生产的绿色农产品。购物设施的建筑面积应在1000平方米。

在游客主要休息的空间设置游路上的景观化、生态化的售卖厅，主要提供小食品、饮料、纪念品等服务，同时代理部分固定电话服务和问讯服务。

（三）生态旅游厕所

葛山旅游区内的厕所均采用生态化的旅游厕所标准进行建设。葛山旅游区的厕所包括附设在建筑物内部的厕所和公共旅游厕所两类。公共旅游厕所主要集中在较大的景区和一些游路交点。旅游者较集中的农家乐、游乐园、山门区、药膳基地景区例所设施蹲位较多，一般为10个（男7女3）；在其他区域的厕所蹲位较少，一般为3个（男2女1）。

思考题

1. 旅游住宿设施规划中应注意哪些问题？
2. 旅游交通设施规划的原则有哪些？
3. 简述旅游解说系统的含义和类型。

参考文献

[1] 马勇，李玺．旅游规划与开发［M］．北京：高等教育出版社，2011.

[2] 王德刚，王蔚．旅游资源学教程［M］．北京：清华大学出版社，2011.

[3] 梁明珠．旅游资源开发与规划原理、案例［M］．广州：暨南大学出版社，2010.

[4] 王衍用，曹诗图．旅游策划理论与实务［M］．北京：中国林业出版社，2008.

[5] 王衍用，殷平．旅游规划与开发［M］．北京：北京大学出版社，2007.

[6] 陈家刚．旅游规划与开发理论、案例［M］．天津：南开大学出版社，2007.

[7] 严国泰．旅游规划理论与方法［M］．北京：旅游教育出版社，2006.

[8] 杨振之．旅游原创策划［M］．成都：四川大学出版社，2005.

[9] 郑耀星，储德平．区域旅游规划、开发与管理［M］．北京：高等教育出版社，2004.

[10] 李瑞，王义民．旅游资源规划与开发［M］．郑州：郑州大学出版社，2002.

[11] 王德刚．旅游开发学［M］．济南：山东大学出版社，2007.

[12] 肖星．旅游策划教程［M］．广州：华南理工大学出版社，2005.

[13] 明庆忠．旅游地规划［M］．北京：科学出版社，2003.

[14] 吴国清．旅游线路设计［M］．北京：旅游教育出版社，2006.

[15] 张道顺．旅游产品设计与操作手册［M］．北京：旅游教育出版社，2006.

[16] 邹统钎．旅游景区开发与管理［M］．北京：清华大学出版社，2004.

[17] 何雨．旅游规划概论［M］．北京：旅游教育出版社，2004.

[18] 孙文昌．现代旅游开发学［M］．青岛：青岛出版社，2005.

[19] 张凌云．旅游景区景点管理［M］．北京：旅游教育出版社，2003.

[20] 蒋三庚．旅游策划［M］．北京：首都经济贸易大学出版社，2002.

[21] 全华，王丽华．旅游规划学［M］．哈尔滨：东北财经大学出版社，2003.

[22] 吴承照．现代旅游规划设计原理与方法［M］．青岛：青岛出版社，2002.

[23] 王德刚．现代旅游区开发与经营管理［M］．青岛：青岛出版社，2001.

[24] 尹隽．旅游目的地形象策划［M］．北京：人民邮电出版社，2006.